청소년문화론

| 김현호 김현경 김형미 윤명길 이용환 정명희 한강희 공저 |

양 성 원

머리말

인간은 서로 다른 유전인자를 가지고 태어나 서로 다른 환경 속에서 다양한 경험을 통해 발달해 간다. 이러한 유전과 환경을 토대로 인간은 사회에서 다양한 인간관계를 맺고 적응하면서 발달하고 있다. 태중에서는 10개월(280일) 간 내내 어머니와 한 몸으로 살면서 그의 숨소리를 듣고 생존에 필요한 것들을 공급받으며 만남을 가졌고, 세상에 태어난 후에는 가족, 학교, 직장, 그리고 사회 등 여러 환경 속에서 다양한 사람들과 관계를 갖는다. 이러한 관계를 맺는 과정에서 청소년기는 발달과정상 미성숙한 상태에서 성숙한 상태로 발달해가는 과정으로 십대에서 이십대 초반에 속한 사람들이 해당된다. 이러한 청소년들이 청소년기의 발달과업을 극복하고 성숙한 성인으로 발달하기 위하여 그들의 문화에 긍정적으로 적응하여 성숙한 성인으로 성장하는 것이 중요하다.

이러한 관점에서 본 교재는 총 12장으로 구성되었다. 제1장은 청소년에 대해서 이해할 수 있도록 청소년의 개념 및 구분, 청소년발달에 대해서 알 수 있도록 발달의 개념, 발달의 단계와 내용, 발달의 영역, 발달의 원리, 발달의 쟁점, 청소년기의 발달과업과 발달과정 등에 대해서 다루었다. 제2장은 청소년발달의 이해를 돕기 위하여 정신분석 이론, 행동주의(학습) 이론, 인지발달 이론, 동물행동학적 이론, 체계 및 생태학 이론, 그리고 인본주의 이론 등 학문적 관점을 다루었다. 제3장은 청소년문화에 대한 내용으로 청소년문화의 개념, 특성, 구성요소, 유형, 기능 등을 다루고 또한 청소년세대의 특징과 지칭에 대해서도 다루었다. 제4장부터 제12장까지는 청소년문화의 영역으로 제4장은 청소년의 또래 · 친구문화로 또래 · 친구의 개념과 역할 및 기능, 또래 · 친구관계의 유형과 형성요인 및 발달 · 유지, 청소년 집단따돌림 등에 대해서 다루었다. 제5장은 청소년의 학습문화로 사회변화와 학교교육, 청소년 일상생활과 학습문화의 특징, 청소년 학습문화의 개선방안 등에 대해서 다루었다.

제6장은 청소년의 여가문화로 청소년 여가의 개념 및 기능, 청소년 여가활동의 유형과 필요성 및 특성, 청소년 여가활동의 의미와 현황, 청소년 가치관의 변화와 여가문화의 개선방안 등에 대해서 다루었다. 제7장은 청소년의 패션문화로 패션의 개념과 패션문화의 특징, 청소년 패션 스타일 유형, 청소년의 의복구매 활동 및 실태, 청소년 패션문화의 문제점과 개선방안 등에 대해서 다루었다. 제8장은 청소년의 이성문화로 사랑의 의미와 구성요소 및 유형, 청소년 이성교제의 의미와 기능 및 진행과정, 청소년 이성교제의 현황, 청소년의 바람직한 이성문화 정착을 위한 방안 등에 대해서 다루었다. 제9장은 청소년의 대중문화와 팬덤문화로 청소년의 대중문화, 청소년의 팬덤문화, 청소년의 바람직한 팬덤문화 정착을 위한 개선방안 등에 대해서 다루었다. 제10장은 청소년의 인터넷 문화와 소셜미디어 문화로 인터넷 문화, 소셜미디어 문화, 청소년 인터넷 문화의 문제점과 개선방안 등에 대해서 다루었다. 제11장은 청소년의 인터넷 게임문화와 중독으로 인터넷 게임문화, 인터넷 중독, 인터넷 게임문화의 문제점과 중독예방을 위한 과제 등에 대해서 다루었다. 그리고 마지막 제12장은 청소년의 다문화로 다문화의 이해, 다문화가정의 청소년, 다문화가정 청소년의 문제점과 육성을 위한 방안 등에 대해서 다루었다.

본 교재가 청소년문화에 있어서 초판이기에 내용상의 편협함과 미비점이나 오류도 많을 것으로 생각되어 앞으로도 계속해서 수정·보완할 예정이다. 이에 대해서 솔직하고도 진지한 지도와 편달을 부탁드린다. 마지막으로 이 책을 출판해 주신 양성원 사장님과 출판사 직원 여러분께 감사를 드린다.

2022년 3월

저자 일동

차 례

CHAPTER 01

청소년의 개념과 구분 및 청소년발달

CHAPTER 01

청소년의 개념과 구분 및 청소년발달

청소년은 신체적 · 정서적 · 심리적 · 지적 · 문화적 · 사회적 특성들을 모두 통합하는 개념으로 미성숙한 상태에서 성숙한 상태로 발달해 가는 인간발달의 과정이며, 통상적으로 십대에서 이십대 초반에 속한 사람들을 의미한다. 또한 인간발달은 삶이 시작되는 순간, 즉 정자와 난자가 수정되는 순간부터 전 생애 동안에 일어나는 하나의 연속적인 양적 · 질적인 변화과정이다. 이러한 과정에서 청소년발달은 청소년기에 나타나는 양적 · 질적인 변화과정이다. 이러한 청소년의 개념과 구분 및 청소년발달에 대해서 살펴본다.

1.1 청소년의 개념 및 구분

1) 청소년의 개념

청소년을 의미하는 용어는 세계적으로 다양하게 명명되고 있는데, 사춘기(puberty), 청춘기(adolescent), 젊음(youth), 십대소년(teenager) 등으로 부르고 있다. 먼저 사춘기(puberty)는 청년기를 시작하는 단계로 생식능력을 획득할 수 있도록 생물학적 변화가 일어난다는 의미이다. 사춘기의 특징은 2차 성징의 발달로 남자 청소년은 남성의 신체적 특징을 보이고, 여자 청소년은 여성의 신체적 특징이 나타나면서 성장한다. 이렇게 성장하면서 성적기능이 활발해지고 강한 성적 충동을 느끼게 된다. 따라서 청소년들은 욕구를 표출할 대상과 방법을 찾는 과정에서 갈등을 겪게 된다(오윤선 외, 2020).

청춘기(adolescent)는 '성장하다', '성숙에 이르다'라는 의미를 지니고 있으며, 주로 발달심리학적 관점에서 신체적으로 급격한 성장이 이루어진다는 개념이다. 또한 부모로부터 정신적으로 독립해 가는 발달단계를 의미하며 아동기에서 성인기로 발달해가는 과도기로서의 성격과 미성숙을 강조하는 개념이다. 젊음(youth)은 청소년의 과도기적 성격보다는 자율성, 책임성, 권리, 참여, 시민성 등을 강조하는 의미로 청소년들의 독특한 문화적 · 사회적 특성을 강조한 개념이다. 그리고 십대소년(teenager)은 청소년들이 과거와 달리 경제적 · 문화적으로 풍족해짐에 따라 상대적으로 소비 주체로 등장하면서 사용되는 개념이다. 이러한 십대들은 소비문화의 주도 집단으로 패션, 음악, 영화 등 대중문화의 영향을 많이 받았으며, 디지털 혁신을 통해 문화산업의 적극적인 수용자이자 활용자 집단이 되었다.

원래 청소년이란 말은 라틴어 'adolescere'라는 말에서 온 것으로 그 의미는 '성숙한 사람으로 성장되어 간다'는 뜻이다(박정란 외, 2016). 청소년의 개념을 한마디로 정의

하기는 어렵지만 종합적으로 살펴보면 청소년(adolescence)은 신체적 · 정서적 · 심리적 · 지적 · 문화적 · 사회적 특성을 모두 통합하는 개념으로 미성숙한 상태에서 성숙한 상태로 발달해가는 인간발달의 과정으로 십대에서 이십대 초반에 속한 사람들을 의미한다고 할 수 있다(오윤선 외, 2020).

2) 청소년의 구분

인간발달과정(수정에서 죽을 때까지)의 주기 가운데 내 · 외적으로 가장 큰 변화를 추구하는 청소년기에 대한 논의는 학문적 영역, 학자, 국가의 통치 이념, 사회체계, 관련 법률 등에 따라 다르게 규정되기 때문에 한마디로 개념화하기는 어렵다. 그렇지만 4가지 범주로 살펴보면 다음과 같다(오윤선 외, 2020).

(1) 신체적 · 심리적 변화에 따른 구분

인간발달은 일련의 순서(두−미발달의 원칙, 중심−말초발달의 원칙, 전체−특수활동 발달의 원칙 등)에 의해 이루어지는데 이전 시기의 발달이 이후의 발달에 영향을 미친다. 발달단계를 나누는 방법은 학자마다 많은 차이가 있으며 상반된 견해를 보이고 있지만, 연령에 따라 발달특징을 분류하는 것은 개인의 발달과정도 다르고 각 사회의 구조가 독특하기 때문에 단순하지 않다.

헐록(Hurlock)은 전 생애의 발달을 발달심리학적으로 분류하면서 태아기, 유아기, 아동전기, 아동후기, 청년기, 성인기, 중년기, 노년기의 8단계로 구분하였다(Hurlock, 1981). 또한 파팔리아와 올드(Papalia & Olds)는 태내기(수정~출생), 영아기(0~2세), 유아기(2~6세), 아동기(6~11세), 청년기(11~20세), 성년기(20~40세), 중년기(40~60세), 노년기(60세 이후) 등 인간의 발달단계를 8단계로 구분하였다(김현호 외, 2017; Papalia

& Olds, 1995). 이러한 발달 단계는 개인마다 발달양상이 다르고 개인이 도달하는 발달 단계의 연령에 따라 차이가 있을 수 있다.

콜(Cole)은 청소년기를 성과 연령에 따라 세분화하였는데, 남성의 경우 청소년 초기를 15~17세, 중기를 17~19세, 후기를 19~24세로, 여성의 경우 초기를 13~15세, 중기를 15~18세, 후기를 18~21세로 교육 종료기로 구분하였다(오윤선 외, 2020). 이는 청소년기를 생물학적인 관점에서 육체적으로 균형 있게 발달하는 시기로 본 것이다. 또한 성인으로 성장해 가는 2차 성징(性徵, 남녀나 암수를 구별하는 신체적 특징, 남녀 생식기의 차이를 1차 성징이라 하고 성년에 달하면 남자는 수염이 나고 목소리가 변하며, 여자는 가슴이 커지는 등의 차이를 2차 성징이라 함)인 신체적 · 생리적 성숙의 특징이 나타나는 것을 기준하였음을 의미한다. 버기스와 로스(Bergis & Roth)는 심리학적 관점에서 사춘기와 청소년 개념이 서로 밀접한 의미를 지니고 있다고 보고 일반적으로 12~20세까지 급성장을 경험하는 기간을 청소년기라고 하였다. 그러나 경우에 따라 심리적 성숙과정은 개인차가 있으므로 30세까지 연장될 수도 있다고 하였다(오윤선 외, 2020).

이렇듯이 신체적 · 심리적 변화에 따른 구분에서 연령을 기준으로 청소년기를 구분하는 것은 개인적 · 사회적 · 경제적 · 기술적 여건 등의 변화로 인해 그 구분이 부정확하다는 한계가 있다. 왜냐하면 산업발달 이후 위생조건의 개선과 좋은 영양, 빠른 성에 대한 개방적 문화 등은 청소년의 사춘기 시작 시기를 앞당기고 있으며, 사회가 요구하는 고도의 전문적 지식과 기술은 학업기간을 더 연장하게 할 수 있기 때문이다.

(2) 사회적 역할에 따른 구분

인간발달에서 어느 민족(부족)이나 집단은 삶의 전 과정인 출생, 돌, 성인식, 결혼, 죽음의 시기를 중요하게 받아들여 각각의 단계에서 통과의례를 치렀다. 이러한 통과의

례의 관행에 비추어 볼 때 청소년기는 성인식(사춘기)에서부터 결혼에 이르는 시기를 의미하거나 경제적으로 취업하여 직장을 갖고 독립하기 전까지로 간주하였다. 그렇지만 이러한 구분은 개인, 집단, 부족, 사회적 특성에 따라 청소년기가 시작되는 시점과 지속되는 기간이 다르기 때문에 사회적 합의와 일치를 이루기는 어렵다는 한계가 있다.

(3) 취학연령에 따른 구분

취학연령 또는 학령기에 따라 청소년의 시기를 구분할 수 있다. 한국의 경우 오늘날 초등교육과 중등교육은 일정한 연령층을 대상으로 학교시설에서 공교육 형태로 이루어진다. 즉 청소년을 초등학교 입학자부터 고등학교 졸업자까지 또는 중학교와 고등학교 취학자로 한정하는 것이다. 이러한 취학연령 또는 학령기를 기준으로 청소년기를 구분하는 것은 용이한 접근이지만 학교 밖의 청소년이나 만학도 등은 어떻게 구분할지 한계가 있다. 따라서 오윤선 교수는 한국의 교육기간과 군복무의 특수성을 고려하여 한국의 청소년에 대한 구분을 초등학교 3~4학년부터 중학교까지를 청소년 초기, 고등학교 기간을 청소년 중기, 대학교 및 군복무 기간을 포함해서 청소년 후기로 제안하였다(오윤선, 2010).

(4) 법률에 따른 구분

세계 각 나라마다 청소년의 법률적 연령 범주는 자국의 특성과 청소년 계층의 능력에 따라 다양하게 분류 · 적용하고 있다. UN의 경우는 청소년의 개념을 15세부터 24세까지를 규정하고 있으며, 미국의 경우는 대부분의 주에서 미성년자를 14세 미만으로 청소년비행의 대상 연령은 10~17세로 규정하고 있다. 독일의 경우는 「청소년보호법」에 따라 아동을 14세 미만으로, 청소년을 14세 이상 18세 미만의 자로 정의하고 있다. 또한 일본의 경우는 「소년법」에 따라 20세 미만을 소년으로, 「아동복지법」에 따라 18세 미만을 아동으로, 「민법」에 따라 19세 미만을 미성년자로, 「학교교육법」에 따라 6~12세 미만을 학령아동으로 규정하고 있다(오윤선, 2010).

한국의 경우는 「청소년기본법」, 「청소년활동 진흥법」, 「청소년복지 지원법」에 따라 9세 이상 24세 이하를 청소년으로 규정하고 있다. 또한 「민법」에 따라 만 19세 미만을 미성년자로, 「소년법」에 따라 19세 미만을 소년으로, 「아동복지법」에 따라 18세 미만을 아동으로, 「근로기준법」에 따라 18세 미만을 소년으로, 「청소년보호법」, 「청소년의 보호에 관한 법률」, 「성매매알선 등 행위의 처벌에 관한 법률」, 「성매매방지 및 피해자 보호 등에 관한 법률」 등에 따라 만 19세 미만을 청소년으로 규정하고 있다. 이러한 법률에서 규정하고 있는 연령 기준이 상이한 것은 다소 개인차가 있더라도 사회적 통일성을 이루기 위해 일정 연령을 기준으로 해서 청소년을 구분한 것으로 판단된다. 한국의 청소년 보호와 육성에 관련된 법률의 명칭 및 연령은 〈표 1-1〉과 같다.

〈표 1-1〉 청소년 보호와 육성에 관련된 법률의 명칭 및 연령

<table>
<tr><th>법률 명</th><th>명칭</th><th>연령기준</th><th>제정연도</th><th>주관부처</th></tr>
<tr><td>청소년기본법</td><td>청소년</td><td>9세 이상 24세 이하</td><td>1991.12.31</td><td>문화체육관광부</td></tr>
<tr><td>청소년보호법</td><td>청소년</td><td>만 19세 미만</td><td>1997.3.7</td><td>여성가족부</td></tr>
<tr><td>청소년활동 진흥법</td><td rowspan="2">청소년</td><td rowspan="2">9세 이상 24세 이하</td><td rowspan="2">2004.2.9</td><td rowspan="2">여성가족부</td></tr>
<tr><td>청소년복지 지원법</td></tr>
<tr><td>아동 · 청소년의 성보호에 관한 법률</td><td>아동 · 청소년</td><td>19세 미만</td><td>2000.5.20</td><td>여성가족부</td></tr>
<tr><td>성매매알선 등 행위의 처벌에 관한 법률</td><td rowspan="2">청소년</td><td rowspan="2">만 19세 미만</td><td rowspan="2">2004.3.22</td><td>법무부</td></tr>
<tr><td>성매매방지 및 피해자 보호 등에 관한 법률</td><td>여성가족부</td></tr>
</table>

법률 명	명칭	연령기준	제정연도	주관부처
음반, 비디오물 및 게임물에 관한 법률	청소년	18세 미만	1999.2.8	문화체육관광부
영화 및 비디오물의 진흥에 관한 법률			2006.4.28	
공연법	연소자	18세 미만	1961.12.30	문화체육관광부
소년법	소년	19세 미만	1958.7.24	법무부
민법	미성년자	만 19세 미만	1958.2.22	법무부
형법	형사미성년자	14세 미만	1958.9.18	법무부
아동복지법	아동	18세 미만	1961.12.30	보건복지부
근로기준법	소년	18세 미만	1997.3.13	고용노동부

출처: 성열준 외(2016).

1.2 청소년발달

1) 발달의 개념

인간의 발달은 삶이 시작되는 순간, 즉 정자와 난자가 수정되는 순간부터 전 생애 동안에 일어나는 하나의 연속적인 양적 · 질적인 변화과정이다. 이러한 과정에서 발달과정은 시간이 경과함에 따라 인간이 양적 또는 질적으로 변화하는 과정이다. 여기서 양적인 변화는 신장, 체중, 어휘력에서 보이는 변화와 같이, 크기 또는 양에서의 변화를 의미한다. 질적인 변화는 지능의 본질이나 심리작용에서의 변화와 같이 본질, 구조 또는 조직상의 변화를 의미한다. 이러한 양적 · 질적인 변화는 신체적 · 운동적 · 정신적 · 정서적 · 사회적 측면 등 인간의 모든 발달 측면에서 일어나며 서로 영향을 미친다.

원초적으로 발달의 개념은 출생에서부터 영아기, 유아기, 아동기, 청소년기에 이르는 상승적인 변화에 초점을 맞추어 좁은 의미로 사용되어 왔으나 근래에는 전 생애적인 관점에서 수정의 순간부터 죽음에 이르기까지의 전 생애 동안 일어나는 연속적인 변화과정으로 인식하고 있다. 따라서 근래에는 보다 넓은 의미로 사용되며 이후 노년기에 이르기까지의 하강적 변화까지도 포함하고 있다. 오늘날 대부분의 발달심리학자들은 발달이 일생을 통하여 발생한다는 견해를 받아들이고 있다. 즉 발달은 전 생애에 걸쳐 생명의 시작에서 죽음까지 사고와 행동이 재조직화를 통해 더 새롭고 복잡한 행동양식을 나타내게 되는 연속적인 과정이다.

2) 발달의 단계와 내용

발달은 일련의 순서에 의해 이루어지는데 이전 시기의 발달이 이후의 발달에 영향을 미친다. 발달순서는 발달의 단계와 시기로 설명할 수 있다. 발달단계를 나누는 방법은 학자마다 많은 차이가 있으며 상반된 견해를 보인다. 연령에 따라 발달특징을 분류하는 것은 개인의 발달과정도 다르고 각 사회의 구조가 독특하기 때문에 단순하지 않다.

헐록(Hurlock)은 성장과 발달을 크기의 변화, 비율의 변화, 낡은 특징의 소실, 새로운 특징의 습득 등으로 보았으며, 이들의 상호작용에서 일어나는 과정을 발달이라고 하였다. 여기서 ① 크기의 변화는 신체적으로 키가 크고, 체중이 증가하는 변화나 신체 내부기관의 증대 및 언어 · 사고 · 기억 등의 변화를 의미한다. ② 비율의 변화는 태어날 때 체중(약 3.4kg)이 성장함에 따라 1년 후(약 9.9kg)에는 3배 정도로 변화하는 비율이다. ③ 낡은 특징의 소실은 신체적 · 정신적으로 발달하면서 필요 없는 기능적 특징이 일부 소실된다는 것이다. ④ 새로운 특징의 습득은 발달함에 따라 일부 기능적 특징은 소실되지만 새로운 신체적 · 정신적 특징을 습득하게 된다는 것이다. 특히, 학습적 요인은 새로운 신체적 · 정신적 발달에 많은 자극요인이 된다. 헐록은 전 생애의 발달을 발달심리학적으로 분류하면서 태아기, 유아기, 아동 전기, 아동 후기, 청년기, 성인기, 중년기, 노년기의 8단계로 구분하였다(Hurlock, 1981). 이러한 발달단계는 개인마다 발달의 양상이 다르고 개인이 도달하는 발달단계의 연령에 따라 차이가 있어 학자들에 따라 다양하게 분류될 수 있으나 일반적으로 많이 사용되는 파팔리아와 올드(Papalia & Olds)가 제안한 발달단계를 따른다. 파팔리아와 올드의 발달단계와 내용은 〈표 1-2〉와 같다(김현호 외, 2017; Papalia & Olds, 1995).

〈표 1-2〉 파팔리아와 올드의 발달단계와 내용

단계 및 시기	주요 발달내용
태내기 (수정~출생)	• 기본적인 신체구조와 기관이 형성됨 • 신체의 성장이 일생 중 가장 빠른 속도로 이루어짐 • 태내 환경의 영향을 크게 받음 • 신생아 키 50cm, 체중 3.4kg
영아기 (0~2세)	• 신생아는 의존적이기는 하지만 나름대로 다양한 능력을 가지고 있음 • 출생 시에 모든 감각기관이 작용함 • 신체의 성장과 발달의 속도가 매우 빠름 • 학습능력과 기억력이 신생아기(출생~4주)에도 형성됨 • 생후 2년이 되면 자아에 눈뜨기 시작함 • 첫돌 무렵에 부모에 대한 애착이 증가함 • 다른 영아에 대한 관심이 증가함
유아기 (2~6세)	• 운동기능과 체력이 신장됨 • 자기중심적 사고가 형성됨 • 인지적 미성숙으로 인해 세상을 보는 눈이 비논리적임 • 놀이, 창의력, 상상력이 풍부함 • 자율성, 자기 통제력이 증가함 • 친구의 중요성이 증가하지만 가족이 여전히 생활의 중심이 됨

단계 및 시기	주요 발달내용
아동기 (6~11세)	• 신체의 성장이 느려짐 • 체력과 운동기능이 더욱더 신장됨 • 유아기의 자기중심적 사고가 사라짐 • 기억력과 언어기능이 증가함 • 자아개념이 발달됨 • 친구가 생활의 중심이 됨
청년기 (11~20세)	• 신장과 체중이 급격히 성장하고 체형이 변화됨 • 성적 성숙이 이루어짐 • 나는 누구인가? 등 추상적 사고가 가능해짐 • 청년기의 자기중심성이 나타남 • 자아 정체감의 확립이 심각한 문제로 대두됨 • 또래 집단이 형성되고 그 영향이 커짐
성년기 (20~40세)	• 신체적 건강이 최고조에 달하다가 서서히 감퇴하기 시작함 • 지적 능력이 더 복잡해짐 • 친밀한 관계가 이루어짐 • 대부분의 사람들이 결혼하여 부모가 됨 • 직업을 갖게 되고 자아정체감이 계속해서 발달함
중년기 (40~60세)	• 신체적 건강과 정력이 감퇴하기 시작함 • 여성들은 폐경을 경험하게 됨 • 지혜와 실제적 문제해결 능력은 증가하지만 새로운 것에 대한 문제해결 능력은 저하됨 • 자녀를 돌보고 부모를 봉향하는 이중의 책임감으로 인해 스트레스가 발생함 • 자녀들이 집을 떠나고 빈둥지 증후군이 나타남 • 삶의 의미를 찾는 것이 매우 중요한 일로 생각됨 • 중년기의 위기가 닥쳐올 수 있음
노년기 (60세 이후)	• 신체적 능력이 다소 감퇴하지만 대부분의 노인들은 건강하고 여전히 활동적임 • 반응시간이 더디어져 여러 가지 기능에 영향을 미침 • 지적 능력과 기억력이 감퇴됨 • 은퇴로 인해 수입은 감소하지만 여가시간은 많아짐 • 다가오는 죽음에 대비하여 삶의 목적을 찾을 필요가 있음

출처: 김현호 외(2017; Papalia & Olds(1995)).

3) 발달의 영역

발달은 크게 신체적 발달, 언어·인지적 발달, 사회·정서적 발달 세 영역으로 나누어 살펴볼 수 있다. 신체적 발달은 신체발달에 관한 것으로 뇌신경발달, 감각기관의 발달, 신장과 체중, 근육, 골격, 사춘기에 나타나는 호르몬 등의 생물학적인 신체 변화와 운동능력의 발달과 관련된 유전, 영양, 건강 등의 요인에 의해 영향을 받는다. 언어·인지적 발달은 지식을 얻고 환경에 대처해 가기 위해 사고하고 배우는 정신적 과정으로 지각, 표현, 개념, 기억, 문제해결 능력, 지능, 언어 등의 발달을 다룬다. 사회·정서적 발달은 사람의 선천적인 요인과 부모의 양육행동, 형제, 또래, 교사, 학교, 지역사회, 대중매체, 문화 등의 사회적 관계에서 많은 영향을 받으며 부모-자녀관계, 형제관계, 또래 관계, 교사와의 관계 등을 통한 자아개념, 정서 및 성격발달, 사회적 기술능력의 발달 등을 다룬다.

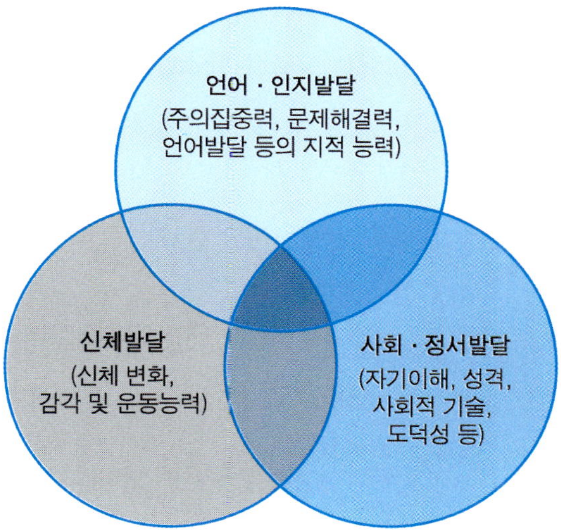

[그림 1-1] 발달영역 간 상호작용의 관계

신체적 발달, 언어 · 인지적 발달, 사회 · 정서적 발달 등은 상호작용을 한다. 예를 들어 아이의 신체적 발달은 정서 및 자아 개념에 영향을 미치고 또한 또래관계에도 영향을 미친다. 한 영역의 발달은 다른 영역에 직접적인 영향을 미치므로 신체적 발달, 언어 · 인지적 발달, 사회 · 정서적 발달 등은 상호작용적이며 역동적 관계를 형성한다. 발달영역 간의 상호작용 관계는 [그림 1-1]과 같다.

4) 발달의 원리

사람들은 개인적 특성에 따라 또는 문화에 따라 발달에는 개인차가 있지만 일반적으로 발달원리에 따라 발달이 이루어진다. 청소년발달을 이해하려면 먼저 발달의 기본적인 원리를 알아야 한다.

① **발달은 일정한 순서가 있으며 누적적이다.** 발달은 유전에 의해 정해진 순서대로 진행되므로 앞으로 진행될 발달의 모습을 예측할 수 있다. 또한 발달은 그 이전에 획득한 행동변화에다 새로운 행동 및 능력이 포함되어 다음 단계로 나아가는 것이다. 예를 들어 앉고 서고 그 다음에 걷는 것처럼 이행능력은 일정한 순서를 거치며 앉기와 관련된 신체적 능력을 획득한 다음 서기, 걷기에 필요한 새로운 능력이 추가되어 이행이 가능해진다.

② **신체적 발달은 일정한 방향으로 진행된다.** 신체 및 운동발달의 경우 일정한 순서 및 방향으로 이루어진다. 신체발달의 세 가지 방향성은 [그림 1-2]와 같다.

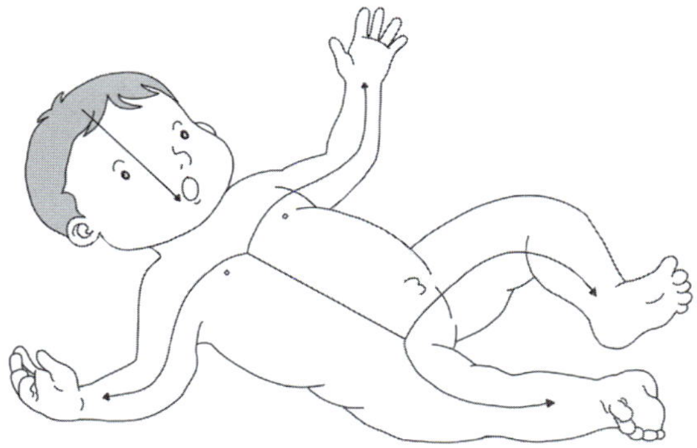

[그림 1-2] 신체발달의 세 가지 방향성

- **두미(head-to-tail)의 원칙**: 신체발달에 있어서 상부에서 하부로의 발달을 의미한다. 즉 태아의 머리, 뇌 등은 신체의 하부보다 먼저 발달하고, 다른 부분에 비해 불균형적으로 크다. 생후 1년 된 영아의 뇌는 성인 뇌 무게의 70%를 차지한다. 또한 영아는 신체의 하부보다 상부를 사용하는 것을 먼저 배운다.
- **중심-말초(near-to-far)의 원칙**: 신체발달이 중심에서 말초로 발달한다는 의미이다. 예를 들면, 태아기 동안에 나타나는 신체적인 발달은 가슴과 내부기관이 먼저 형성되고, 다음으로 팔과 다리, 손과 발이 형성된다. 그리고 중추에서 가까운 팔꿈치에서 손목 전반과 허벅지를 사용하는 능력이 먼저 발달하고, 그 후 손과 발, 마지막으로 손가락과 발가락을 사용하는 능력이 발달한다.
- **전체-특수활동(mass-to-specific)의 원칙**: 신체적인 발달이 전체 활동에서 특수활동으로 발달하는 것을 의미한다. 예를 들어 어린 아이는 어떤 사물을 잡으려고 할 때 처음에는 몸 전체를 움직이는 운동을 하게 되나 점차적으로 잡을 때 필요한 팔과 손목, 손가락만을 움직여서 원하는 물건을 잡을 수 있게 된다.

③ **발달에는 개인차가 있다**. 모든 사람은 일정한 순서와 방향에 따라 신체적 발달이

이루어지기는 하나 발달 속도와 유형에 있어서는 성숙 정도, 학습기회, 학습동기 등의 원인으로 각기 다른 개인차를 보인다. 또한 사람마다 가지고 있는 유전인자와 처해 있는 환경이 다르기 때문에 발달속도나 그 정도에서 차이가 있다.

④ **발달은 계속적인 과정이지만 발달의 속도는 동일하지 않다.** 발달은 상승과 하강 과정을 거치면서 일생 동안 끊임없이 변화하지만 발달해가는 속도는 신체적 · 심리적 특성에 따라 또는 발달영역에 따라 동일하지 않다. [그림 1-3]을 보면 두뇌의 경우 영아기 때 급격한 발달을 나타내고 유아기 때 약 90%가 성장한다. 또한 생식기관은 12세까지 완만한 속도로 성장하다가 이후 빠른 발달속도로 성장한다. 이렇듯이 발달영역에 따라 발달해 가는 모습이 각기 다른데 신체 부위에 따라 성장시기와 성장속도가 다른 현상을 비동시적 성장(asynchronous growth)이라 한다. 출생부터 청소년기까지의 신체영역별 성장발달곡선은 [그림 1-3]과 같다.

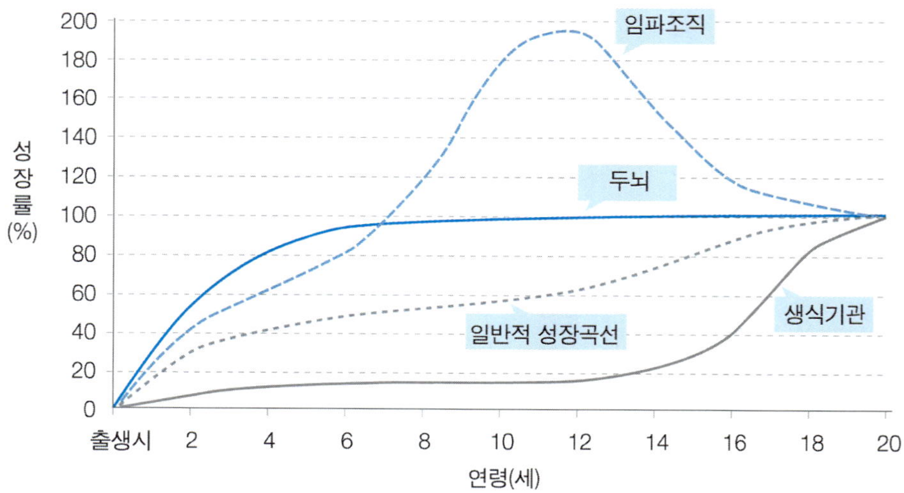

[그림 1-3] 신체영역별 성장발달곡선

⑤ **발달에는 결정적 시기가 있다.** 결정적 시기(critical period)는 발달이 가장 급격하게 이루어지는 최적의 시기로 생물학에서 도입되었다. 이 시기에 적절한 발달이 이루어지지 못하거나 부정적 영향을 받게 되면 치명적이고 심각한 발달장애를 가져온다. 최근에는 결정적 시기의 한계가 불변적이 아니며 환경조건을 인위적으로 조작함으로써 결정적 시기를 확대시킬 수 있다고 본다. 인간의 발달단계 중 초기 단계인 영아기의 경험은 이후 모든 단계의 발달을 좌우한다. 즉 인간의 발달단계에서 결정적 시기인 영유아기의 경험은 성인기 발달에 지속적인 영향을 미친다. 예를 들면, 영유아기에 어머니와 애착을 형성하지 못하면 나중에도 적절한 대인관계를 형성하는 데 어려움을 겪는다.

⑥ **발달의 각 영역은 서로 밀접한 관련이 있다.** 발달의 영역(신체, 언어 · 인지, 사회 · 정서 등)은 각기 독립적으로 발달하지 않고 상호 간에 서로 밀접하게 연관되어 있어 한 영역의 발달이 다른 영역의 발달에 직접적인 영향을 미친다. 예를 들어 정서적으로 불안정한 아이는 친구들과의 관계 형성이 어려워 혼자 지내는 경우가 많아 사회성 발달이 늦어진다. 또한 신체적으로 건강하고 정서적으로 안정된 아이는 호기심을 충족시키기 위해 활발한 탐색활동을 하고 그로 인해 인지능력도 발달한다.

5) 발달의 쟁점

인간발달에 대해서 연구하는 학자들이나 이론가들은 인간의 다양한 기능발달, 즉 신체적 기능, 심리적 기능, 심리사회적 기능 등 인간의 삶과 관련된 많은 것들이 어떻게 형성되고, 그 발달 과정은 어떻게 전개되는지, 그리고 그에 영향을 미치는 요인들은 무엇인지에 대해서는 학자마다 서로 상반되는 주장을 제기해 왔다. 따라서 그동안 의

문시되어 왔던 쟁점들을 살펴보는 것은 발달을 이해하는 데 도움이 된다. 인간발달의 쟁점은 정답이 없지만 보는 관점에 따라 여러 가지 다른 해석이 나올 수 있으므로 몇 가지 이슈에 대해서만 알아본다.

(1) 발달에 대한 유전과 환경

유전이란 수정의 순간에 부모로부터 물려받는 유전적인 정보를 말하며, 환경이란 인간의 발달에 영향을 미치는 모든 외적인 조건이다. 인간발달이 유전에 의한 것인가 아니면 환경에 의한 것인가에 관한 논쟁은 잘 알려져 있다. 이것은 고대 그리스 시대의 플라톤(Plato)이나 아리스토텔레스(Aristotle), 중세의 철학자, 현재의 발달이론가에 이르기까지 중요한 논쟁의 대상이다. 플라톤은 〈국가(The republic)〉에서 인간발달에는 세 가지 국면이 있는데, 그것은 욕망 · 정신 · 신성이라고 하였다. 가장 낮은 수준의 욕망(desire)은 오늘날 본능 · 욕구 · 충동으로 표현되며, 프로이드(Freud)의 정신분석이론의 원초아의 개념과 비슷하다. 고대 그리스시대의 플라톤에 의하면 욕망은 주로 신체적 욕구만족과 관련되어 있다. 그 다음 수준인 정신(spirit)은 용기 · 확신 · 절제 · 인내 · 대담과 같은 개념이며, 최고의 수준인 신성(divine)은 초자연적이고 영원하며 우주의 본질을 이룬다. 이것은 진정한 의미의 정신으로서 이성으로 표현된다. 플라톤은 인간이 성장함에 따라 낮은 수준에서 높은 수준으로 대체되는 과정이 발달이라고 하였다.

아리스토텔레스는 플라톤의 제자로서 플라톤은 육체와 정신을 분리해서 이해했으나 아리스토텔레스는 육체와 정신은 분리될 수 없으며 구조와 기능면에서 서로 관련되어 있다고 주장하였다. 그러나 정신세계의 각기 다른 욕망 · 정신 · 신성 세 가지 수준에는 동의하여 정신구조를 이해하였다. 정신이 가장 낮은 수준은 영향공급과 생식기능인 것으로 식물과 비슷한 수준으로 보았으며, 그 다음 수준은 감각과 지각의 수준인 것으로 이것은 동물에게서도 발견되는 것으로 보았다. 인간과 동물세계를 명확히 구분하는 수준은 이성적 사고를 할 수 있는 능력이다. 아리스토텔레스는 사고할 수 있는 능력과 더불어 논리 및 이성을 활용할 수 있는 힘이 인간발달의 궁극적인 목적이고 인간의 본질이라고 하였다(Muuss, 1996).

고대 그리스 시대부터 발달에 있어 유전과 환경 또는 천성과 양육 중 어느 것이 얼마나 더 중요한 영향을 미치는가에 대한 논쟁이다. 그리하여 유전과 환경 문제는 시대마다 다양한 용어를 가지고 논쟁을 거듭해 왔다. 즉 자연(nature) 대 양육(nurture), 생득론(nativism) 대 문화적 상대주의(cultural relativism), 유전(genetics) 대 사회적 통제(social control), 성숙(maturation) 대 학습(learning), 선천적 특성(innate traits) 대 획득된 특성(acquired characteristics) 등이 그것이다(Thomas, 2000).

중세기에서 인류가 순간적인 창조물의 산물이라는 신학적 견해는 전성설(前成說)의 사고를 불러일으켰다(김현호 외, 2017). 이 시대에는 어린아이를 성인의 축소판으로 여겼으며 어른과 어린아이의 차이는 질적인 것이 아니라 오로지 양적인 차이로 여겼다. 이와 같이 주장한 학자들은 인간이 남성의 정자나 여성의 난자 안에 이미 완전한 형상을 갖추고 있다고 믿었다. 따라서 수태 시 오로지 제한된 양적 변화만이 일어나며 환경은 발달의 결과에 거의 영향을 미치지 않는 것으로 믿었다. 반면에 17세기 말 영국의 철학자 로크(Locke)는 인간이 선천적으로 선하거나 악하게 태어나는 것이 아니라 백지상태(tabula rasa)로 태어난다고 주장하였으며, 인간은 태어날 때 누구나 동등한 상태이지만 태어난 후의 외부 환경 요인에 따라 각기 다른 특징적인 발달 변화를 나타낸다고 주장하였다.

20세기 왓슨(Watson)과 스키너(Skinner) 등의 행동주의 학자들은 자신이 경험한 학습이 인간발달에서의 변화에 대한 근원이기 때문에 인간은 환경을 재구성하여 새로운 학습경험을 하게 되면 새로운 발달적 변화를 가져올 수 있다고 주장하였다. 결국 이러한 입장을 견지하는 학자들은 인간은 선천적인 유전보다 후천적으로 제공되는 환경에 의해 발달이 이루어진다고 주장하였다. 이러한 입장은 양육, 문화적 상대주의, 사회적 통제, 학습, 획득된 특성 등에 의해 발달이 이루어진다고 함으로써 인간발달에 환경적 요인이 우선적으로 중요하다는 것을 강조하면서 인간을 환경에 의해 영향 받는 수동적인 존재로 간주하였다.

인간발달에서 유전과 환경의 영향을 논할 때 이 두 요인의 영향을 엄밀하게 구별하기는 어렵다. 20세기 후반 들어 유전과 환경은 인간의 발달에 영향을 미치는 서로 다른 차원이라는 상호작용적인 접근법을 주장하기에 이르렀다. 이러한 관점은 다양한 발달 측면에 대해 환경의 범위는 얼마나 넓은지, 어떤 환경이 사람의 어떤 구조와 행동에 영향을 미치는지, 선천적인 잠재력과 환경 간의 상호작용은 개개인의 발달단계에 어떠한 영향을 미치는지 등에 관심을 기울이고 있다. 즉 오늘날 대부분의 학자들은 유전과 환경이 불가분의 관계를 가지고 있기 때문에 최적의 발달을 위해서는 유전과 환경이 그 역할을 함께 수행해야 한다고 주장한다(Thomas, 2000).

유전과 환경에 대한 인간발달의 예를 들면, 일란성 쌍생아의 경우 동일한 유전자를 가지고 태어났더라도 서로 다른 환경에서 성장하면 성격과 행동특성이 서로 다른 성인으로 성장할 수 있다. 태아도 태내 환경의 좋고 나쁨에 따라 다양한 특성과 기질을 지닌 신생아로 태어날 수 있다.

또한 같은 가정환경에서 다른 유전인자를 가지고 태어난 형제가 동일한 환경에서 함께 성장했더라도 각기 다른 성격이나 행동특성을 나타낼 수 있고, 다른 유전인자를 가지고 똑같은 유해환경에서 근무한 인간이라 할지라도 각자 질병에 걸리는 정도와 빈도에 차이가 있을 수 있다. 이러한 점에서 볼 때 다른 유전인자를 가지고 동일한 환경에서 성장한다 할지라도 서로 다른 발달특성을 나타낼 수 있고, 동일한 유전인자를 가지고 다른 환경, 심지어 같은 환경에서 성장한다 할지라도 각기 다른 발달특성을 나타낼 수 있기 때문에 유전이나 환경 중 어느 것이 더 우세하거나 중요하다고 주장하기는 어렵다.

따라서 인간발달은 개개인의 타고난 특성과 환경 간의 역동적인 상호작용의 산물이므로 인간발달을 최적화하기 위해서는 선천적으로 타고난 유전적인 요인이 최대한 발달할 수 있도록 최적의 환경을 제공해 주는 것이 무엇보다도 중요하다.

(2) 발달의 연속성과 불연속성

인간발달은 보는 관점에 따라 연속성 또는 불연속성을 가정할 수 있다. 발달의 연속성을 주장하는 학자들은 행주의적 접근과 같이 학습과 경험을 강조하며 오랜 시간의 훈련과 연습에 의해 발달이 이루어진다고 보았고, 대부분 발달을 점진적이고 연속적인 과정으로 보며 성숙을 강조하였다. 인간발달이 수정에서 죽음까지 연속적이고, 점진적이고, 그리고 축적된 변화로 보았다. 예를 들면, 영아(0~2세)가 처음 말을 시작할 때 이것은 갑작스럽고 불연속적인 것으로 보이지만 연속적인 견해로 보면 말을 하는 것은 몇 주 또는 몇 달에 걸친 성장과 연습의 결과이다. 마찬가지로 사춘기 역시 보기에는 갑작스럽고 불연속적인 사건으로 보이지만 사춘기 또한 수년에 걸쳐 일어나는 점진적인 과정이다.

반면에 발달의 불연속성을 주장하는 학자들은 발달은 독립적이고 질적으로 차이가 있는 불연속적인 단계들로 이루어진다고 하였다. 인간발달은 양적인 것이 아니고 질적으로 서로 다른 단계를 통해서 진행된다고 보았다. 예를 들면, 생후 1년 된 영아의 걷기를 각각의 입장에 따라 설명하면, 발달의 연속성을 가정하는 입장에서는 영아의 걷기는 생후 1년간의 근육과 중추신경계의 계속적인 발달 및 걷기를 위한 영아의 끊임없는 연습과 경험, 걷기를 위한 적절한 환경자극 등이 있기 때문에 걸을 수 있다고 본다. 그러나 불연속성을 가정하는 입장에서는 생후 1년 동안 영아는 각각의 특징적인 발달단계, 즉 생후 3개월에 뒤집기, 생후 6개월에 앉고 기며, 생후 10개월에 잡고서는 등 질적으로 상이한 발달단계에서 서로 다른 행동특성들을 발달시킴으로써 걷기를 위한 이전의 행동특성이 사전 행동이 되어 이를 기초로 걷게 된다고 본다.

이렇듯이 학자들은 나름대로 자기 자신의 입장을 강조하여 주장하기 때문에 보는 관점에 따라 인간발달이 단계적인 또는 점진적인 형태로 나타날 수 있다. 따라서 인간발달이 연속성이냐, 불연속성이냐에 대한 논쟁도 유전과 환경에 대한 논쟁처럼 합일점을 찾기 어렵다. [그림 1-4]는 발달의 연속성과 불연속성을 나타낸 것이다.

[그림 1-4] 발달의 연속성과 불연속성

(3) 발달의 성숙과 학습

인간발달과 관련해서 앞서 언급한 또 다른 쟁점은 성숙과 학습에 관한 것이다. 성숙과 학습에 관한 논쟁은 유전과 환경의 영향에 대한 논쟁과도 유사하다. 성숙은 유전적 요인에 의해 발달적 변화들이 통제되는 생물학적 과정을 의미한다. 아이들의 빠른 성장과 사춘기의 2차 성징과 같은 변화나 걷기 전에 서고, 두 단어를 말하기 전에 한 단어를 말하는 것과 같은 발달의 순서는 성숙에 기인하는 것으로 특별한 연습이나 훈련의 결과가 아니다. 즉 이것들은 학습되지 않는 것들이다. 성숙론을 주장하는 학자들은 좋지 않은 환경이 인간발달을 저해하는 요인이 될 수 있지만, 기본적으로 성장은 성숙에 의존한다고 믿었다.

반면에 학습론을 주장하는 학자들은 인간발달에서 경험의 중요성을 강조하였다. 학습은 훈련이나 연습에서 기인하는 발달적 변화를 의미하며 그 결과는 개별적이고 특수하다. 예를 들면, 외국어의 습득이나 운전기술의 습득은 매우 특정한 훈련에 의존하는 학습된 행동이라고 할 수 있다(김현호 외, 2017).

(4) 발달본성의 능동성과 수동성

인간발달에 있어서 사람들은 외부에서 제공되는 환경자극을 소극적이고 수동적으로 받아들이기만 하는 수동성을 갖고 있는가, 아니면 발달을 스스로 통제하고 조절해 나가는 과정에서 적극성과 능동성을 갖고 있는가에 대한 논쟁이 있어 왔다. 인간발달이 능동적이라고 보는 입장은 사람 스스로가 탐색하고, 환경을 변화시키며 학습이나 과제를 스스로 한다는 것이다. 사람이 능동성을 갖고 있다고 주장하는 이론은 유기체 이론이다. 이 이론에 따르면 유기체의 변화는 유기체 내에서 자극을 받아 일어난다고 보았다. 즉 사람 내부에서 발달을 조절하는 심리적 구조가 존재하고 있기 때문에 발달하게 된다고 보았다. 주변 환경은 인간발달을 지지해 주는 중요한 자원이 되고 그 주변 환경 속에서 사람들은 목적을 갖고 능동적으로 자신의 어떤 자극을 통하여 어떻게 학습할 것인지를 스스로 결정한다고 하였다. 따라서 사람들에게 다양한 자극과 탐색의 기회를 줄 수 있는 비구조화된 환경을 제공하는 것이 중요하다고 보았다.

반면 인간발달을 수동적이라고 보는 입장은 투입된 환경과 사람이 표출하는 행동 간의 관계에 초점을 두었으며 환경이 제공하는 자극이나 지식을 사람들이 그대로 받아들인다고 보았다. 인간발달은 이미 만들어져 있는 기계가 외부 환경의 조작에 따라 작동하는 것처럼 발달하게 되는 수동성을 갖고 있는 존재라고 보았다. 즉 사람이 나타내는 변화나 행동은 환경이 제공하는 자극을 받아 나타나는 하나의 행동으로 조성되기 때문에 사람들은 수동적인 반응을 보인다고 하였다(김현호 외, 2017). 따라서 아이들은 강화나 처벌에 따라 반응하기 때문에 적절한 강화와 처벌을 사용하는 것이 중요하다고 보았다.

앞서 언급한 네 가지 쟁점 외에 인간발달은 양적인가 질적인가, 초기 경험에 의한 것인가 후기 경험에 의한 것인가 등이 있을 수 있다. 모든 논쟁에서 어느 한 편만을 지지한다는 것은 현명하지 못한 것이다. 왜냐하면 인간의 전 생애를 통해 유전과 환경, 연속성과 불연속성, 성숙과 학습, 수동성과 능동성, 초기 경험과 후기 경험 등의 유무 중 어느 한쪽만이 발달에 영향을 미치는 것이 아니라 양자 모두가 발달에 영향을 미친다고 보아야 하기 때문이다(김현호 외, 2017).

1.3 청소년발달의 이해

1) 청소년기의 발달과업

발달과업(developmental tasks)은 사람들 개개인이 성장하면서 발달단계에 따라 정상적인 발달을 이루기 위해 일정한 시기에 발달해야 되는 과업이다. 예를 들어 언어(옹알이→한 단어 말→문장 구성 언어)는 결정적 시기가 있어 그 시기에 말을 하지 못하면 성인이 되어도 말을 하지 못하는 경우이다. 하비거스트(Havighurst)에 의하면, 발달과업은 개인의 전 생애 중 일정한 시기나 또는 그 가까이에서 나타나는 과업으로 그 과업을 성취하면 행복을 누릴 수 있고 후일에 겪게 될 다른 과업을 잘 달성할 수 있다고 하였다. 그렇지만 과업을 달성하지 못하면 불행을 초래할 뿐만 아니라 사회에서 인정을 받지 못하고 후일에 겪게 될 다른 과업도 달성하기 어렵다고 하였다. 하비거스트가 제시한 청소년기의 발달과업은 다음과 같다(성열준 외, 2016; Havighurst, 1980).

① 자기의 체력을 인정하고 자기의 신체를 효과적으로 구사하는 것을 인식해야 한다.
② 남녀 간의 새롭고 보다 성숙한 관계를 이룩하는 것을 배워야 한다.
③ 남성으로서의 역할과 여성으로서의 역할이 무엇인지를 학습해야 한다.
④ 부모나 다른 성인과의 정서적 독립을 이룩해야 한다.
⑤ 경제적 독립의 필요성을 느껴야 한다.
⑥ 직업의 선택과 그 준비에 몰두해야 한다.
⑦ 시민적 자질로서 필요한 지적 기능과 개념이 발달해야 한다.
⑧ 결혼과 가정생활의 준비를 해야 한다.
⑨ 사회적으로 책임 있는 행동을 하야 하고 이를 실천하는 습관을 길러야 한다.
⑩ 적절한 과학적 지식에 맞추어 가치관과 윤리체계를 습득해야 한다.

2) 청소년기의 발달과정

아동기(6~11세)를 거쳐 청소년기(11~20세)는 모든 신체·운동 영역, 인지·언어 영역, 사회·정서 영역에서 급격한 성장이 이루어지는데, 청소년기의 발달은 다음과 같다.

(1) 신체발달

신체발달은 신체기관이 커지고, 신체적 구조가 정밀해지며, 신체적 기능이 능률적으로 발달하는 것을 의미한다. 사람들은 청소년기가 되면 신장과 체중이 급격히 성장하는 사춘기 성장급등 현상(adolescent growth spurt)이 나타나면서 사춘기를 겪게 된다. 사춘기는 개인차가 존재하지만 일반적으로 남자의 경우 10세에서 시작하여 늦게는 16

세까지 나타나며 14세 정도에서 절정을 이룬다. 반면 여자의 경우 남자보다 약 2년 정도 앞선 9세에서 시작하여 늦게는 15세까지 증가하고 12세 정도에 절정을 이룬다. 이렇게 사춘기가 되면 남자는 몽정, 여자는 초경과 같은 2차 성징(남녀나 암수를 구별하는 신체적 특징으로 남녀의 생식기 차이를 1차 성징이라 하며 성년에 달하면 남자는 수염이 나고 목소리가 변하며, 여자는 유방이 커지는 등의 차이를 2차 성징이라 함) 현상이 나타나 성기관이 발달하여 생식기능이 가능하다(성열준 외, 2016; Tanner, 1978).

이렇게 신장과 체중이 증가하면서 신체 변화가 나타나는데, 남자는 어깨가 넓어지고 근육이 발달하여 남성다운 체형으로 변모하며, 여자는 골반이 넓어지고 피하지방이 축적되어 여성다운 체형으로 변모한다. 또한 머리 크기가 작아지면서 신체 비율은 거의 성인에 가까운 1/8(머리 1, 신체 8인 비율)이 되고 얼굴모양은 둥근 형에서 길쭉한 형으로 변화하며, 코와 입이 크고 넓어져 전체적인 윤곽이 성인에 가깝다. 신체 비율의 변화는 [그림 1-5]와 같다.

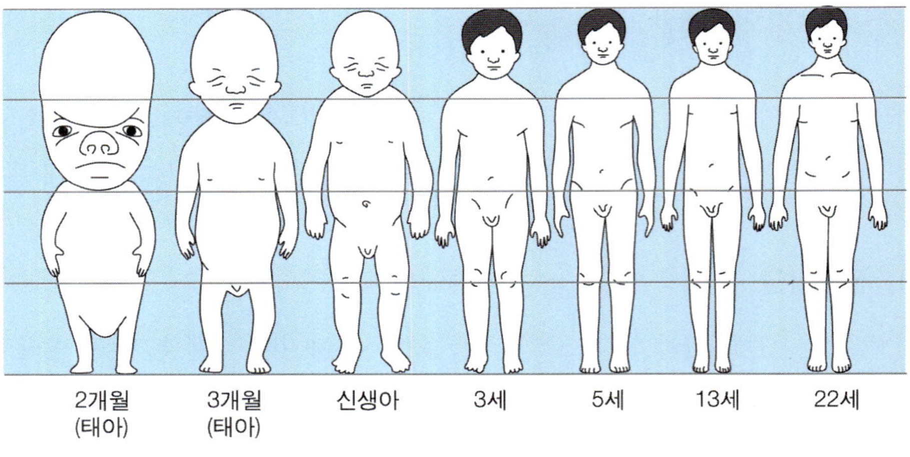

[그림 1-5] 신체 비율의 변화

출처: Marilyn J. Hockenbenberry & Wilson · Winkelstein(2006).

(2) 인지발달

인지발달(cognition development)은 사람이 언어적인 기술을 획득하는 것처럼 연령에 따라 살아가는 과정에서 일어나는 사고와 추론기술을 발달시키는 과정이다. 즉 인지발달은 청소년이 어떻게 생각하는지 또는 발달하면서 그 생각이 어떻게 변화하는지에 초점을 맞춘다. 이러한 과정에서 청소년기는 지적발달과 인지발달에 있어서 양적인 면뿐만 아니라 질적인 면에서도 현저한 성장을 보인다. 즉 인지과정이 확장되어 추상적 사고, 이상적 사고, 과학적 사고, 조합적 사고 등을 할 수 있다.

피아제(Piaget)의 인지발달 이론에 의하면, 인지발달 단계는 사람이 기존의 도식(지식의 기본단위로 유기체가 외부의 사물을 인지하기 위해 사용하는 이해의 틀)에 새로운 도식으로 동화(자신이 가지고 있는 도식 또는 도식 속의 외부 대상들을 받아들이는 인지과정)하거나, 동화가 가능하지 않을 경우 기존 도식을 수정하여 조절(기존의 도식으로 새로운 사물을 이해할 수 없을 때 기존의 도식을 바꾸어 가는 인지과정)하려고 노력하는 과정을 통해 인지발달이 이루어진다고 보았다. 이러한 인지발달은 일련의 단계를 거쳐 순차적으로 진행되고 단계가 높아질수록 복잡성이 증가한다고 하였으며, 다음과 같은 특징이 있다. ① 모든 사람은 동일한 순서로 제시된 단계를 거쳐 발달하지만 단계를 거치는 속도는 사람에 따라 다를 수 있다. ② 각 단계는 그 이전 단계의 인지구조들이 통합되어 나타나기 때문에 다음 단계는 질적으로 다르며 수준도 더 높다. 피아제의 인지발달은 감각운동기, 전조작기, 구체적 조작기, 형식적 조작기 등으로 이루어지는데 청소년발달의 학문적 이론에서 자세히 살펴본다.

(3) 정서발달

정서는 내적 · 외적 자극에 대한 사람의 기분 · 느낌 · 감정 등의 반응과 상태로 1차정서(기쁨 · 슬픔 · 행복 · 분노 · 공포 · 혐오 등)와 2차정서(자부심 · 수치심 · 죄책감 · 애정 · 만족 · 질투 · 감정 이입 · 고통 · 부러움 · 당황 등)로 구분한다. 이러한 정서는 분화된 정도나 개인의 특성에 따라 성장하면서 더 세분화되어 표현하면서 발달한다(김현호 외, 2017).

청소년기의 정서발달 특성은 격정적이며 일관성이 없고 막연하며 불안정하다. 즉 불안, 갈등, 고민 등으로 가득 찬 격동의 시기를 경험한다. 일반적으로 청소년기의 주요감정은 공포, 걱정, 불안, 분노, 좌절, 질투, 선망, 호기심, 애정, 슬픔, 쾌락과 즐거움 등이다. 특히, 청소년기에는 다른 어느 발달단계보다 변화가 많을 뿐만 아니라 성취해야 할 발달과업도 많아 여러 가지 적응상의 어려움을 겪는다. 청소년들은 신체, 인지, 정신, 사회 등 여러 측면에서 급격히 일어나는 변화와 발달과정에 대처할 수 있는 충분한 지식이나 기술을 아직 갖추지 못했기 때문에 항상 불안과 혼란 속에서 끊임없이 긴장하고 갈등을 겪는다. 또한 갑자기 변해가는 신체적 변화인 2차 성징 현상과 함께 의식되는 성적 본능의 충동을 억제하지 못하는 경우가 많기 때문에 정서적으로 불안하고 조급하다. 이 밖에도 미지세계에 대한 불확실성, 자신들이 갖는 지위 역할의 모호성, 소속 집단의 변화에 따른 행동 변화, 신체적 · 성적 성숙과 심리적 · 사회적 미성숙 간의 불균형, 기성세대와의 가치관 차이, 학업성적의 갈등 등은 청소년들에게 심각한 고민의 문제로 나타나면서 심리적 갈등과 정서적 동요를 일으켜 불안정한 정서 상태가 나타나는 특징이 있다.

청소년기의 불안정한 정서 상태는 양가감정에서 잘 나타난다. 청소년들은 불안정한 정서 상태로 인하여 극과 극을 달리는 자기 갈등적이고 모순된 감정을 보임으로써 혼란과 갈등에 놓이게 된다. 즉 의존과 독립, 반항과 순종, 우울과 환희, 실망과 득의, 열등감과 우월감, 무관심과 열정, 절망과 희망, 자기혐오와 자기애, 이기주의와 이타주의, 이상주의와 현실타협 등의 양가감정이 동시에 나타나거나 단기간 내에 격렬한 변화가 나타날 수도 있다. 이러한 양가감정은 심신의 불균형을 유발하기 때문에 청소년들은 행동에 있어서 일관성이 없고 다소 무책임하여 정서적 부적응이 나타날 수도 있다. 이러한 청소년들의 정서적 부적응은 우울증, 정서장애, 정체성 부재, 약물남용, 자살, 도벽, 폭력, 비행, 범죄행위 등과 같은 좋지 못한 현상이 나타날 수 있으므로 그들의 개인뿐만 아니라 사회적으로 바람직하지 못한 결과를 가져올 수도 있다.

그렇지만 청소년의 정서적 부적응이나 불안정한 정서 상태는 대부분 일시적인 과도기 현상으로 성숙해지면서 안정화되고 자신을 통제할 수 있는 자아통제 능력이 발달하여 현실에 직면하게 된다. 여기서 자아통제 능력은 어떤 목표를 위해 충동이나 욕구를 자제하고 즐거움과 만족을 지연시키는 능력을 의미한다. 따라서 이 시기의 발달과업은 신체적 변화를 긍정하면서 자신의 정서변화에 대한 인내심을 길러 자신감을 갖고 관대하게 대처하는 인식이 필요하다(오윤선 외, 2020).

(4) 정서지능

정서지능(emotional intelligence)의 개념은 제98차 미국심리학회에서 살로베이와 메이어(Salovey & Mayer) 교수가 정서지능에 관한 주제발표를 하면서 알려졌다(Salcvey & Mayer, 1990). 이후 골만(Goleman)이 〈정서지능(emotional intelligence)〉이라는 책을 출간하면서 더욱 알려졌다(Goleman, 1995). 정서지능은 일반지능에 대비되는 용어로 감정과 느낌을 통제하고 조절할 수 있는 능력이다. 살로베이와 메이어에 의하면, 정서지능은 사회지능(social intelligence)의 하위요소로 자신과 타인의 감정과 정서를 평가하고 표현하는 능력, 자신과 타인의 감정을 효과적으로 조절하는 능력, 자신의 계획과 성취를 위해 정서를 활용하는 능력이라고 하였다. 또한 정서지능은 청소년들이 자신의 정서를 인식하고 적절히 표현하며, 감정이입을 통해 타인의 정서를 인지하고, 대인관계에서 정서를 적용하는 능력을 의미한다고 하였다(김현호 외, 2017).

골만은 정서지능의 구성요소를 자기인식, 자기조절, 자기동기화, 감정이입, 대인관계기술 등 5개의 영역으로 구성하였다(Goleman, 1995).

① **자기인식**(self-awareness): 자신의 감정을 있는 그대로 인식하고 자신의 진정한 감정을 읽고 이해하는 능력으로, 자신의 내면 상태에 대한 계속적인 주의집중을 말하는 것이다. 이것은 감정에 휩쓸리지 않고 중립적인 상태에서 자신의 기분과 그 기분에 대한 사고과정을 인식하는 능력이다. 정서인식에는 본인뿐만 아니라 상황의 맥락에서 다른 사람의 언어, 행동, 표정, 몸짓 등을 인식하는 것과 음악, 미술, 조각 등의 문화작품 속에서 다른 사람의 정서를 인식하고, 파악하는 표현을 할 수 있는 능력들이 포함된다.

② **자기조절**(self-management): 인식된 자신의 감정을 적절하게 처리하고 변화시키는 능력이다. 즉 분노, 우울, 스트레스 등의 자기감정을 관리하는 능력이다. 모든 정서는 나름대로 가치가 있으므로 감정조절의 목표는 정서의 억압이 아니라 여러 감정 간의 균형을 이루는 데 있다. 타인정서조절은 타인의 감정을 조절하고 바꾸려는 능력으로, 자신에 대해서 타인이 갖게 되는 인상을 조절하고 통제하기 위해서 타인에게 보여주는 행동양식이다.

③ **자기동기화**(self-motivating): 어려운 상황을 참아 내어 자신의 성취를 위해 노력할 수 있는 능력이다. 즉 목표를 향한 주의집중, 완전함과 창의성에 대한 추구를 의미하는 것으로, 목표달성을 위해 일시적인 만족이나 충동 등을 억제할 수 있는 능력을 말한다.

④ **감정이입**(empathy): 다른 사람의 감정 상태를 읽고, 다른 사람이 느끼는 감정을 자신의 것처럼 느끼고 적절하게 반응하는 공감능력이다. 즉 다른 사람의 아픔이 곧 자신의 아픔일 수 있다는 것을 느끼게 하는 것이다.

⑤ **대인관계기술**(social skill): 인식한 다른 사람의 감정에 적절하게 대처할 수 있는 정서표현능력이다. 대중적 인기, 리더십, 대인관계의 효과성 등을 뒷받침하는 것으로 다른 사람의 감정을 관리할 수 있는 관계를 다루는 기술이다.

정서지능이 높은 사람들은 어떠한 특성이 있을까? 정서지능이 높은 사람은 인성적으로 훌륭하고, 자기주장이 확실하고, 스트레스 상황에서 잘 견딜 수 있다. 퇴행이나 위축 행동이 적으며 삶의 어려움에 닥쳤을 때 정면으로 도전하며 자신감이 넘친다. 또한 독립적으로 일을 해나가는 과정에 주도적이다. 열정과 기쁨으로 스스로를 동기화하고, 목표 달성에 필요한 방법들을 쉽게 찾아내며, 어려운 상황 속에서 고통의 감정을 느낄 때에도 그대로 좌절하지 않는다.

위와 같이 정서지능은 삶을 살아가는 데 필수적인 요소이다. 최근에는 성공적인 삶을 살아가는 데에는 지능지수(IQ; intelligence quotient)보다 정서지수(EQ; emotional quotient)가 더 필요하다. 골만은 미국 스탠퍼드 대학의 미쉘(Mischell) 교수의 연구 결과를 인용해서 인지적 · 사회적 성공의 요인이 EQ라고 주장하였다. 미쉘 교수의 연구는 4세 된 유아들을 대상으로 혼자 방에 남겨두고 마시멜로를 주고 15분간 먹지 않고 참으면 기다림에 대한 보상으로 마시멜로를 하나씩 더 준다고 알려주고, 유아들을 관찰하였다. 4세 된 유아들이 유혹을 참고 15분간을 기다린다는 것은 즉각적인 만족을 지연하는 것으로 성인의 2~3시간에 해당되는 기간이다. 종단연구로 14년 후 18세가 되었을 때 다시 이들을 관찰실험하였다. 4세 때 15분을 참고 마시멜로를 하나 더 받은 대상자들은 즉석에서 마시멜로를 다 먹은 대상자들보다 교사들로부터 인기가 있고, 좋은 학생이라는 평가를 받고, 사회적으로도 더 훌륭하게 성장하였다(김현호 외, 2017).

(5) 사회성발달

청소년기의 사회성발달은 주로 우정을 통한 또래 · 친구집단을 통해서 발달한다. 청소년들은 아동기를 거쳐 부모나 가족으로부터 독립함으로써 자율성을 추구하는 동시에 또래 · 친구집단과 일치하려는 경향이 있다. 청소년들은 그동안 정신적 의존관계에 있었던 부모의 보호와 감독, 간섭으로부터 벗어나 자기 자신의 판단과 책임하에 독립적으로 행동하려고 한다. 홀링워스(Hollingworth)는 이러한 청소년들의 사회적 특성을 '심리적 이유기'라고 하고, 용돈 사용, 시간 활용, 학업에 대한 태도, 도덕에 대한 태도, 친구 및 이성과의 교재, 진로 희망, 옷차림, 스마트폰 및 인터넷 사용 등의 행동에서 부모의 통제를 받지 않으려 한다고 하였다. 또한 그동안 받았던 부모의 지시를 논리적으로 비판하거나 반항하며 또래·친구관계에서 습득한 가치관으로 행동을 한다고 하였다(오윤선 외, 2020). 이처럼 부모에 대한 신뢰감이나 존경심이 줄어들고 청소년 자신이 자립적으로 선택한 또래·친구와 유대관계를 형성하고 그들과 수평적인 입장에서 자신의 내면적 고민을 나누는 등 또래·친구에 대한 의존도가 높아진다.

이와 같이 청소년기 또래·친구관계의 변화는 새로운 또래·친구문화 형성에 큰 영향을 미치며, 청소년들은 자신과 비슷한 사회경제적 지위에 있거나 지리적으로 근접성이 있고 특정한 취미와 관심이 같으며 비슷한 성격을 가진 또래·친구들과 또래·친구집단을 형성한다. 그리고 자신이 속한 집단 내 자신의 지위와 역할을 예측·수행·평가하며 필요한 사회적 기술을 학습한다. 이처럼 청소년들은 자신이 속한 또래·친구집단을 통해 구성원들 간에 긴밀한 영향을 주고받으며 친밀한 관계로 발전한다. 그러나 모든 청소년들이 또래·친구관계를 통해서 생각과 가치를 공유하고 개인적인 문제나 갈등에 대해 위로와 지지를 받는 것은 아니다. 오히려 또래·친구관계를 형성하고 발전시키는 과정에서 여러 가지 갈등과 문제에 직면하기도 하고 경우에 따라 또래·친구를 전혀 사귀지 못하고 고립되기도 한다. 또한 또래·친구들로부터 술이나 담배, 약물 등 문제행동을 배우거나 직접 행동에 옮기는 등 부정적인 측면이 있을 수도 있다. 이러한 과정에서 청소년들은 점차적으로 연령이 증가하면서 부정적인 측면을 벗어날 수 있고, 또래·친구관계나 사회적 관계의 폭과 깊이가 증대되고, 기성세대에 대한 무조건적인 비판이나 반항의 자세에서 합리적인 비판과 논리적인 대항의 자세로 발달하게 된다.

청소년기의 사회성발달이 이루어지면서 자아정체감이 발달하게 되는데, 에릭슨(Erikson)은 이 시기에 긍정적인 자아정체감 성취의 발달과업과 부정적인 자아정치감 혼미의 발달위기를 제시하였다. 에릭슨은 사람의 성격발달을 사회와의 관계 속에서 심리사회적 연구를 하였다. 프로이드(Freud)는 성격발달의 기초로 삶 본능의 심리적 에너지인 리비도(libido)가 집중되는 성감대에 따른 성적인 에너지를 강조하였지만 에릭슨은 사회적인 에너지를 강조하였다. 또한 프로이드는 부모의 중요성만을 강조한 반면 에릭슨은 부모뿐만 아니라 가족, 친구, 사회, 문화 등의 사회문화적 환경의 영향도 중요시 하였다. 성격발달에 있어서 프로이드는 청년기에서 중단한 반면 에릭슨은 전 생애에 걸쳐 이어지는 과정으로 보고 성격발달을 자아발달 단계에 따라 8단계로 나누었다. 에릭슨 각각의 단계마다 성취해야 할 발달과업과 대칭적인 개념인 발달의 위기를 제시했으며 대칭적인 두 개념이 균형을 이루면서 발달해야 다음 단계로의 진행이 원만하다고 하였다. 즉 긍정적 의미의 발달과업 성취만 중요한 것이 아니라 부정적인 의미의 발달 위기도 어느 정도 경험하는 것이 개인의 충실한 성장에 도움이 된다고 하였다. 에릭슨의 심리사회적 발달 8단계 및 특징은 청소년발달의 학문적 이론에서 자세히 살펴본다.

청소년기는 자아정체감 성취가 주요 발달과업이다. 자아정체감(ego-identity)은 자신이 타인과 구별되는 독립적이고 고유한 존재를 인식하는 동시에 외적인 자극, 환경, 감정적 변화에도 불구하고 일관되게 자신을 안정적인 느낌으로 인식하는 것을 의미한다. 이 시기의 청소년들은 자아정체감 성취를 위해서 과거 개인의 참조체계를 선택하고 현재를 새롭게 내면화한 동일시 내용 및 미래계획과 포부를 역동적으로 통합하고 재조직화하면서 성숙한 성인으로서 성장해간다. 이처럼 청소년기는 성숙한 신체와 인지적인 형식적 조작능력을 가지고 개인적 의문과 결정에 직면하면서 자아정체감 확립의 결정적 시기(critical period)라고 할 수 있다.

청소년기에 청소년들은 자아정체감 성취가 형성되면 다음 단계의 친밀감이나 생산성의 발달과업에 쉽게 도달할 수 있지만 부정적인 정체감 혼미에 빠지면 자신의 역할에 대한 혼란이 일어나 어느 특정 스타(가수, 배우 등)를 맹목적으로 추종하거나 비합리적인 집단행동을 할 수도 있다. 이렇듯이 청소년기의 긍정적인 자아정체감 성취가 형성된 청소년들은 신념, 가치관, 친밀감, 직업 등에서 스스로 의사결정을 할 수 있지만 정체감 혼미에 빠져 역할이 상실된 청소년들은 비행이나 반사회적 행동, 약물남용, 습관적 음주 등과 같은 문제행동에 빠질 수 있으며, 심한 경우에는 정신분열증이나 자살에 이를 수도 있다. 따라서 부모나 성인들은 청소년들이 안정된 자아정체감을 형성할 수 있도록 도와주는 것이 중요하다.

미국의 임상발달 심리학자인 마르샤(James E. Marcia)는 에릭슨의 자아정체감에 대한 개념(정체감 성취 대 혼미)을 보완하였다. 마르샤는 자아정체감을 자신에 대한 태도, 가치, 신념으로 보고 자신의 자아정체감 상태를 자신이 얼마나 자기정체성에 관여(commitment) 또는 개입하고 있는지? 자기정체성의 위기(crisis)를 경험했는지? 두 가지 차원에 따라 4가지 정체감 유형으로 구분하였다(천정웅 외, 2017; Marcia, 1966). 여기서 관여는 직업이나 가치관 등에 대한 방향과 우선순위를 확실하게 설정하고 그것을 성취하기 위해 능동적이고 구체적인 노력을 하는 상태이고, 위기는 이전에 가지고 있던 직업관이나 가치관에 있어서 위기를 경험했는지의 여부이다. 마르샤는 청소년기의 자아정체감 형성은 중요한 시기이며, 그 시기에 형성된 자아정체감은 변하지 않는 것이 아니라 성인기에도 환경 및 변화요인에 따라 변화될 수 있다고 하였다. 마르샤의 정체감 유형 이론에 따른 정체감 발달 상태를 다음과 같이 구분하고 있다.

① **정체감 성취**(identity achievement): 자신의 가치, 진로, 신념을 형성하기 위해 노력해서 정체감 위기를 성공적으로 극복한 상태로 심리적으로 건강하며 성취동기, 도덕추론, 친밀감 등에 있어서 높은 수준을 보이고 많은 문제에 대해 스스로 결정할 수 있는 능력이 있는 상태이다.

② **정체감 유예**(identity moratorium): 자신의 정체감이 위기에 있거나 형성하지 못하여 아직 관여하지 못하고 유예(방황)하는 상태로 후에 극복할 수 있도록 충전하여 노력할 수 있는 상태이다.

③ **정체감 유실**(identity foreclosure): 위기도 없이 자신의 신념, 진로 등의 중요한 문제에 대해 스스로 탐구나 고민하지 않고 부모나 타인의 결정이나 가치를 그대로 수용하여 그들과 비슷한 선택을 하는 경우이다.

④ **정체감 혼미**(identity diffusion): 자신의 문제에 대해 탐구나 고민 및 결정도 하지 않으면서 이러한 문제에 대해 개념이나 의식이 없어 아무런 관심도 갖지 않는 가장 부정적인 정체감 상태이다.

자아정체감 형성의 중요성을 강조하는 학자들은 청소년기의 적절한 정체감 형성이 심리적 건강의 초석이며, 성인기 이후 건강한 삶의 터전이 되지만 그렇지 못한 자아정체감 혼미는 성인기의 발달과업을 성취하는 데 방해가 된다고 주장하고 있다.

(6) 도덕성발달

도덕성(morality)은 마음의 양심을 지표로 삼아 옳고 그른 것을 판단하는 능력이다. 즉 자신이나 상대방에서 부끄럽지 않게 행동하는 능력, 대인관계에 있어 상대방의 입장을 공감하는 능력, 배려하는 능력, 자신의 욕구나 감정을 조절하는 자제능력 등을 포함한다. 도덕성은 양심, 동정심, 이타심, 죄의식, 공감 등과 같은 정서적 측면(다음)과 공정성, 분별력, 책임감, 자제력 등과 같은 인지적 측면(생각)을 포함해서 직접 행동으로 나타날 수 있는 행동으로 구성된다. 이러한 도덕성은 사람의 사회화 과정에서 대인관계를 맺을 때 지켜야 할 규범을 준수하는 것을 의미한다. 따라서 도덕성발달은 청소년들이 속한 사회에서 문화적 · 사회적 집단에서 규범에 따라 행동할 수 있도록 습득하는 것이다. 즉 어떤 행동에 대해서 죄책감과 같은 도덕적 정서, 어떤 행동의 옳고 그름을 판단하는 인지적 판단, 도덕적 판단에 의해 행동하는 도덕적 행동 등의 측면이다.

도덕성에 관련된 이론을 살펴보면, 정신분석 이론에서는 도덕적 정서를 강조하고, 인지 이론에서는 도덕적 인지를 강조, 학습(행동주의) 이론에서는 도덕적 행동을 강조하고 있는데, 각각에 대해서 살펴본다.

① 정신분석 이론에 의하면, 자신의 도덕적 행동을 결정하는 요인은 도덕적 정서를 강조한다. 도덕적 정서는 자신이 행동한 뒤에 느낄 수 있는 죄책감 · 수치심 · 긍지와 같은 감정을 의미한다. 프로이드(Freud)의 정신분석 이론에 의하면, 도덕성 발달은 성격의 기본요소(원초아, 자아, 초자아) 중 초자아의 발달과 관련된다. 여기서 원초아(id)는 무의식 속의 쾌락의 원리에 따르는 것이고, 자아(ego)는 객관적인 현실세계와 타협하는 현실의 원리이고, 초자아(super-ego)는 사회규범 등이 내면화된 선과 악을 판단하는 도덕성의 원리이다.

② 인지발달 이론에 의하면, 청소년들은 인지능력이 발달함에 따라 성숙하고 사회적 경험에 의해서 도덕적 이해가 증가함으로써 도덕성이 발달한다고 하였다. 피아제는 5~13세 아이들의 규칙과 도덕적 판단에 대한 사고를 연구하면서 도덕성발달을 이론화하였다(Piaget, 1932). 이 연구에서 아이들은 구슬 게임을 하면서 게임의 규칙은 누가 만들었는가?, 누구나 이 규칙을 지켜야 하는가?, 규칙을 바꿀 수 있는가? 등의 질문을 하면서, 연구결과를 토대로 타율적 도덕성과 자율적 도덕성으로 구분하였다. 피아제의 행위 동기와 결과에 대한 딜레마의 예를 들어보면, 'A: 엄마가 설거지를 하는 것을 도우려다 손이 미끄러져 컵을 5개나 깨트렸다', 'B: 엄마 몰래 선반 위에 있는 꿀을 먹으려다 잘 못해서 1개의 컵을 깨트렸다' 이와 같은 2가지 명제가 있다.

여기서 타율적 도덕성 단계는 학령기 전 4~7세 유아로 규칙은 자기보다 강한 부모나 권위적인 존재가 있는 사람들이 만든 것으로 믿고 있으며, 이러한 규칙은 변경할 수 없고 위반하면 벌을 받아야 한다고 생각한다. 타율적 도덕성 단계에 있어서 도덕적 판단은 행동의 옳고 그름은 행위자의 의도가 아니라 행동의 결과만을 고려하게 된다. 예를 들어 선반 위에 있는 꿀을 먹으려다 1개의 컵을 깨트린 경우보다 엄마를 도우려다 5개의 컵을 깨트린 경우가 더 나쁘다고 생각하게 된다.

자율적 도덕성은 10세 이후에 나타나는 시기로, 이 시기의 아동은 규칙은 단지 사람들이 만든 것임을 알고 그 규칙은 변경할 수 있다고 생각하여 도덕적 판단에 상황적 요인을 고려하는 융통성을 보인다. 또한 처벌은 불가피한 것이 아니고 잘못된 행위를 누군가가 목격했을 때 일어난다고 생각한다. 자율적 도덕성 단계에 있어서 도덕적 판단은 행동의 결과뿐 아니라 행위자의 의도를 고려해서 판단하게 된다. 따라서 엄마 몰래 선반 위에 있는 꿀을 먹다가 1개의 컵을 깨트린 아이는 엄마를 도우려다 5개의 컵을 깨트린 아이보다 더 나쁘다고 생각한다. 피아제에 의하면, 사람의 도덕성은 타율적 단계(4~7세), 타율적 자율적 혼합 단계(7~10세), 자율적 단계(10세 이후)로 발달한다고 하였다(Santrock, 2001).

③ 행동주의(학습) 이론에 의하면, 도덕적 가치는 학습되는 것으로 적절한 행동과 사회적 규칙의 순응성을 도덕성으로 보았다. 도덕적 갈등상황에 직면했을 때, 사람들은 갈등상황을 도덕적으로 어떻게 판단하는가도 중요하지만, 어떻게 행동하는가가 더 중요하다고 하였다. 스키너(Skinner)의 조작적 조건화 이론(유기체가 스스로 행동을 일으키고 환경을 통제하는 자발적인 조작행동)에 의하면, 사람들은 도덕적 행동의 결과로 인해 도덕적 규칙에 따르게 된다고 보았다. 즉 사람들은 도덕적으로 바람직한 행동을 했을 때 강화(칭찬)해 주고, 도덕적으로 바람직하지 못한 행동을 했을 때 처벌하게 된다. 조작적 조건화 이론에서는 강화와 처벌이 도덕적 행동학습에 주요한 역할을 한다고 하였다. 강화는 도덕적 행동을 증가시

키는 역할을 한다. 그러나 처벌은 처벌자가 있는 곳에서는 비도덕적 행동이 일시적인 억제 효과만 있을 뿐이고, 처벌자가 보이지 않거나 발각될 위험이 없는 곳에서는 위반행위를 억제하지 못한다는 제한도 있다.

④ 인지적 사회학습 이론가인 반두라(Bandura)에 의하면, 사람 행위의 도덕적 기준은 학습과 모델에 의해서 설정되며 자기 평가적 능력을 갖는다는 것이다. 즉 사람은 보상이나 처벌로부터 학습되는 것보다 상대방의 관찰을 통해서 학습하는 것을 더 중요하다고 보았다. 예를 들어 어떤 아이가 한 행동에서 보상받는 것을 본 아이의 경우, 자신도 같은 행동을 하면 보상을 받을 수 있다고 믿는다. 따라서 아이들은 모델의 행동을 통해 바람직한 행동과 바람직하지 못한 행동 등의 도덕적 행동이 발달하게 된다는 것이다.

● 콜버그의 도덕성발달 이론

콜버그(Kohlberg, 1927~1987)는 1927년 미국 뉴욕에서 태어나 시카고대학교에서 박사과정에 입학하여 임상심리학과 아동발달에 관심을 갖고 학업하였다. 콜버그는 아동의 도덕적 추론이 어떻게 전개되고 발달되는지에 대한 아동의 도덕성발달에 관한 논문으로 1958년에 박사학위를 받았다. 콜버그는 피아제의 인지발달 이론과 연계하여 애착, 성역할, 도덕성발달 등의 사회적 발달현상을 연구하였다(Shaffer, 1979).

콜버그는 1956년부터 10~16세 사이의 아동·청소년 75명을 대상으로 20년간 도덕성발달에 대한 연구를 하였다. 연구는 이야기 형식의 가설적 딜레마를 통하여 아동·청소년들의 도덕적 추론을 측정하였다. 딜레마 중 대표적인 예는 하인츠와 약사의 딜레마로 〈표 1-3〉과 같다.

〈표 1-3〉 하인츠와 약사의 딜레마

유럽에서 한 부인이 특정 암에 걸려 죽어가고 있었다. 의사는 그 부인을 살릴 수 있을지도 모르는 약이 있는데, 그 약은 일종의 라튬으로 같은 동네에 사는 약사가 최근에 개발한 것이라고 하였다. 약사는 제조하는 데 재료비도 많이 들고 개발하는 데 고생했으므로 재료비의 10배인 2,000불을 요구했다. 부인의 남편인 하인츠는 약값을 구하기 위해 돈을 빌리려 아는 사람을 모두 찾아다녔지만 약값의 절반인 1,000불만 마련했다. 그래서 하인츠는 1,000불을 가지고 약사에게 가서 나의 아내가 죽어가고 있다고 사정하고 약을 좀 싸게 팔던지 아니면 나머지 약값은 나중에 갚겠다고 하면서 부탁했다. 그러나 약사는 단호하게 "안 돼요." 하면서 거절하였다. 하인츠는 절망한 나머지 아내를 위해서 그 약을 훔치기 위해 약방을 부수고 침입했다.

〈표 1-3〉과 같은 딜레마 이야기를 실험대상의 아동 · 청소년들에게 들려준 후 일정한 질문을 한다. 부인의 남편인 하인츠가 약을 훔쳐야만 했는가?, 훔친다는 것은 좋은 일인가?, 나쁜 일인가?, 만약 다른 방법으로 약을 구할 수 없었다면 하인츠가 약을 훔치는 것이 의무인가?, 약값이 너무 비싼데 그렇게 비싸게 책정해야만 하는가? 등의 딜레마 질문에 따라 콜버그는 도덕적 행위보다는 도덕적 판단능력에 따라 도덕적 추론을 3수준으로 분류하고 각각의 수준을 2단계로 나누었다(Kohlberg, 1976). 수준 1은 전 인습적 수준이고, 수준 2는 인습적 수준이고, 수준 3은 후 인습적 수준으로 구분하였다. 여기서 인습이란 사회규범, 기대, 관습, 권위 등에 순응하는 것을 의미한다. 각각의 수준에 2단계로 구분하고 하위 단계인 1단계는 벌과 복종 지향의 도덕성, 2단계는 도구적 쾌락 지향의 도덕성, 3단계는 착한 아이의 도덕성, 4단계는 법과 질서 지향의 도덕성, 5단계는 계약과 민주주의 지향의 도덕성, 6단계는 개인적 양심과 보편원리 지향의 도덕성으로 구분하였다. 콜버그의 도덕성발달의 6단계는 〈표 1-4〉와 같다(김현호 외, 2017).

〈표 1-4〉 콜버그의 도덕성발달 6단계

<table>
<tr><th>단계</th><th>도덕적 추론</th></tr>
<tr><td colspan="2">수준 1: 전 인습적 수준–사회규범이나 기대를 잘 이해하지 못하고 자아중심적이다. 상대방의 입장을 이해하지 못하고 자신의 욕구 충족에만 관심이 있다. 9세 이전의 아이들이 이 수준에 해당된다.</td></tr>
<tr><td>1단계: 벌과 복종 지향의 도덕</td><td>이 단계의 아이들은 결과만 가지고 행동을 판단한다. 보상을 받는 행동은 좋은 것이고, 벌을 받는 행동은 나쁜 것이다. 따라서 벌을 피하기 위해서는 아이들은 복종을 한다. 예를 들어 윤재는 부모님에게 야단 맞을까 봐 차가 달리는 거리에서 뛰어다니지 않는다.</td></tr>
<tr><td>2단계: 도구적 쾌락 지향의 도덕</td><td>자신의 흥미와 욕구를 만족시키기 위해 규범을 준수한다. 이 단계에서 아이들은 다른 사람의 입장을 고려하기 시작하지만, 대부분 자신이 원하는 것을 얻기 위해서이다. 예를 들어 윤재는 어머니와 약속한 상 때문에 찻길에서 뛰어 다니지 않는다.</td></tr>
<tr><td colspan="2">수준 2: 인습적 수준–상대방의 입장을 더 이해하게 되고, 사회적 권위에 기초한 도덕적 추론을 내면화하고, 사회관습에 맞는 행동을 도덕적 행동이라 간주한다. 대부분의 청소년과 성인들이 이 수준에 해당된다.</td></tr>
<tr><td>3단계: 착한아이 지향의 도덕</td><td>상대방의 기대 때문에 그리고 상대방으로부터 인정을 받기 위해 착한 아이로 행동한다. 이 단계에서는 동기나 의도가 중요하고, 신뢰, 충성, 존경, 감사의 의미가 중요하다. 예를 들어 윤재는 친구가 담배 피우는 것을 보고 부모에게 이르지 않는다.</td></tr>
<tr><td>4단계: 법과 질서 지향의 도덕</td><td>추상적 사고를 할 수 있는 능력으로 인해 청소년들은 이제 자신을 사회의 일원으로 생각하게 된다. 그래서 사회기준에 따라 행동을 평가하게 된다. 사회질서를 위해 법을 준수하는 행동이 도덕적 행동이라고 생각한다. 예를 들어 윤재 아빠는 사회의 법과 질서를 준수하기 위해 보는 사람이 없더라도 ‘멈춤’ 표지판 앞에서 차를 멈춘다.</td></tr>
<tr><td colspan="2">수준 3: 후 인습적 수준–사회규범을 이해하고, 기본적으로는 사회규범을 인정하나 법이나 관습보다는 개인의 가치 기준에 우선을 둔다. 일반적으로 20세 이상의 성인들 중 소수만 이 수준에 도달한다.</td></tr>
<tr><td>5단계: 계약과 민주주의 지향의 도덕</td><td>법과 사회계약이 ‘최대 다수의 최대 행복’이라는 전제하에 만들어졌다는 것을 이해하고, 모든 사람의 복지와 권리를 보호하기 위해 법을 준수한다. 그러나 때로는 법적 견해와 도덕적 견해가 서로 모순됨을 깨닫고 갈등상황에 놓인다.</td></tr>
</table>

단계	도덕적 추론
6단계: 개인적 양심과 보편원리 지향의 도덕	일반적으로 법이나 사회계약은 보편적 윤리기준에 입각한 것이기 때문에 정당하다고 믿는다. 따라서 이러한 원칙에 위배될 때에는 관습이나 법보다 보편원리에 따라 행동한다. 보편원리는 인간의 존엄성, 인간의 평등성, 정의 같은 것을 의미한다.

콜버그는 도덕성발달 단계가 1단계부터 6단계까지 순서대로 발달하고 어느 한 단계를 넘어 다음 단계로 발달할 수는 없다고 보았다. 또한 모든 사람이 최고의 수준인 6단계까지 발달하는 것은 아니고, 소수만이 6단계까지 발달한다고 하였다. 일반적으로 청소년기 후기와 성년기에 도덕적 발달수준은 안정화되는데, 남성의 경우 4단계까지 발달하고 여성의 경우 3단계까지 발달한다고 보았다. 콜버그의 도덕성발달 이론의 개념은 내면화이다. 내면화(internalization)는 외적 기준에 의해 통제되는 행동이 내적 기준에 의해 통제되는 행동으로 변화하는 것을 의미한다.

청소년들은 연령이 증가하면서 내면화되어 아동과 달리 인습과정을 통해 자기 자신의 도덕적 개념을 스스로 형성해 나갈 수 있다. 그렇지만 청소년기는 사람이 살아가는 동안 도덕적 가치와 기준에 대해서 가장 민감한 시기이다. 따라서 청소년들은 높은 이상을 가지고 있으며 자신의 이상을 타인으로부터 인정받고 싶어 하며 스스로 설정해 놓은 자신의 기준에 따라 행동하고자 한다. 스스로 설정해 놓은 기준에 미치지 못한다고 느꼈을 경우에는 자신의 행동이 요구 수준 이하라는 것을 스스로 깨달았을 때 자기 경시나 자아의 축소, 꿈의 세계로의 도피 현상 등이 나타날 수도 있다.

이러한 콜버그의 이론은 규칙과 개인적 욕구 사이에서 선택을 요구하나, 문화적 차이를 인정하지 않았고, 도덕적 사고를 너무 강조하고 도덕적 행동이나 도덕적 정서는 무시하는 경향이 있다고 비판받고 있다(황희숙 외, 2008).

청소년의 도덕성발달에는 여러 가지 요인이 있을 수 있으나 일반적으로 부모의 양육방식, 연령 및 지능, 또래집단, 대중매체 등에 의해 영향을 받는데, 각각에 대해서 살펴보면 다음과 같다.

① 부모의 양육방식은 청소년들의 도덕성발달에 영향을 미친다. 애정 지향적이고 수용적인 부모의 양육태도는 지나치게 엄격하고 통제적인 부모보다 청소년의 도덕성발달에 긍정적인 영향을 미친다. 청소년들은 부모에게 사랑받고 신뢰를 받음으로써 도덕적 기준을 내면화하고 상대방에 대한 배려도 증가한다. 반대로 체벌을 통한 통제적 훈육방법은 청소년들로 하여금 순간순간 체벌을 벗어나려고 함으로써 내적 통제능력을 발달시키지 못한다(Hower & Edwards, 1979).
호프만(Hoffman)은 애정철회나 힘을 사용하는 훈육방법은 청소년들에게 지나친 자극을 주어 효과적인 도덕성발달이 이루어지지 못하고, 논리적 추론을 사용하는 훈육방법은 청소년들에게 왜 그런지를 설명해 주고, 옳지 못한 행동이 상대방에게 어떠한 영향을 주는가를 이해시킴으로써 내면화된 도덕성발달이 이루어진다고 보았다. 부모의 학력이나 사회·경제적 지위, 문화 수준 등이 높은 부모의 청소년들은 낮은 부모의 청소년들보다 도덕성이 더 발달한다(Hoffman, 1980, 1988).

② 연령 및 지능에 있어서 모든 발달에는 개인차가 있다. 도덕성발달도 개인적 요건과 환경적 요인, 개인적 요인과 환경적 요인의 상호작용에 의해서 발달한다. 연령이 증가함으로써 인지능력, 사회적응 능력 등의 발달로 인해 도덕성도 발달한다. 일반적으로 지능과 도덕성발달에는 어느 정도의 상관관계는 있을 수 있으나, 청소년들의 지능이 높다고 해서 도덕성발달도 향상되는 것은 아니다.

③ 또래·친구집단의 영향은 청소년들의 도덕성발달에 부모의 양육방식 못지않게 중요하다. 학령기가 접어들면서 집보다 또래·친구와 같이 지내는 시간이 많아지므로 또래·친구와 비교를 통해서 도덕성발달이 이루어진다. 착한 또래·친구는 내면화하고 불량 또래·친구는 거부하는 등의 행동을 보인다. 청소년들이 일상생활을 하면서 부모와 또래·친구의 가치관이 일치할 경우에는 문제가 없지만 일치

하지 않을 경우에는 도덕적 가치관 결정에 혼란을 초래한다. 예를 들면, 나와 또래·친구가 사이좋게 지내고 있으나 또래·친구의 가치관과 부모의 가치관이 일치하지 않을 때 또래·친구가 내방하면 부모는 같이 어울리지 말라고 충고하기도 한다.

④ 청소년들은 TV나 영상 비디오에서 상영되는 역할모델을 관찰함으로써 태도, 가치, 정서적 반응, 새로운 행동 등의 도덕적 행동들을 학습하게 된다(Bandura, Grusec, & Menlove, 1967). 대중매체에서 나타나는 선행적 행동이나 유혹에 저항하는 행동들은 청소년들의 도덕성발달에 긍정적인 영향을 미친다.

(7) 성역할발달

사람을 분류하는 가장 기본적인 범주는 성별이고 사회는 성별에 따라 남성과 여성에게 적합하다고 생각하는 특성을 규정하고 있다. 따라서 성역할(gender role)은 사회에서 남성과 여성에게 각각 기대되는 행동양식이다. 성역할발달은 사회에 적합한 규정에 따라 행동이나 태도에 대해서 성의 정체성을 갖고 내면화하여 적합한 성역할 개념을 습득하는 것이다. 성역할에 대해 인간발달 측면을 보면, 전통사회의 성역할은 어려서부터 자신이 속한 사회에서 규정하고 있는 성별에 따라 주어지는 성역할은 차이가 있다. 즉 여자는 치마를 입고 인형을 가지고 노는 반면, 남자는 자동차 장난감을 가지고 놀며 공격적이고 경쟁적인 놀이를 하는 것으로 표현하였다.

그러나 현대사회의 성역할은 전통사회보다 다양해지고 융통성 있게 변화하고 있다. 남성과 여성을 단일 차원으로 생각해서 남성성이 높으면 여성성이 낮아지고, 여성성이 높으면 남성성이 낮아진다는 것이다. 벰(Bem)은 이러한 현상을 심리적 양성성(psychological androgyny)이라고 하였다(김미영, 2013; Bem, 1987). 심리적 양성성은 전통적인 성역할보다 더 기능적이라고 주장하면서 한 개인이 남성성·여성성의 두 가지 특성을 동시에 소유할 수 있다는 것이다. 즉 하나의 유기체 내에 여성적 특성과 남성적 특성이 공존하는 것을 의미한다. 그러므로 양성성은 동일한 사람이 남성적이면서 여성적인 태도, 도구적이면서 표현적인 태도, 자기 주장적이면서 비주장적인 태도, 경쟁적이면서 비경쟁적인 특성 등 양면을 모두 가지고 있다고 보았다. 또한 벰은 남성성과 여성성이 한 차원의 양극단에 존재하는 것이 아니라 독립된 두 개의 차원으로 구성되기 때문에 도구적인 역할과 표현적 역할을 상황에 따라 효과적으로 수행할 수 있으므로 보다 효율적인 성역할 개념을 가진 사람이라고 하였다(김미영, 2013).

성역할에 관련된 이론을 살펴보면, 개개인은 그가 속해 있는 사회에서 성에 적합한 행동 · 태도 · 가치관을 습득하는 과정을 성역할 사회화라 한다. 이러한 과정을 통해 남성은 남성다움을 여성은 여성다움으로 발달해 간다. 성역할에 관해 설명할 수 있는 이론은 다음과 같다.

① 생물사회학적 이론에 의하면, 유전인자, 성호르몬, 염색체 등의 생물학적 요인이 성차를 나타내는 기초적인 요인이지만, 이것들은 성차를 촉진하거나 억압하는 환경적인 요인들과 서로 영향을 주고받음으로써 남자와 여자 간의 성차를 결정한다고 본다. 즉 남아인지 여아인지에 따라 부모와 주변 사람들의 태도가 달라지며, 이들의 태도가 유아의 성역할에 영향을 준다는 것이다(조성연 외, 2006).

② 프로이드(Freud)의 정신분석 이론에 의하면, 남자와 여자의 근원적인 차이는 심리성적 발달 5단계 중에서 3단계인 남근기(3~6세)에서 서로 다른 경험에 기인한다고 하였다. 이 단계에서 남아는 어머니를 좋아하는 오이디푸스 콤플렉스를, 여아는 아버지를 좋아하는 엘렉트라 콤플렉스를 경험하게 되는데, 이러한 콤플렉스를 해결하기 위한 수단으로 성역할 동일시가 이루어진다고 하였다. 이성 부모에 대한 근친 간의 성적 욕망을 현실적으로 실천할 수 없음을 깨닫게 되고, 동성의 부모로부터 보복을 두려워하게 된다. 이러한 동일시 과정을 거쳐 남아는 남성의 역할을 여아는 여성의 역할을 습득한다는 것이다.

③ 사회학습 이론에 의하면, 성역할은 환경과 경험에 의해 직접학습과 관찰학습에 의해 획득되는 것으로 보았다. 부모, 교사, 친구가 아동의 성에 적합한 행동을 강화하고, 성에 적합하지 못한 행동을 벌함으로써 직접학습이 이루어진다는 것이다. 따라서 직접학습에 의해 남아는 단호하고, 경쟁적이며, 자동차나 총과 같은 장난감을 가지고 놀도록 장려되고, 여아는 얌전하고, 협동적이며, 인형이나 소꿉놀이 장난감을 가지고 놀도록 장려된다. 또한 아이들은 관찰을 통해서 많은 성역할 행동을 학습한다는 것이다. 아이들은 부모, 친구, 다양한 매체를 통해서 자기 성에 적합한 행동을 학습하고, 이러한 행동유형은 강화를 통해서 내면화된다고 하였다(정옥분, 2007). 아이들은 가정에서 부모의 성역할 행동을 관찰함으로써 동성 부모의 역할을 학습한다고 보았고, 동성과의 유사성으로 인해 동성 모델에 더 많은 주의를 기울이고 동성의 행동을 모방한다는 것이다(Bandura, 1977).

④ 인지발달 이론에 의하면, 아이들은 인지능력이 발달함에 따라 성역할 개념을 이해하고 스스로 이에 맞추어 나가면서 성역할을 획득한다고 보았다. 또한 성역할 동일시의 가장 중요한 요인은 아이 자신이 '남자이다' 또는 '여자이다'라는 성별 자아를 인지하는 것으로, 이것은 동일시에 선행한다고 주장한다. '나는 남자이다'라는 인식이 먼저이고, 그 다음이 '그러면 남자에 적합한 행동을 한다'라는 동일시가 나중에 이루어진다는 것이다. 콜버그는 개인의 성은 복장, 머리스타일, 놀이종류와 상관없이 생물학적인 특성에 의해 변하지 않는다는 개념을 성일관성으로 표현하였다(Kohlberg, 1969).

⑤ 성도식 이론(gender-schema)은 인지발달 이론과 사회학습 이론의 요소를 결합한 형태로서 성역할발달을 정보처리 관점에서 설명한 인지이론이다(Bem, 1987). 성도식은 성에 대한 인지구조로서 아이가 성에 관한 정보에 주의를 기울이고, 조직화하는 전반적인 행동양식을 의미한다. 이러한 성도식은 아이들로 하여금 일상생활에서 남성적 특성 또는 여성적 특성을 구분하게 해 준다. 성도식을 통해서 남아

는 남아가 해야 할 역할을 인지하고, 여아는 여아가 해야 할 역할을 인지하면서 성역할을 발달시킨다는 것이다(Bem, 1987; Martin & Halverson, 1987).

아이들은 기본적인 성정체성을 바탕으로 성에 관한 여러 정보를 학습하고, 이러한 정보들을 성도식에 통합시킨다. 처음에는 '남자 것'과 '여자 것'으로 여러 대상물을 구분하다가 자신의 성에 맞는 성도식을 형성한다. 아이들은 자신의 성도식에 맞는 대상과 활동에 더 많은 흥미를 갖게 되고, 이에 따라 자신의 성에 맞는 성역할을 발달시킨다(조성연 외, 2006).

성역할발달의 영향요인에 대해서 살펴보면, 생물학적 요인과 사회적 요인이 있을 수 있다. 생물학적 요인은 성염색체의 영향과 성호르몬 분비에 의한 차이가 있다. ① 성염색체의 영향을 들 수 있는데, 남자는 여자보다 약한 성이므로 수정된 순간부터 여아는 남아보다 더 많이 살아남고, 신체적 결함이나 정신적 결함도 남아보다 적다. 이러한 이유는 남자의 성염색체는 XY인데, 여자의 XX 성염색체보다 유전적 결함을 가지기 쉽다. 만약 어떤 질병의 원인이 되는 유전인자가 X 염색체에 자리해 있다면, 여자의 경우 다른 하나의 X 염색체에 건강한 유전인자가 들어 있을 가능성이 있으나, 남자의 경우는 결함 있는 유전자가 X든 Y든 다른 한쪽의 건강한 유전인자에 의해 수정 · 보완될 가능성이 없다는 것이다(정옥분, 2007). ② 성호르몬 분비의 차이로 배아기부터 생식기 간의 발달이 다르게 진행된다는 것이다. 남아는 남성호르몬인 안드로겐(androgen)의 분비가 활발하고, 여성호르몬인 에스트로겐(estrogen)의 분비는 적으며, 여아는 반대로 에스트로겐의 분비는 활발하나 안드로겐의 분비는 적다.

사회적 요인은 신생아가 출생할 때부터 남아와 여아를 구분하여 사회적으로 다르게 양육한다. 사회는 아이들에게 지어주는 이름이나 입히는 옷의 모양, 색, 장난감 유형, 머리스타일, 권장하는 놀이내용 등이 다양한 상황에서 아이들의 성별에 따른 차이를 두게 된다. 이러한 차이로 인해 아이들의 성역할발달이 다르게 이루어진다(Fagot et al., 1986). 이러한 사회적 요인으로 인해 부모의 양육태도는 아이들의 성역할 유형화에 결정적인 역할을 하게 된다. 부모는 남아에게 용감하고, 강하고, 달리기나 던지기 등의 활동적이고, 독립적이고, 경쟁적이고, 힘찬 모습을 기대하는 반면, 여아에게는 친절하고, 예의바르며 수동적이고, 조용한 모습을 기대한다. 장난감을 줄 때에도 남아에게는 소방차, 트럭, 야구공, 총, 집짓기 등을 주고, 여아에게는 인형, 다리미, 간호사놀이 세트, 소꿉놀이 세트 등을 준다.

아버지는 어머니보다 자녀의 성별에 따른 서로 다른 상호작용 양식을 발달시키는 것으로 알려져 있다. 또한 아버지가 자녀의 성역할발달에 미치는 영향은 어머니보다 크다. 따라서 아버지가 없는 가정의 남아는 아버지가 있는 가정의 남아보다 여성적인 경향을 더 보이고, 덜 공격적이고, 더 의존적이고, 더 여성적인 놀이를 좋아하고, 그리고 더 여성적 취미를 나타내는 경향이 있다.

어머니의 직업유무는 아이들의 양성성 발달에 영향을 미친다. 어머니가 직장을 다니는 아이의 경우는 어머니가 직장을 다니지 않는 경우보다 남아와 여아 모두가 성에 대한 고정관념이 적고 보다 더 융통성 있는 성역할의 관점을 갖게 된다. 어머니가 아버지와 같은 일을 하는 것을 관찰한 아이는 남성과 여성의 역할이 동등한 것으로 이해하게 되며 양성성을 발달시킬 수 있다(황희숙 외, 2008).

형제의 역할에서 형제의 수, 출생순위, 형제들과의 관계는 아이들의 성역할발달에 중요한 역할을 한다. 일반적으로 남자형제를 가진 아이는 여자형제를 가진 아이보다 더 남성적이다. 같은 성의 형제가 있는 경우 성역할발달이 더 빨리 이루어질 수 있다. 또한 남자형제만 있는 여아는 여자형제만 있는 여아보다 더 야심적이고, 공격적이고, 지적 발달도 빠르다. 반면에 여자형제만 있는 남아는 남자형제만 있는 남아보다 덜 야심적이고, 덜 공격적이고, 여성다움이 나타난다. 이렇게 성역할발달이 다르게 나타나는 이유는 형제 간에서 일어나는 모방과 동일시에 의한 효과로 볼 수 있다(정옥분, 2007).

또래 · 친구의 역할에서는 또래 · 친구가 성역할발달에 미치는 영향은 크다. 또래 · 친구의 영향은 특히 성이 분리된 놀이상황에서 일어난다. 대부분의 아이들은 3세 정도에 성 고정관념의 영향을 나타낸다. 즉 자신의 성에 적합한 놀잇감을 선택하며 남아는 불럭이나 트럭을 가지고 놀고, 여아는 인형을 가지고 놀이를 한다. 남아가 인형을 가지고 놀거나 여아가 트럭을 가지고 놀면 또래 · 친구들이 무시하거나 놀린다. 특히 남아의 경우에 여아보다 더 거칠게 놀리거나 무시한다. 이와 같이 또래 · 친구는 성역할발달의 모델로서뿐만 아니라 강화자 또는 처벌자로서의 역할을 한다. 이렇게 또래 · 친구들의 보상과 벌은 아이들의 성역할에 많은 영향을 준다. 또래 · 친구는 자기 자신들의 성에 적합한 행동에는 강화를, 성에 적합하지 않은 행동을 할 때에는 비판적 처벌자이고, 때로는 의도적으로 망신을 주기도 한다.

교사들도 또래 · 친구집단만큼 강하지는 않지만 아이들의 성에 적합한 놀이는 보상하고, 성에 적합하지 않은 놀이는 하지 못하도록 한다. 이러한 면에서 또래 · 친구와 교사는 아이들의 성역할발달 행동에 많은 영향을 주게 된다.

CHAPTER 02

청소년발달의 학문적 이론

CHAPTER 02

청소년발달의 학문적 이론

인간발달에서 학문적 이론이란 발달에 대하여 설명과 예측이 가능한 지식들을 조직화하여 체계화시킨 것이다. 발달의 학문적 이론은 다양한데 주의할 것은 발달의 학문적 이론들은 매우 복잡한 것으로 어떠한 단일 이론으로는 모든 것을 다 설명할 수 없다는 것이다. 그러나 현재까지 널리 알려진 발달의 학문적 이론들을 보면 인간의 여러 발달 측면, 즉 신체, 인지, 사회·정서발달 등 어느 한 면에 초점을 두고 있다는 것인데, 대표적인 정신분석 이론, 행동주의(학습) 이론, 인지발달 이론, 동물행동학적 이론, 체계 및 생태학 이론, 인본주의 이론 등에 대해서 살펴본다.

2.1 정신분석 이론

정신분석 이론의 기본적인 개념은 다윈(Darwin)의 진화론과 프로이드(Freud)의 임상경험을 바탕으로 이루어져 있다. 정신분석 이론에 의하면 인간발달은 무의식적인 것이며 행동은 단지 표현상 나타나는 특성일 뿐이라는 것이다. 특히, 프로이드는 부모와의 초기 경험은 청소년발달에 많은 영향을 미친다고 하였다. 대표적인 정신분석 이론인 프로이드의 심리성적 이론과 에릭슨(Erikson)의 심리사회적 이론 등에 대해서 살펴본다.

1) 프로이드의 심리성적 이론

정신분석의 선구자로 불리는 프로이드(Freud, 1856~1938)는 1856년 체코슬로바키아의 모라비아(Moravia)에서 태어났으며, 일생의 대부분은 비엔나에서 보냈고, 제2차 세계대전 때 나치를 피해 영국의 런던으로 옮겨 말년을 보내다 1938년 83세로 생을 마쳤다. 가난한 가정의 8남매 중 장남으로 태어났으며, 행복한 어린 시절을 보내지 못했지만 매우 영리하였다. 프로이드는 신경계통을 전공한 의사로서 신체적 이상은 정신적 갈등에서 비롯될 수 있다고 믿었다. 그래서 히스테리아(hysteria: 병적흥분) 분야에 관심을 가져 정신분석에 대한 연구를 하면서 최면요법을 사용하였고, 무의식 속에 억압된 감정을 찾아서 풀어주는 것이 히스테리 환자를 치료하는 것이라 믿게 되었다. 그러던 중 최면요법이 일부 환자들에게만 적용될 수 있다는 것을 알고 자유연상(free association)과 꿈의 해석, 영유아기 때의 경험, 그리고 가족관계 분석 등의 기법을 개발하여 치료하였다. 여기서 자유연상이란 마음에 떠오르는 모든 생각을 어떠한 방해도

받지 않은 채 자유롭게 표현하도록 하는 방법을 의미한다.

다윈(Darwin, 1809~1882)의 진화론은 인류가 신과의 관계에서 가지고 있던 지위를 박탈하고 자연 진화의 연속선상에서 인류를 동물계의 일부로 보았다. 그는 1859년 〈종의 기원(The Origin of Species)〉을 저술하였으며, 이 세상에 살아남은 생물은 가장 힘센 것도, 가장 지능이 높은 것도 아니라 변화에 가장 잘 적응한 생물이 만이 살아남는다는 적자생존(適者生存)의 원리를 주장하였다. 즉 인간은 독특한 생존 기제를 가지고 있지만, 단지 또 다른 하나의 동물에 지나지 않는다는 것이다. 이러한 관점에서 프로이드는 인간이 믿고 있는 것처럼 인간은 이성적이고 논리적이며 지적인 존재가 아니고, 비이성적이고 때로는 자신도 알지 못하는 숨겨진 무의식적 동기에 의해 영향을 받는 존재라고 하였다. 이러한 이론들은 〈꿈의 해석(The Interpretation of Dreams, 1900)〉이라는 책에서 처음으로 발표하였다.

(1) 성격의 구조

프로이드의 정신분석 이론은 인간의 성격형성 과정에 대한 심층적인 연구이다. 그는 인간의 정서적, 감정적 측면을 강조하여 인간의 모든 행동에는 원인이 있다고 보고 인간의 무의식에서 그 원인을 찾으려 하였다. 그는 [그림 2-1]에 나타낸 성격의 구조처럼 인간의 정신구조를 빙산에 비유하여 물 위에 떠 있는 작은 빙산은 의식이고, 물속에 잠겨 있는 큰 빙산은 무의식이고, 그리고 파도에 의해서 물 표면으로 나타났다 잠겼다 하는 빙산을 전의식이라고 하였다. 프로이드의 성격 구조 및 정신세계는 [그림 2-1]과 같다.

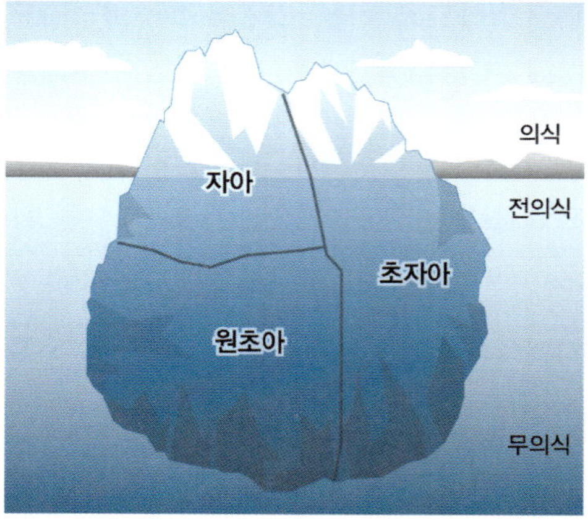

[그림 2-1] 프로이드의 성격 구조 및 정신세계

의식(consciousness)은 자신이 주의를 기울이는 순간 바로 알아차릴 수 있는 정신작용의 부분이고, 전의식(preconsciousness)은 자신이 주의를 집중하고 노력하면 의식이 될 수 있는 정신작용의 부분이고, 그리고 정신구조의 대부분을 차지하는 무의식(unconsciousness)은 자신이 전혀 의식하지 못하는 정신작용의 부분이다. 이러한 정신구조에서 인간의 성격은 대부분 의식수준 아래인 전의식과 무의식에 존재한다고 믿었다. 또한 프로이드는 인간의 성격 구조가 원초아(id), 자아(ego), 초자아(superego)로 구성되어 있다고 보았다. 이러한 성격 구조는 〈표 2-1〉과 같다.

〈표 2-1〉 성격 구조

성격 구조	내용	추구사항
초자아 (superego)	가치관이나 사회적 규범 등이 내면화된 것으로 옳고 그름과 선악을 판단하는 양심	도덕성의 원리
자아(ego)	원초아로부터 분화된 것으로 내부의 본능적 욕구(원초아)와 외부의 현실세계(초자아)를 중재하는 역할을 함	현실 검증
원초아(id)	유전적인 것으로 쾌락이나 본능을 포함한 에너지원으로 무의식적임	쾌락의 원리

프로이드는 가장 이상적인 성격을 원초아, 자아, 초자아가 조화를 이루는 상태로 보았다. 즉 초자아가 자아를 승인하는 합법적이고 도덕적인 방법으로 원초아의 욕구를 만족시켜 주는 상태를 말한다. 그러나 원초아와 초자아는 서로 상반된 목적을 추구하기 때문에 원초아가 우세하게 되면 자기 자신과 사회에 부정적인 영향을 주게 되고, 반대로 초자아가 우세하게 되면 지나친 규제로 정상적인 생활을 할 수 없게 된다. 이렇게 상반될 때 자아의 중재역할이 제대로 발휘하지 못하면 갈등을 느끼는데 이것이 불안이다. 이러한 불안을 방어하는 기술을 발달시키게 되는데 이것이 방어기제이다. 방어기제에 대한 정의는 〈표 2-2〉와 같다(정옥분, 2007).

〈표 2-2〉 방어기제에 대한 정의

용어	내용
합리화 (rationalization)	자신의 행위나 생각을 합리화하기 위해 진정한 이유나 동기는 감추고 그럴듯한 그 밖의 이유를 제시하는 것을 의미한다. 즉 합리적인 설명으로 진실같이 들리지만 실제로는 틀리는 것이다.
억압 (repression)	충격적인 경험 또는 스트레스를 유발하는 사건이나 용납할 수 없는 충동을 무의식적으로 거부하는 것을 의미한다. 합리화에 비해 비현실적이다. 예를 들어 기억상실증이 해당된다.
전이 (displacement)	어떤 대상에 대한 성적 에너지가 다른 대상으로 전이되는 것을 설명할 때 사용되는 것을 의미한다. 논리적으로는 부적합하지만 무의식적 사고에는 적합하다. 예를 들어 자신보다 강한 사람에게 억눌린 감정을 자신보다 약한 사람에게 푸는 것이다.
동일시 (identification)	다른 사람의 태도, 신념, 그리고 가치 등을 자신의 것으로 채택함으로써 다른 사람의 특성이 자신의 성격에 흡수되는 것을 의미한다.
반동형성 (reaction formation)	용납하기 어려운 충동이 의식적으로 억압되어 완전히 반대의 것으로 나타나는 것을 의미한다. 즉 불안을 야기하는 충동이나 욕구가 의식 차원에서 반대로 대치되는 것이다. 예를 들어 실제로 자기를 학대하는 대상인데도 그 대상을 좋아하는 것처럼 행동하는 것이다.

용어	내용
투사 (projection)	자기 내부의 용납하기 어려운 충동을 다른 사람 탓으로 돌리는 것을 의미한다. 즉 수용할 수 없는 충동을 억제하고 불안의 원인을 다른 사람 탓으로 돌리는 것이다.
부정 (denial)	가장 원초적인 방어기제로 현실을 왜곡할 뿐만 아니라 그 현실 자체를 부정한다.
퇴행 (regression)	어느 발달단계에 도달하였음에도 전 발달단계로 후퇴하는 행동을 하는 것이다. 성인인데도 책임을 회피하기 위하여 어린아이 같은 행동을 하는 것을 의미한다.
보상 (compensation)	실제든 상상이든 자신의 성격, 지능, 외모 등의 이미지 결함을 메우거나 체면을 유지하려는 무의식적인 노력을 의미한다.
대치 (substitution)	자신이 원하는 대로 이루어지지 않았을 때 그 좌절감과 긴장을 줄이기 위해 그 비슷한 것을 취하여 만족을 얻으려는 것이다.
내면화 (internalization)	다른 사람이나 부모의 태도, 규범, 가치관 등을 자신의 성격으로 흡수하는 것이다. 투사의 반대 개념이다.
승화 (sublimation)	사회적으로 수용할 수 없는 충동을 사회적으로 수용할 수 있는 방식으로 표현하는 것을 의미한다.

(2) 성격의 발달단계

프로이드는 인간의 발달이 원초아, 자아, 초자아의 발달로 인해 일련의 단계를 거쳐 성장한다고 보았다. 이 일련의 단계를 심리성적 단계(psychosexual stage)라 하고 구강기, 항문기, 남근기, 잠복기, 생식기로 구분하였다. 인간의 성격발달은 삶의 본능(eros)과 죽음의 본능(thanatos)에 의해서 발달한다. 삶의 본능은 주로 성적인 욕구로 구성되어 있고, 죽음의 본능은 공격적인 욕구로 구성되어 있다. 삶 본능의 심리적 에너지인 리비도(libido)가 집중되는 성감대(erogenous zone)는 연령에 따라 달라지는데 이렇게 연령에 따른 성감대의 변화가 성격의 발달을 결정한다. 각 단계별로 성격이 형성되는 과정에서 리비도가 정상적으로 만족되면 정상적인 성격이, 리비도가 불만족되거나 비정상적으로 만족되면 성격이 비정상적으로 되거나 다음 단계로 발달하지 못하는 고착이 나타난다고 하였다. 프로이드는 성격이 5세까지 거의 형성되고 그 후 성장은 기본적인 구조로 마무리되는 과정으로 보았다. 성격은 생리적 성장과정(physiological growth process), 좌절(frustration), 갈등(conflict), 위협(threats)이라는 네 가지 긴장의 원천에 의해서 발달된다. 긴장이 증가하면 긴장 해소가 필요한데 주로 동일시(identification)나 대치(displacement) 등의 방어기제로 반응하여 해결한다. 이러한 과정이 반복적으로 일어나면서 성격발달이 이루어지는데 발달단계에 따른 특징은 〈표 2-3〉과 같다.

〈표 2-3〉 발달단계에 따른 특징

단계(연령)	특징
구강기 (출생~1세)	• 입을 통해 생리적 쾌감을 만족(젖 빨기, 음식 씹는 행동 등) • 수유경험은 단음단계 발달에 중요한 역할을 함 • 이 시기에 고착되면 후에 손가락 빨기, 과식, 손톱 깨물기 등의 구강기적 성격을 보임. 또한 성인이 되어서도 타인에 의존하는 성격을 형성하게 됨
항문기 (1세~3세)	• 쾌감의 근원(리비도)이 입에서 항문으로 옮겨 가는 시기로써 배설에서 쾌감을 느낌 • 부모가 배변훈련에 너무 엄격하고 억압적인 경우에 아이는 망설이거나 억제하는 것을 학습하게 되고, 인색하게 되며 욕심 많은 아이로 성장할 수 있음
남근기 (3세~6세)	• 자신의 성기에 대해 관심을 갖고 자위행위를 하기도 하며 출산이나 성에 관한 질문을 많이 하기도 함 • 성기와 관련된 성적 공격감이 표출됨 • 이성의 부모에 대한 성적 추구 감정과 동성의 부모에 대한 적대적 감정이 형성됨(남아에게는 오이디푸스 콤플렉스, 여아에게는 엘렉트라 콤플렉스가 나타남) • 남근기의 고착으로 인한 성격은 과시적이고, 거만하고, 공격적이며, 방종스러운 것이 특징임
잠복기 (6세~12세)	• 성적 욕구가 억압되어 전에 가졌던 충동이 잠재되어 있어서 겉으로 보기에는 평온한 시기처럼 보임 • 지적인 탐구가 활발해지고 친구와 어울리면서 운동이나 놀이 등 사회적으로 받아들여질 수 있는 일에 자신의 욕구를 집중시킴

단계(연령)	특징
생식기 (12세 이후)	• 사춘기가 시작되면서 타인에 대한 성적 흥미를 느낄 뿐만 아니라 이성에 대한 사랑이 시작됨 • 이 시시기에 순조롭게 발달하면 이타적이고 성숙한 생식기적 성격을 보이지만 그렇지 못하면 권위에 반항하고 비행행동을 나타내거나 이성에 대한 적응곤란 등이 나타날 수 있음

2) 에릭슨의 심리사회적 이론

에릭슨(Erikson, 1902~1994)은 1902년 독일의 프랑크푸르트에서 태어났으며, 25세 때 프로이드의 딸인 안나 프로이드(Anna Freud)와 같은 학교에 근무하게 되면서 그녀와 함께 아이들을 대상으로 정신분석을 연구하였다. 히틀러의 출현으로 미국으로 이주한 에릭슨은 프로이드의 정신분석 이론에 바탕을 두면서 인간의 성격발달을 사회와의 관계 속에서 심리사회적 연구를 하였다. 프로이드는 성격발달의 기초로 성적인 에너지를 강조하였지만 에릭슨은 사회적인 에너지를 강조하였다. 또한 프로이드는 부모의 중요성만을 강조한 반면, 에릭슨은 부모뿐만 아니라 가족, 친구, 사회, 문화 등의 사회문화적 환경의 영향에 관심을 보였다. 이러한 에릭슨은 점성적 원리를 바탕으로 연구하였는데, 점성적 원리란 한 인간의 발달이 공통적으로 일련의 단계를 따라 이루어진다고 보는 견해이다. 즉 태아가 자라면서 신체의 각 기관이 각각 특수한 시기에 나타나 모두 어우러져 한 인간이 형성되듯 성격도 이렇게 발달해 간다는 것이다.

성격발달에 있어서 프로이드는 청년기에서 중단한 반면, 에릭슨은 전 생애에 걸쳐 이어지는 과정으로 보고 성격발달을 자아발달 단계에 따라 8단계로 나누었다. 에릭슨은 각각의 단계마다 발달의 개념과 대칭적인 개념인 발달의 위기를 제시했으며 대칭적인 두 개념이 균형을 이루면서 발달해야 다음 단계로의 진행이 원만하다고 설명하였다. 즉 긍정적 의미의 발달과업 성취만 중요한 것이 아니라 부정적인 의미의 발달 위기도 어느 정도 경험하는 것이 개인의 충실한 성장에 도움이 된다고 주장하였다. 따라서 이 모든 단계가 계획에 따라 성숙될 때 완전한 기능을 발휘하는 성격이 이루어진다고 보았다. 심리사회적 발달 8단계는 〈표 2-4〉와 같다.

〈표 2-4〉 심리사회적 발달 8단계

단계(연령)	특징
신뢰감 대 불신감 (출생~1세)	• 주된 발달위기는 영아가 세상을 신뢰할 수 있는가? 없는가? 에 관한 것으로 자신을 잘 돌봐주는 양육자(어머니)와 신뢰감을 형성 • 어머니가 영아의 신체적, 심리적인 기본 욕구에 잘 반응해 주면 신뢰감이 형성됨 • 어머니가 영아의 필요와 욕구에 잘 응해 주지 않고 일관성 있는 관계를 지속하지 못할 경우에는 어머니에 대한 불신감을 형성함
자율성 대 수치심과 회의감 (1세~3세)	• 발달의 쟁점은 자율적이고 창의적인 사람이 되느냐? 아니면 의존적이고 수치심이 많은 인간이 되느냐? 하는 것임 • 배변훈련을 통해 지지와 격려를 받고 칭찬을 받는다면 잠재적으로 확신에 차고 독립적인 인간으로 성장하여 자율성이 극대화됨 • 배변을 실수하거나 신체적인 통제가 잘 안 되고 자기기능이 미숙해지는 등 사회적 기대에 대해 적절한 행동을 수행하지 못하면 수치심과 회의감이 발달함
주도성 대 죄책감 (3세~6세)	• 발달의 과업은 주도성 대 죄책감의 발달임 • 놀이에서 주도권을 갖고자 노력하며 언어능력도 향상되어 스스로 행동에 대한 목표나 계획을 세워 그 일을 성공적으로 완수하려고 하면서 주도성이 발달됨 • 부모의 반응이 일관적이지 않을 때는 주도적 행동에 대해 자신감을 잃고 죄책감을 갖게 됨
근면성 대 열등감 (6세~12세)	• 발달의 과업은 근면성 대 열등감의 발달임 • 역동적이고 활동적인 시기로 자아성장의 결정적 시기임 • 학교교육이 시작되면서 읽기, 쓰기, 셈하기 등의 인지적 기능과 또래와의 관계를 통한 사회적 기능을 습득하며 근면성과 성취감을 얻게 됨 • 읽기, 쓰기, 셈하기 등의 학교교육이나 또래와의 놀이에서 실수나 실패를 하게 되면 열등감을 갖게 되거나 무기력하게 됨

단계(연령)	특징
정체감 대 정체감 혼미 (12세~20세)	• 발달과업은 나의 존재는 무엇인가? 무엇을 할 것인가? 등의 의문을 통해서 자신에 대한 통찰과 자아상을 찾기 위한 노력을 하게 되고 성역할 정체성도 발달함 • 정체감 형성에 있어서 결정적인 시기로 자신의 개성에 대한 강한 인식을 갖고 사회로부터 인정을 획득하고 자신에 대한 확고한 정체감을 형성하면서 건전한 성인으로 성장함 • 정체감 형성에 실패하게 되면 정체감 혼미나 역할혼란 등에 빠지게 됨 • 정체감 혼미에 빠지게 되면 약물이나 알코올 남용에 빠질 수 있어 만성적 비행이나 병리적 성격장애를 가져올 수 있음
친밀감 대 고립감 (20세~24세)	• 중요한 발달 과업은 자신에 대한 관심에서 벗어나 직업을 선택하고, 배우자를 찾는 등 타인과의 관계에서 친밀감을 형성하는 일임 • 친밀감은 자아정체감과 다른 사람의 정체감을 융합시킬 수 있는 우정이나 다른 사람을 사랑할 수 있는 사랑에서 형성됨 • 친밀감이 발달하지 못하면 대인관계가 형성되는 사회적 관계에서 고립감을 느끼게 됨
생산성 대 침체성 (24세~65세)	• 발달의 과업은 생산성 대 침체성임 • 이 시기에는 결혼하여 자녀를 낳고, 기르고, 자녀를 결혼을 시키는 과정에서 자신에게 몰두하기보다 생산적인 일에 몰두함 • 생산성 확립에 실패하면 자기도취에 빠지며 타인에 대한 배려가 없어지고 이로 인해 인간관계가 원만하지 못하고 사회경제적 정체라는 중년의 위기를 맞게 되고, 인생에 대한 허무감을 갖게 되어 침체성에 빠지게 됨
자아통합감 대 절망감 (65세 이후)	• 발달의 과업은 자아통합감과 절망감의 위기를 극복하는 것임 • 신체적 쇠약, 퇴직, 수입의 감소, 배우자나 가까운 사람들의 죽음 등에 직면하면서 자신이 살아온 삶을 되돌아보게 되는데, 이때 자신의 삶을 그대로 인정하고 받아들이며 인생에 대한 통찰과 관조로 자신의 유한성을 인정하고 죽음까지도 수용하는 자아통합감을 형성함 • 자신의 삶이 무의미하고 후회하면서 이제는 시간이 흘러 다른 삶을 다시 살수 없다는 느낌에 직면하면서 절망감에 빠지게 됨

2.2 행동주의(학습) 이론

행동주의(학습) 이론은 발달의 주요 원인이 유기체 내부가 아닌 환경에 있다고 봄으로써 인간발달에 있어서 생물학적 요인보다는 환경적 요인을 더 강조했다. 행동주의 이론가들은 개개인의 삶에서 얻게 되는 학습경험이 인간발달에서 변화의 근원이라고 믿었다. 따라서 환경을 재구성함으로써 새로운 학습경험을 하게 되면 발달에 변화를 가져올 수 있다고 주장한다. 행동주의 이론가들은 인간발달을 이해함에 있어서 정신분석 이론에서처럼 내면의 감정을 연구하거나, 인지발달 이론처럼 인지적 사고를 연구하는 것보다 우리가 직접 관찰하고 측정할 수 있는 행동을 연구하는 것이 더 중요하다고 믿는다. 이러한 의미에서 행동주의 이론을 학습이론이라고도 한다(정옥분, 2007). 행동주의 이론의 기본 개념은 자극과 반응 간의 관계를 연구하는 것으로 우리의 삶이 학습과정의 연속이라고 주장한다. 즉 새로운 자극(사건)이 새로운 반응패턴을 유발하고, 낡고 비생산적인 반응은 소멸된다는 것이다. 기본 개념인 자극과 반응, 파블로프(Pavlov)의 고전적 조건형성 이론과 스키너(Skinner)의 조작적 조건형성 이론, 반두라(Bandura)의 인지적 사회학습 이론 등에 대해서 살펴본다.

1) 자극(사건)과 반응

학습이론은 환경 자극에 대한 반응패턴으로서 행동이 학습된다고 보았다. 학습은 경험에서 비롯되는 행동의 변화로 정의되고, 또한 변화하는 환경에 대처하는 하나의 적응기제라고 할 수 있다. 유기체는 주변 환경과의 끝임 없는 상호작용과정에서 나타나는 경험을 통해 행동의 변화를 일으킨다. 이러한 학습이론은 환경의 자극과 이에 대한 유기체의 반응에 초점을 맞추어 연구하게 된다.

자극(stimulus)은 신체에 중요한 영향을 미치는 직접적인 사건들을 의미한다. 자극의 여러 가지 속성 중 다음과 같은 속성이 행동에 영향을 미친다. ① 자극의 강도이다. 강도는 자극을 야기하는 데 필요한 에너지로서 힘을 의미하는데, 자극의 강도가 클수록 반응이 더 잘 일어난다. ② 지속시간이다. 섬광처럼 매우 짧은 자극은 행동의 변화를 일으키지 않는다. 또한 기계회전 소리와 같이 지속되는 자극은 처음에는 행동의 변화가 일어나도 지속되면 변화가 일어나지 않는다.

유기체는 보편적으로 반복해서 일어나는 자극 패턴에 반응한다. 따라서 학습에 대한 연구는 주로 자극 패턴의 특성과 그것이 행동에 미치는 영향을 다루게 된다. 자극 패턴의 중요한 특성 중 하나는 접근성(contiguity)으로서 이는 시간적 접근성과 공간적 접근성을 뜻한다. 시간적 접근성의 예는 개에게 음식을 주기 위해 오는 주인의 발자국 소리와 곧이어 제공되는 음식을 들을 수 있다. 공간적 접근성의 예는 앞에 나무가 있는데 뒤에서 새소리가 들려온다면 공간적으로 붙어 있지 않아서 학습하기 어려운 경우를 들 수 있다(조성연 외, 2006). 또 다른 하나의 특성은 수반성(contingency)이다. 수반성은 '만약 내 말을 잘 들으면 칭찬해 줄 것이다' 처럼 '만일 ~하면 ~하다'의 관계를 의미한다. 이것은 어떤 사건이 자극에 수반된다면 그 사건은 그 자극이 제공될 때만 일어난다는 것을 의미한다. 예를 들어 종소리를 들려준 뒤 먹이를 주게 되면 종소리만 듣고도 반응하는 경우가 이에 해당된다.

반응(response)은 근육 또는 분비선에 의해 야기되는 특정한 행동을 의미한다. 행동유형에는 응답행동과 작동행동이 있다. 응답행동은 무릎반사나 눈깜박임과 같이 반사적으로 일어나는 행동이며, 작동행동은 지렛대를 누르는 것처럼 자발적으로 통제하에서 환경에 영향을 미치는 행동이다. 이러한 반응행동에 대해 과학적으로 연구하고자 할 때는 행동을 구체적으로 정의해야 한다. 예를 들어 공포에 대한 연구를 할 때 공포를 '90dB 이상의 큰 소리를 지르는 것'과 같이 구체적으로 정의해야 한다.

2) 파블로프의 고전적 조건형성 이론

행동주의이론의 모태인 고전적 조건형성(classical conditioning) 이론은 소화생리학자인 파블로프(Pavlov, 1849~1936)에 의해서 정립되었다. 파블로프는 러시아의 작은 농촌에서 가난한 신부의 아들로 태어났다. 그는 자극과 반응 간의 관계를 최초로 연구하였으며, 포유류의 소화과정을 연구하여 1904년 노벨 의학상을 수상하였다. 이후 개를 대상으로 음식이 분해되어 혈액에 흡수되는 소화과정에 관한 실험을 하던 중 먹이를 먹기도 전에 개의 입에서 타액이 분비되는 것을 발견함으로써 새로운 문제에 도전하게 되었다. 파블로프의 주요개념은 고전적 조건형성이다.

(1) 고전적 조건형성

파블로프는 〈조건반사(conditioned reflexes, 1927)〉라는 책에서 반사에는 2종류가 있다고 하였다. ① 무조건 반사는 학습을 요하지 않는 선천적이고 영구적인 반사로 개인차가 없는 반사이다. 예를 들어 개의 타액분비 반사가 이에 해당되며, 사람의 무릎반사나 눈에 이물질이 들어오면 순간적으로 눈을 감는 것 등이다. 여기서 무조건이란 특정 자극에 대해 절대적으로 반응이 일어나는 것을 뜻한다. ② 조건반사는 경험을 통해 후천적으로 습득되는 반사로, 종 간에 큰 차이를 보이며 같은 종 내에서도 그 성원 간에 차이가 있다. 예를 들어 먹이를 주러 가는 주인의 발자국 소리를 듣고 미리 타액을 분비하는 개의 반응이 이에 해당되는데 파블로프는 이런 유형의 심적 반사를 조건반사라고 하였다(조성연 외, 2006).

무조건 반사는 무조건 자극과 무조건 반응으로 구성되며, 조건반사는 조건자극과 조건반응으로 구성된다. 무조건 자극은 자극이 주어지면 자연스럽게 반응이 유발되는 것으로 이때의 반응을 무조건 반응이라 한다. 파블로프는 개의 타액분비 실험을 통하여 아무런 반응을 유발하는 않는 중립 자극이 무조건 자극과 연합되어 조건반응을 유발시키게 되는 고전적 조건형성 과정을 설명하였다. 이러한 고전적 조건형성 실험 장치는 [그림 2-2]와 같다.

[그림 2-2] 고전적 조건형성 실험장치

[그림 2-2]에서 개는 음식을 주기 전에 음식을 보거나 냄새를 맡으면 자연스럽게 침을 분비하는데, 이때 음식은 무조건 자극이 되고 침의 분비는 무조건 반응이 된다. 그러나 개에게 먹이를 주기 전에 종소리를 들려주면 아무런 반응을 나타내지 않는데 이를 중립자극이라 한다. 개에게 음식을 줄 때 종을 울려도 처음에는 아무런 반응이 나타나지 않았지만, 이 과정을 몇 번 계속했더니 드디어 종소리만 듣고서도 개는 침을 분비하게 된다. 즉 종소리가 음식과 연합되어 침을 분비하게끔 조건화되었는데, 파블로프는 이러한 학습과정이 고전적 조건형성이라 하였다. 조건화 과정을 통해 종소리는 침을 분비시키는 조건자극이 되고 침을 흘리는 반응은 조건반응이 된다. 이와 같이 중립자극이 무조건 자극과 연합되어 무조건 반응을 유발하게 될 때 이를 조건자극과 조건반응이라고 하였다. 이러한 고전적 조건형성 과정은 [그림 2-3]과 같다.

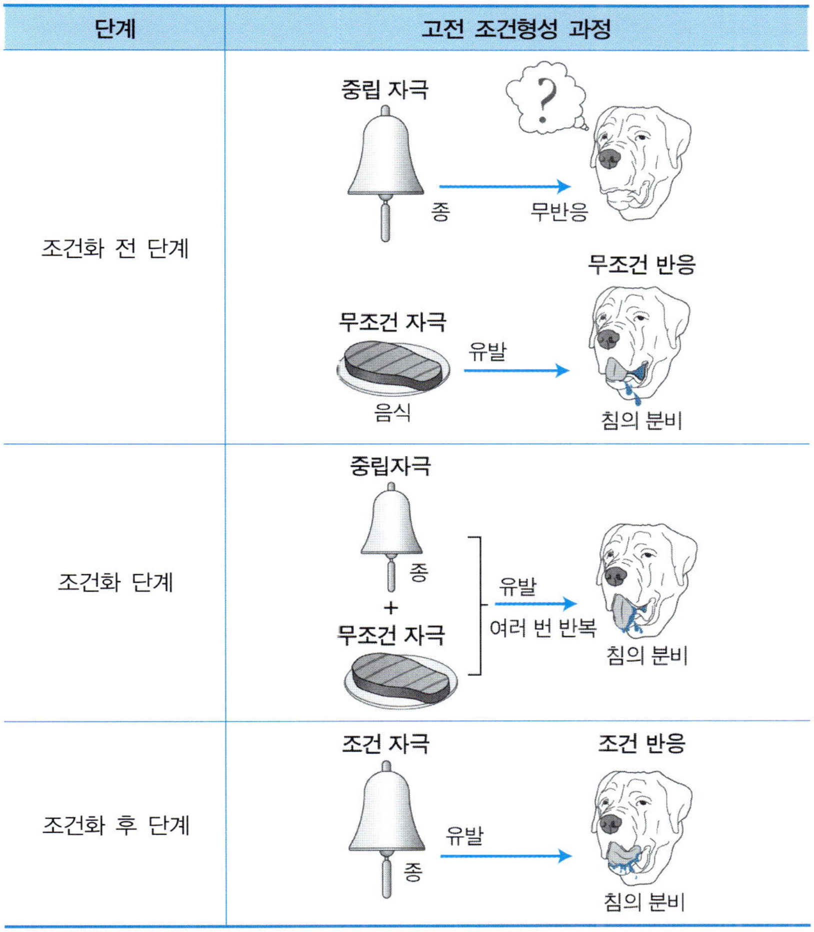

[그림 2-3] 고전적 조건형성 과정

사람이 학습하는 행동 중에는 이러한 고전적 조건형성 원리에 의해 설명될 수 있는 예가 많다. 예를 들어 개에게 물려 놀란 경험이 있는 아이는 강아지만 보아도 공포반응을 보인다. 또한 뜨거운 난로에 손을 데인 적이 있는 아이는 뜨거운 물체를 만지려고 할 때 엄마가 '앗 뜨거워'라고 하면 뻗던 손을 멈춘다(조성연 외, 2006).

3) 스키너의 조작적 조건형성 이론

스키너(Skinner, 1905~1990)는 미국 펜실베이니아 주의 작은 마을에서 법률가의 아들로 태어났다. 뉴욕 해밀턴 대학교에서 영문학을 전공하였고, 다시 하버드 대학교에서 심리학을 공부하여 심리학 박사학위를 받았다. 스키너는 사람의 행동이 고전적 조건형성에서처럼 자극과 반응이 연합하는 수동적인 것만 있다고 생각하지 않았고, 또 다른 방법은 유기체가 스스로 행동을 일으키고 환경을 통제하는 자발적인 조작행동이 더 많다고 보았다. 이러한 자발적 조작행동은 조작적 조건형성(operant conditioning)을 통해서 이 이루어진다고 보았다. 예를 들면, 개에게 공을 던지면 물어 오도록 훈련시킬 때 주인은 개가 공을 물어 오면 먹이를 준다. 즉 개 스스로 공을 물어오는 행위를 하도록 조작시킨 뒤에 먹이라는 자극을 준다. 이처럼 반응이 자극을 유도하는 것을 조작적 조건형성이라고 한다. 그러므로 조작적 조건형성은 자극이 반응을 유도하는 고전적 조건형성과는 달리 자극이 주어지기 전에 먼저 반응이 일어나야 한다는 점을 강조하였다.

청소년의 어떤 행동이 강화(칭찬)를 받게 되면 그 행동이 다시 발생할 확률이 높아지고, 어떤 행동이 처벌을 받게 되면 그 행동이 발생할 확률이 낮아진다. 초등학생이 책을 읽거나 노래를 부르거나 놀이를 하는 것은 특정 자극에 의해 자동적으로 유발되는 행동이 아니라 그런 행동을 했을 때 어떤 결과가 뒤따르는가에 따라 다시 그런 행동을 할 수도 있고 그렇지 않을 수도 있다. 따라서 조작적 조건형성에는 강화와 처벌의 역할이 중요하다. 예를 들면, 초등학생이 책을 읽었을 때 부모가 관심을 보이고 칭찬을 했다면 그 학생은 다시 책을 읽을 확률이 많아진다. 이는 행동의 결과에 따라 사람의 행동이 변화될 수 있다는 것을 의미한다.

스키너는 행동이 조작되어가는 조건형성 과정을 설명하기 위해 '스키너 실험상자'를 만들어 실험하였다. 스키너 상자는 먹이통과 연결된 지렛대, 먹이접시로 구성되었다.

스키너 실험상자 속에 굶주린 쥐를 넣어 두면 쥐가 상자 안을 이리저리 돌아다니면서 우연히 지렛대를 누르게 되고, 그 결과 먹이 접시에 먹이가 나오게 된다. 지렛대를 누르면 먹이가 나오는 긍정적인 결과가 여러 번 반복되면 쥐는 점차 지렛대 누르기와 먹이와의 관계를 학습하게 된다. 그 결과 다른 행동은 사라지고 지렛대를 누르는 속도가 점점 빨라진다. 이러한 과정을 통해 지렛대를 누르는 행동을 학습하게 된다. 이렇게 보상이 주어지거나 긍정적인 강화를 받게 되는 행위는 반복되고, 강화되지 않거나 처벌된 행위는 다시 발생할 확률이 줄어든다는 것이다.

스키너는 이러한 실험을 통해 파블로프의 고전적 조건형성에서는 자극이 반응을 유발하지만 조작적 조건형성에서는 반응이 자극을 유도한다고 하였다. 여기서 조작적(operant)의 의미는 라틴어의 어원으로 바라는 결과를 얻기 위해 행해지는 노력을 의미한다. 예를 들어 초등학생이 인사를 했을 때 칭찬을 받으면 계속 인사를 잘하게 되고, 칼에 찔려 아프고 나면 다시 찔리지 않도록 조심하는 행위이다. 스키너가 실험한 스키너 실험상자는 [그림 2-4]와 같다.

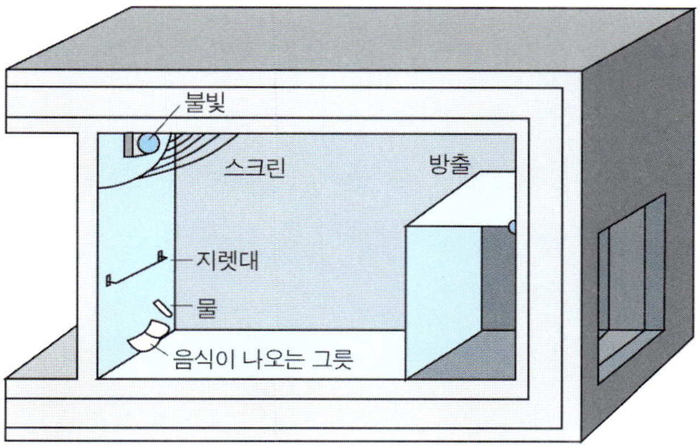

[그림 2-4] 스키너 실험상자

(1) 강화

조작적 조건형성 과정에서 강화는 중요한 요인이다. 강화는 행동의 발생 빈도를 증가시키는 것으로, 긍정적 강화와 부정적 강화가 있다. 긍정적 강화는 반응에 따르는 결과가 좋은 것으로 행동이 다시 발생할 확률이 증가시키는 자극이다. 예를 들어 자기 방 청소를 한 초등학생에게 용돈을 주거나 칭찬을 하는 것으로 그 행동을 유지하도록 하는 효과가 있다.

부정적 강화는 불쾌하거나 혐오스러운 자극의 철회를 통해 행동이 다시 발생할 확률을 증가시키는 자극이다. 예를 들어 다리에 파편이 있어 걷는 데 불편하다고 하자. 다리의 파편을 제거하는 것은 불쾌한 것이 제거되므로 강화된다는 것이다. 이러한 경우 파편을 제거하는 행위는 부정적 강화로 작용한다. 부정적 강화는 처벌과는 다르다. 처벌은 어떤 행동이 발생할 확률을 감소시키는 반면, 부정적 강화는 긍정적 강화와 마찬가지로 어떤 행동이 발생할 확률을 증가시킨다.

(2) 처벌 및 소멸

조작적 조건형성 과정에서 다른 중요한 요인으로 처벌과 소멸이 있다. 처벌(punishment)은 혐오스럽거나 불쾌한 자극을 제시함으로써 반응이 감소하는 것을 의미한다. 예를 들면, 초등학생이 다른 초등학생의 돈을 훔쳐 부모에게 회초리로 종아리를 맞아서 아프다고 하자. 여기서 돈을 훔친 행위에 대해서 종아리를 맞은 처벌을 가한 것으로 초등학생의 훔치는 반응은 감소할 것이다.

소멸(extinction)은 조작적 행동에 영향을 미쳐 빈도를 줄이거나 중지하도록 하는 요인을 의미한다. 예를 들면, 자기 방을 청소한 초등학생에게 용돈을 주거나 칭찬을 하면 그 행동을 유지하도록 하는 긍정적 강화효과가 있었으나, 용돈을 주지 않거나 칭찬을 하지 않을 경우 오랜 기간이 지나면 청소를 하지 않는 경우가 소멸에 해당한다.

4) 반두라의 인지적 사회학습 이론

반두라(Bandura, 1925~2021)는 동물과 달리 사람은 인지적인 면을 강조하면서 인지적 사회학습 이론을 주장한 학자로 캐나다의 작은 마을에서 태어나 컬럼비아대학교에서 심리학을 전공하였다. 졸업 후 미국 오이오아대학교에서 박사학위를 받았으며 그 후 스탠퍼드대학교 교수로 재직하였다. 전통적 행동주의 이론에는 동물실험을 기초로 해서 파블로프의 자극과 반응, 스키너의 강화와 처벌 등의 개념들이 언급되었다. 그러나 사람은 자극을 주면 반응하는 단순한 로봇이 아니라 능동적이고 사고할 수 있는 인지적 능력이 있는 사회적 존재라는 것이다. 사람은 동물과 달리 행동과 결과 간의 관계를 생각하며 앞으로 일어날 일을 예측할 줄 안다. 따라서 반두라의 인지적 사회학습 이론은 행동과 환경뿐만 아니라 인지능력도 발달에 중요한 요인이 된다.

인지적 사회학습 이론에 의하면 초등학생의 갑작스런 행동변화는 고전적 조건형성 또는 조작적 조건형성을 통해서도 나타날 수 있으나, 다른 사람의 행동을 관찰함으로써 더 많이 학습되어 나타난다고 주장한다(Bandura, 1977). 예를 들어 인사를 잘하는 형을 보고 동생이 따라서 인사를 잘하는 것이다. 이처럼 다른 사람의 행동을 관찰함으로써 학습하는 것을 관찰학습(observational learning) 또는 대리적 조건형성(vicarious conditioning)이라 한다. 관찰학습에는 다른 사람의 행동을 관찰함으로써 발생하는 학습에 주안점이 있는데, 이러한 것을 모방(imitation) 또는 모델링(modeling)이라 한다. 관찰학습의 구성요소와 상호결정론에 대해서 살펴본다.

(1) 관찰학습의 구성요소

반두라는 관찰학습에서 주의집중, 기억, 운동재생, 동기유발 등의 인지과정이 필요하다고 하였다. 이러한 과정 중 하나의 과정이라도 빠지면 사회학습 이론의 모형이 불완전한 것이 되며 성공적인 관찰이 이루어지지 않는다고 하였다. 관찰학습의 구성요소 간의 관계는 [그림 2-5]와 같다. [그림 2-5]의 관찰학습 요소 중에 한두 과정이 때로는 다른 과정보다 중요하기 때문에 모든 요소가 동등하게 진행되지 않는다. 또한 관찰학습의 구성요소와 특징은 〈표 2-5〉와 같다.

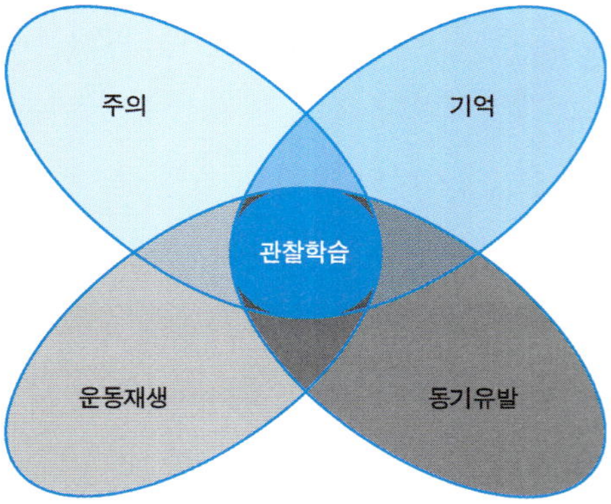

[그림 2-5] 관찰학습의 구성요소 간의 관계

〈표 2-5〉 관찰학습의 구성요소와 특징

구성요소	특징
주의집중 과정	• 관찰을 통해 학습이 이루어지기 위해서는 모델의 행동에 주의를 기울이고 집중해야 됨 • 주의가 산만한 아이의 경우, 자극에 주의를 집중시키기에 필요한 시간 동안 가만히 앉아 있지 못함
기억 과정	• 대부분 모델을 관찰한 후 어느 정도 시간이 지난 다음에 그 모델의 행동을 모방함 • 모델의 행동에 주의를 집중해서 기억한 정보를 상징적인 형태로 기억해 두어야 함
운동재생 과정	• 관찰을 통해 모방될 새로운 반응패턴 등은 운동재생을 통해 획득됨 • 아이는 자신이 수행하고 있는 운동기술을 이전에 관찰했던 것과 비교하여 차이가 나는 부분에 대해 스스로 교정하면서 학습함
동기유발 과정	• 어떠한 관찰학습을 하던 동기가 유발되어야 한다는 것임 • 아이는 모델의 행동을 모방할 때 직접적으로 동기가 유발되면 그 행동에 보다 주의를 기울이고 기억하려고 노력함

(2) 상호결정론

반두라에 의하면 사람은 동물과 달리 인지적 존재이며 발달은 사람과 환경 간의 상호작용을 통해서 이루어진다고 주장하였다. 이러한 견해가 상호결정론이다. 상호결정론에 따르면 청소년발달은 능동적으로 개입하는 사람(P), 개인의 행동(B), 환경(E) 등 3요소 간의 양방성인 상호작용에 의해서 이루어진다. 이러한 상호결정론의 모형은 [그림 2-6]과 같다.

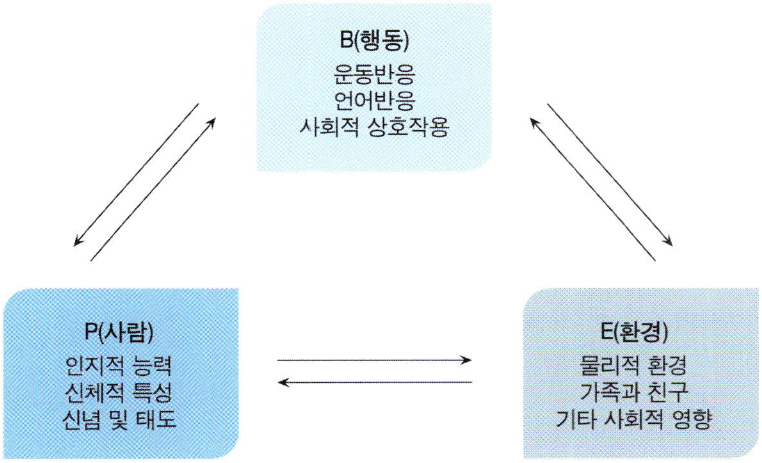

[그림 2-6] 상호결정론의 모형

상호결정론의 모형은 [그림 2-6]처럼 삼각형 모양의 상호작용으로 이루어졌다. 사람(P)은 그 개인의 인지능력, 신체적 특성, 성격, 신념, 태도 등을 포함한다. 이러한 것들은 다른 사람의 행동이나 환경에 영향을 미친다. 사람은 자신이 원하는 행동을 할 뿐만 아니라(P⟹B) 그 행동은 자신에 대한 느낌, 태도, 신념 등에 따라 영향을 미친다(B⟹P). 또한 사람의 지식은 대부분 방송매체, 부모, 교과서, 그 외 다른 환경으로부터 얻은 정보에 의한 것이다(E⟹P). 이러한 지식은 환경을 개선하거나 파손하기도 한다(P⟹E). 그리고 다른 사람의 행동 결과나 관찰하는 모델은 자신의 행동에 영향을 미친다(E⟹B). 사람의 행동 또한 환경에 영향을 미친다(B⟹E). 따라서 사회학습 이론은 사람들이 그들의 행동과 환경 간의 지속적인 상호작용에 의해서 발달이 이루어진다는 것이다(정옥분, 2007).

2.3 인지발달 이론

인지(cognition)발달은 어린아이가 언어적인 기술을 획득하는 것처럼 인간이 연령에 따라 살아가는 과정에서 일어나는 사고와 추론 기술을 발달시키는 과정이다. 즉 인지발달은 사람이 어떻게 생각하는지 또는 발달해가면서 그 생각이 어떻게 변화하는지에 초점을 맞춘다. 정신분석 이론에서는 사람의 무의식적인 사고의 중요성을 강조했다면, 인지발달 이론에서는 사람의 의식적인 사고를 강조한 이론이다. 피아제의 인지발달 이론, 비고츠키의 사회문화적 인지이론 등에 대해서 살펴본다.

1) 피아제의 인지발달 이론

피아제(Piaget, 1896~1980)는 1896년 스위스에서 태어났다. 그는 1920년에 파리 비네(Binet) 실험실에서 일하면서 아동용 지능검사 방법을 개발하던 중, 아동의 반응에 대한 오답에 관심을 갖고 오류가 일관성 있는 유형이 있다는 것을 발견하였다. 이러한 오류의 유형들은 피아제로 하여금 사람의 사고에 나름대로 독특한 특성이 있을 수 있다는 생각을 하게 된다. 이에 피아제는 표준화된 검사 방식을 탈피하고 좀 더 개방적인 임상적 면접을 고안했으며 아동의 자연스런 활동을 관찰함으로써 아동으로부터 직접 많은 것을 배우고자 하였다. 초기 연구는 꿈, 도덕성, 일상생활에서 아동의 흥미를 갖는 주제를 다루었으나, 1940년대 초부터는 수학적 · 과학적 개념에 대한 아동의 이해에 초점을 두고 연구하였다(Ginsburg & Opper, 1988).

이론적 배경으로는 큰 호수에 살던 연체동물을 작은 연못으로 옮겨 키울 때 환경의 변화로 유기체에 구조적인 변화가 일어나는 것을 관찰하였다. 이것은 어떤 유기체든 유기체 특유의 발달을 위한 유전인자를 가지고 태어남과 동시에 환경의 변화에 적응할 수 있는 유기체 구조상의 유연성도 가지고 태어난다는 것을 의미한다. 이러한 관찰 결과는 피아제가 주장하는 유기체와 환경 간의 상호작용 이론의 기초가 된다. 즉 사람의 경우도 이와 유사하게 나이가 듦에 따라 인지구조를 변화시킴으로써 환경에 적응해 나가는 사고과정의 유연성이 있다고 보았다. 따라서 인지발달과정은 사람이 성숙해 감에 따라 자신의 환경에 더 잘 적응하도록 도와주는 인지구조(cognitive structure)인 도식(schema)을 끊임없이 재구성해 나가는 과정이다(조연성 외, 2006). 인지발달의 기본 개념과 발달단계에 대해서 살펴본다.

(1) 인지발달의 기본 개념

피아제는 다른 유기체가 반사기능을 바탕으로 자신의 신체구조를 바꾸면서 환경에 순응하듯이, 인간도 몇 가지 반사기능만 가지고 태어나지만 자신의 인지구조를 바꾸면서 외부환경에 맞추어 적응해 나간다고 보았다. 피아제는 이러한 생리적 능력과 환경 간의 상호작용 관계에서 인간발달은 신체적 성숙, 물리적 환경의 경험, 사회적 경험 모두를 포함해서 발달한다고 보았다(Miller, 1993). 이러한 피아제 인지발달 이론에는 인지구조인 도식(schema)과 인지기능인 조직화(organization)와 적응(adaptation) 또한 적응을 하기 위한 인지과정인 동화(assimilation)와 조절(accommodation), 그리고 동화와 조절의 균형인 평형화(equilibration) 등의 개념이 중요한 의미를 갖는다. 각각의 주요 개념에 대한 설명은 〈표 2-6〉과 같다.

〈표 2-6〉 주요 개념

<table>
<tr><th colspan="2">주요 개념</th><th>설명</th></tr>
<tr><td>인지 구조</td><td>도식</td><td>• 지식의 기본단위로써 유기체가 외부의 사물을 인지하기 위해 사용하는 이해의 틀로 사물이나 사건 또는 사실에 대한 전체적인 윤곽이나 개념을 의미하는 것임</td></tr>
<tr><td rowspan="2">인지 기능</td><td>조직화</td><td>• 인식하고 있는 현재의 도식들을 새롭고 더 복잡한 지적 구조로 결합하는 과정임
• 두 가지 이상의 도식을 병합하거나 통합하고 조정하는 인지기능으로, 조직화 과정을 통해 자연스럽게 기능을 발휘할 수 있게 됨</td></tr>
<tr><td>적응</td><td>• 환경과의 직접적인 상호작용을 통해 도식이 변화하는 인지기능임</td></tr>
<tr><td rowspan="3">인지 과정</td><td>동화</td><td>• 자신이 가지고 있는 도식 또는 도식 속에 외부의 대상들을 받아들이는 인지과정임</td></tr>
<tr><td>조절</td><td>• 기존의 도식으로 새로운 사물을 이해할 수 없을 때, 기존의 도식을 바꾸어 가는 인지과정으로 조절을 통해 자신의 생각과 행동의 범위를 넓혀 나감</td></tr>
<tr><td>평형화</td><td>• 동화와 조절의 균형을 의미함
• 새로운 대상이나 사건을 접했을 때 처음에는 현재의 인지구조(도식)로 이해하려고 하다가(동화), 현재의 도식으로 해결이 부적절하다고 판단되면(조절을 통해 이해), 도식을 수정하거나 현실과 더 잘 조화될 수 있도록 도식을 다른 도식과 통합하려 함(조직화)
• 사물을 인식할 수 있는 사고 대상이 이해되면 인지구조와 환경 간에 조화를 이룰 수 있는 평형화 상태를 이루게 됨</td></tr>
</table>

(2) 인지발달 단계

피아제는 사람이 기존의 도식에 새로운 도식으로 동화하거나, 동화가 가능하지 않을 경우, 기존 도식을 수정하여 조절하려고 노력하는 과정을 통해 인지발달이 이루어진다고 보았다. 이러한 인지발달은 일련의 단계를 거쳐 순서대로 진행되고, 단계가 높아질수록 복잡성이 증가한다고 하였다. 피아제의 인지발달 이론은 단계적 인지발달에 관해 다음과 같은 특징이 있다. ① 모든 사람은 동일한 순서로 제시된 단계를 거쳐 발달하지만 단계를 거치는 속도는 사람에 따라 다를 수 있다. ② 각 단계는 그 이전 단계의 인지구조들이 통합되어 나타나기 때문에 다음 단계는 질적으로 다르며 수준도 더 높다. 그러므로 단계를 뛰어넘을 수 없다.

피아제의 인지발달 단계는 감각운동기(sensorimotor stage), 전조작기(preoperational stage), 구체적 조작기(concrete operational stage), 형식적 조작기(formal operational stage) 4단계로 발달하는데, 각각의 단계에 대해서 살펴보면 다음과 같다.

① 감각운동기

감각운동기는 출생 후부터 2세까지 영아기에 해당되는 시기이다. 감각운동기 영아들의 행동은 자극에 대한 반응을 함으로써 발달되는데, 이때 자극은 감각이고 반응은 운동이다. 따라서 이 단계를 감각운동기라 한다. 감각운동기의 초기에는 영아가 원초적 반사행동을 하다가 손가락 빨기와 같은 스스로 시작하는 행동을 거쳐 사물을 조작할 수 있게 되며, 마침내 목표 지향적 행동을 하게 된다. 피아제에 의하면 감각운동기는 6개의 하위 단계를 거치면서 발달한다고 하였는데, 하위 6단계의 적응 행동은 〈표 2-7〉과 같다.

〈표 2-7〉 하위 6단계의 적응 행동

하위 6단계 (연령)	적응 행동
반사운동기 (0~1개월)	• 이 시기에 해당되는 신생아의 행동은 빨기반사, 근원반사 등의 생존반사 행동임 • 신생아는 빠는 행동을 통해 사물에 대한 정보를 획득함
1차 순환반응기 (1~4개월)	• 이 시기에 영아는 도식을 결합하여 협응행동으로 나타남 • 잡기도식과 빨기도식 등 개개의 도식을 결합하여 잡기-빨기 도식과 같은 협응된 도식을 발달시킴
2차 순환반응기 (4~8개월)	• 이 시기에 영아는 자신에 국한되었던 반사행동 도식을 넓혀 나감 • 자신의 신체에 국한되었던 반사행동을 외부환경에 적응하는 행동으로 발달하기 시작함
2차 순환반응의 협응기 (8~12개월)	• 단일행동을 협응하고 조정하는 목표 지향적 행동을 하게 됨 • 예를 들어, 이 시기의 영아는 베개 밑에 있는 장난감을 잡기 위해 베개를 치우고 장난감을 가지고 놀이를 함
3차 순환반응기 (12~18개월)	• 이 시기의 영아는 단지 목표를 획득하는 것에만 관심을 갖지 않고 어떻게, 왜 그러한 일이 일어났는지 알려고 함 • 영아는 결과가 어떻게 변하는지를 알기 위해 활동을 반복해 보고, 행동을 변화시켜 결과가 달라지는지를 알아보려고 함
정신적 표상기 (18~24개월)	• 이 시기의 영아는 실제 사물을 이용하거나 사물을 마음속으로 그려볼 수 있는 표상능력에 의해 문제를 해결하려고 함 • 여러 가지 현상을 내적으로 표상하여 사고할 수 있는 능력이 있기 때문에 행동하기 전에 미리 생각을 해서 행동하여 시행착오를 덜 하게 됨

● 대상영속성의 개념 및 발달

피아제는 출생 후 2세까지에 해당하는 감각운동기의 중요한 발달의 하나로 대상영속성(object permanence)의 개념을 언급하였다. 여기서 대상영속성은 하나의 사물이 눈앞에 보이지 않거나 만질 수 없을 때에도 여전히 존재한다는 것을 의미한다. 이러한 대상영속성은 영아가 감각운동기의 마지막 단계인 18~24개월 되는 정신적 표상기 때 완전히 획득된다. 감각운동기의 1단계인 1개월 이전의 영아는 대상영속성 개념이 전혀 없어 가지고 있던 장난감이 눈앞에서 사라져도 찾으려고 애쓰지 않고 다른 곳만을 응시한다. 이 시기의 영아는 눈에 보이지 않는 것은 영원히 사라진 것으로 생각하고 물건을 찾기 위한 어떠한 행동도 하지 않는다. 2단계인 1~4개월에 접어든 영아는 장난감을 천천히 움직이면 눈을 움직여 장난감을 주시하나, 장난감이 사라지면 사라진 자리만 응시한다. 눈을 주시하는 것으로 보아 대상영속성의 개념이 미세하게 나타난다. 3단계인 4~8개월에 접어든 영아는 대상영속성 개념이 약간 획득된다. 이 시기의 영아는 외부환경에 관심을 갖기 시작하여 장난감이 없어지면 찾기 시작하고, 장난감을 보자기로 감춰두고 일부분만 보이도록 해 놓으면 장난감을 찾아낼 수 있다. 그러나 장난감을 보자기로 완전히 덮어놓고 보이지 않게 하면 장난감을 찾으려 하지 않는다.

4단계인 8~12개월에 접어든 영아는 장난감을 다른 사람이 숨기는 것을 보면, 그 장난감이 완전히 덮여 있다고 할지라도 찾아낼 수 있다. 그러나 그 장난감이 다시 영아가 보는 앞에서 다른 장소에 옮겨도 여전히 처음 숨긴 장소에서 장난감을 찾으려고 한다. 5단계인 12~18개월에 접어든 영아는 한 장소에서 다른 장소로 장난감이 이동되는 것을 관찰한 후, 그 장난감을 정확하게 찾아낼 수 있다. 그러나 장난감의 이동과정을 보지 못하면 찾지 못한다. 이 시기의 영아는 장난감의 이동을 시각적으로 추적하는 것이 가능하나 정신적으로 추적하지는 못한다. 마지막 단계로 6단계인 18~24개월에 접어든 영아는 장난감의 이동을 보지 않아도 장난감이 숨겨져 있는 장소를 예측하여 찾을 수 있다. 장난감을 쉽게 찾을 수 없다고 할지라도 영아는 어딘가에 있다는 확신을 가지고 계속해서 찾는다. 비로소 대상영속성 개념이 완전히 획득되었다고 할 수 있다. 이러한 대상영속성 개념은 표상적 사고가 필요한 것이므로 대상영속성이 획득되었다는 것은 인지발달이 이루어졌다는 것을 의미한다.

감각운동기의 인지발달 양상 및 대상영속성 개념의 발달 양상은 〈표 2-8〉과 같다(조성연 외, 2006).

〈표 2-8〉 감각운동기의 인지발달 양상 및 대상연속성 개념의 발달 양상

감각운동 단계		개월	인지발달 양상	대상연속성 개념의 발달 양상
1단계	반사행동기	0~1	반사행동을 적용	대상물이 사라져도 무반응
2단계	1차 순환 반응기	1~4	단순 반복하는 순환반응	대상물이 사라져도 반응이 없으며, 사라진 자리만 응시
3단계	2차 순환 반응기	4~8	의도가 담긴 것보다 복잡한 순환반응	부분적으로 가려진 대상물을 탐색함
4단계	2차 순환반응의 협응기	8~12	이미 알고 있는 과정을 새로운 상황에 적용	완전히 가려진 대상물을 탐색함
5단계	3차 순환 반응기	12~18	적극적 실험을 통한 새로운 과정 발견	보고 있는 동안 숨겨진 대상물을 탐색함
6단계	정신적 표상기	18~24	정신적 표상을 통한 사고	보지 않아도 숨겨진 대상물을 탐색함

② 전조작기

전조작기는 2세부터 7세까지 유아기에 해당되는 시기이다. 전조작기 유아들은 언어가 급격히 발달하고 상징적으로 사고하는 능력은 발달하지만, 개념적 조작능력이 충분히 발달하지 못해 논리적인 조작은 불가능하기 때문에 전조작기라 부른다. 여기서 조작이란 과거에 일어났던 사건을 내면화시켜 서로 관련되게 논리적으로 표현하는 것을 의미한다. 이 시기에 나타나는 사고의 특징은 감각운동기와 비교할 때 감각운동적 행위에 덜 의존적이고, 언어의 급격한 발달과 사물이나 사건을 내면화할 수 있는 능력이 생기고, 보이지 않는 것을 예측할 수도 있다. 이러한 사고의 특징으로는 상징적 사고, 직관적 사고, 자기중심적 사고, 물활론적 사고 등이 있다.

- **상징적 사고**: 어떤 사물이나 개념을 나타내는 징표를 상징할 수 있는 사고를 의미한다. 예를 들어 국기는 국가를 상징하고, 악수는 친밀감을 상징한다. 또한 '고양이'라는 단어는 털이 있고, 4개의 다리와 꼬리가 있고, 귀여운 동물이라고 생각하

는 것이다.

- **직관적 사고**: 어떤 사건이나 사물을 볼 때 그 속에 내재된 규칙이나 특성을 이해하지 못하고 겉으로 드러난 속성을 바탕으로 사고하는 것을 의미한다.
- **자기중심적 사고**: 자신의 입장에서만 보고, 다른 사람의 생각, 관점, 감정 등을 자신과 동일하다고 생각하는 것이다. 유아는 사물이나 현상을 자신의 입장에서만 보기 때문에 상대방도 자신과 똑같은 생각을 하고 행동한다고 믿으며 상대방의 관점을 이해하지 못한다.
- **물활론적 사고**: 모든 사물이 살아 있다고 생각하는 것이다. 예를 들면, 나무에 걸려 넘어졌을 때 나무가 자신을 밀었기 때문이라고 생각하고, 태양을 가렸던 구름이 걷혔을 때는 태양이 화가 나서 구름을 쫓아버린 것이고 생각하는 것이다. 물활론적 사고는 유아의 연령이 증가함에 따라 일련의 단계를 거쳐 4~5세가 되면 감소하기 시작하여 8세가 되면 생물학적 근거로 무생물과 생물을 구별할 수 있다(Bullock, 1985). 물활론적 사고의 진행 단계는 〈표 2-9〉와 같다.

〈표 2-9〉 물활론적 사고의 진행 단계

단계	진행 내용
1단계(4세 이전)	사람에게 영향을 주는 모든 사물은 살아 있다고 생각함
2단계(4~6세)	움직이는 것은 살아 있고, 움직이지 않는 것은 죽었다고 생각함. 예를 들면, 자전거나 구름은 움직이므로 살아 있는 것이고, 나무나 꽃은 움직이지 않으므로 죽은 것이라고 생각함
3단계(6~8세)	움직이는 것 가운데도 스스로 움직이는 것만 살아 있다고 생각함. 여를 들면, 동물이나 해, 달 등은 스스로 움직이므로 살아 있다고 생각하고, 자동차나 자전거는 사람이 움직여야 하므로 죽은 것이라고 생각함
4단계(8세 이후)	생물학적 근거로 무생물과 생물의 개념을 파악하게 됨

③ 구체적 조작기

구체적 조작기는 7세부터 12세까지 아동기에 해당되는 시기이다. 구체적 조작기 아동들은 사고가 전조작기 때보다 급격한 발달을 보여, 사고를 논리적이며 구체적으로 조작할 수 있다. 또한 추리력은 정확성, 복잡성, 융통성 면에서 계속 향상된다. 그러나 구체적 사고와 논리적인 문제는 아동 자신이 주위에서 관찰 가능한 구체적인 사건이나 사물에 한정되기 때문에 구체적 조작기라 한다. 또한 이 시기에는 가상적인 상황을 만들어 추론할 수가 없기 때문에 추상적이고 복잡한 가설의 정신적 사고는 아직 가능하지 않다. 구체적 조작기에 나타나는 아동들의 사고특징은 보존개념, 분류, 서열화, 탈중심화 등이 있다.

- **보존개념(conservation)**: 어떤 사물의 외향이 바뀌어도 그 속성이 바뀌지 않는다는 것을 의미한다. 구체적 조작기 아동들은 길이, 액체, 질량(양), 면적, 무게, 부피 등의 보존개념을 획득한다. 7~8세경의 학령기 아동들은 찰흙의 모양이 둥근 형태에서 길고 넓적하게 변하더라도 그 양은 같다는 것을 알게 된다. 또한 폭과 넓이가 다른 두 잔의 물의 양이 동일하다는 것도 알게 된다.
- **분류(classification)**: 같은 속성을 가진 것끼리 범주화하여 분류하는 것을 의미한다. 구체적 조작기 아동들은 논리적 사고가 획득되어 사건이나 사물의 모양, 색, 형태, 그리고 크기와 같은 범주로 일관성 있게 분류할 수 있다. 유목화(classification)는 단순유목화, 다중유목화, 그리고 유목포함 등이 있다. 단순유목화(simple classification)는 물체를 한 가지 속성에 따라 분류하는 능력이고, 다중유목화(multiple classification)는 물체를 두 개 이상의 속성에 따라 분류하는 능력이고, 유목포함(class inclusion)은 상위유목과 하의유목 간의 관계로 전체와 부분의 관계를 이해하는 능력을 의미한다.
- **서열화(seriation)**: 일정한 특성에 따라 사물을 증가하거나 감소하는 순서대로 나열하는 것을 의미한다. 구체적 조작기 아동들은 서열화 능력이 발달한다.

- **탈중심화(decentration)**: 어떤 상황에서 여러 가지 다른 요소의 차원을 고려하지 않고 한 차원에만 주의를 집중하는 중심화(centration) 조작능력을 탈피하는 것을 의미한다(Santrock, 2001). 전조작기 유아들은 중심화 경향을 나타내지만 구체적 조작기 아동들은 한 가지 이상의 측면을 동시에 고려할 수 있는 탈중심화(decentration)의 조작능력이 발달한다.

④ 형식적 조작기

형식적 조작기는 청소년기에 해당하는 12세 이후부터 해당되는 시기이다. 형식적 조작기 청소년들은 추상적 개념을 이용한 논리적 사고가 가능하다. 구체적 조작기의 아동들은 시간적 · 공간적으로 바로 현재에 진행되는 사실에 대해서 사고하지만, 형식적 조작기의 청소년들은 현실의 세계를 넘어 추상적으로 사고할 수 있게 된다. 즉 현재의 상황뿐만 아니라 미래의 가능한 상황까지도 논리적으로 생각할 수 있다. 이러한 사고는 12세 이후부터 지속적으로 발달하는데 형식적 조작기의 사고특징은 다음과 같다.

- **추상적인 사고를 할 수 있다는 것이다.** 구체적 조작기 아동들은 눈에 보이는 구체적 사실에 대해서만 사고가 가능하지만, 형식적 조작기의 청소년들은 추상적인 개념도 이해할 수 있다. 예를 들어 구체적 조작기 아동들에게 "사람에게 날개를 달아주면 어디에 달아주는 것이 좋을까?"라고 질문한다면 구체적 조작기 아동들은 구체적으로 현실적인 사실에 준해서 "그런 일은 있을 수 없다."고 답하지만, 형식적 조작기 청소년들은 "겨드랑이에 달아서 온 세상을 자유롭게 날아다니고 싶어요."라고 사실과 다른 가상적인 추상을 하면서 답을 한다.
- **이상적인 사고를 한다는 것이다.** 형식적 조작기의 청소년들은 자신과 다른 사람들에게 이상적이었으면 하는 기대감을 가지고 사고한다. 예를 들어 청소년들은 이상적인 부모상에 대한 기준을 가지고 자신의 부모와 비교하거나 자신이 생각하는 이상적인 기준에 맞추어 자신과 다른 사람을 비교하기도 한다.

- **과학적인 사고가 가능하다는 것이다.** 형식적 조작기의 청소년들은 과학자처럼 가설을 세우고 자신의 상황을 체계적으로 해결책을 찾는다. 예를 들어 청소년들은 어떤 복잡한 문제가 있으면 먼저 어떻게 해결할지 가정하고 어떠한 해결에서 결과가 나올지를 과학적으로 해결한다.
- **조합적인 사고를 한다는 것이다.** 형식적 조작기의 청소년들은 성숙과 경험을 통해 발달된 추리능력으로 문제해결에 필요한 모든 요인들을 찾아내고, 그 요인들로 구성된 가능한 모든 조합을 체계적으로 생각해 낼 수 있다. 여기서 조합적인 사고란 하나의 문제에 직면했을 때 모든 가능한 해결책을 논리적으로 생각해 봄으로써 결국에는 문제를 해결하는 사고를 의미한다.

피아제와 인헬더(Piaget & Inhelder)는 조합적인 사고를 액체 보존실험을 통해 보여주었다(Piaget & Inhelder, 1956). 연령대에 따른 아이들에게 무색투명한 액체를 1에서 4번까지 번호가 붙은 컵에 넣고, 1번부터 4번까지의 컵을 섞어서 비어 있는 g라고 표기된 컵에 파란색이 나오도록 시켰다. 이 실험의 파란색이 나오는 정답은 g컵의 액체에 1번과 3번의 액체를 섞으면 나오게 되어 있었다. 이러한 액체 보존실험은 [그림 2-7]과 같다.

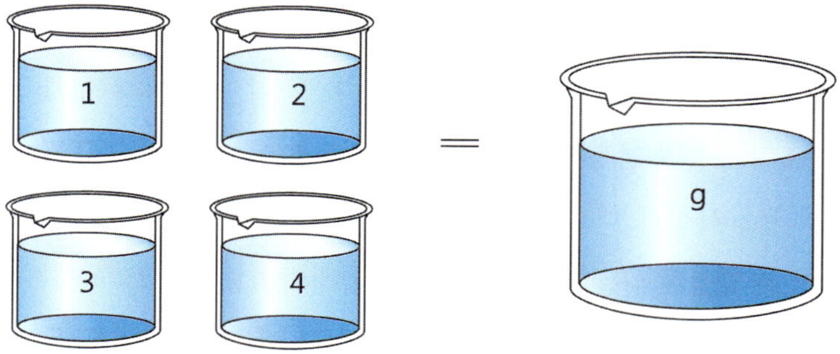

[그림 2-7] 피아제의 액체 보존실험

지시를 받은 전조작기의 영아(2~7세)는 아무런 체계 없이 마구 섞어 보는 데 반해서 구체적 조작기의 유아(7~12세)는 상당한 체계성을 보였다. g컵에 1, 2, 3, 4번의 액체를 차례로 섞어 보다가 파란색이 나오지 않자 포기해 버렸다. 1~4번 중에서 2가지를 섞으면 된다는 힌트를 주어도 체계적으로 조합을 하지 못하고 이것저것 섞어 보는데 그쳤다. 그러나 형식적 조작기의 청소년은 체계적으로 g컵에 1, 2, 3, 4번의 물을 섞을 수 있는 조합을 다 생각해 본 뒤에 이를 하나하나 다 실험해 보아 결국 1번과 3번을 찾아내어 문제를 해결하였다.

2) 비고츠키의 사회문화적 인지발달 이론

비고츠키(Vygotsky, 1896~1934)는 1896년 러시아에서 태어났다. 그는 모스크바대학에서 법학을 전공하였고, 그 후 문학과 언어학을 공부하였으며 심리학으로 박사학위를 받았다. 그는 38세의 젊은 나이에 세상을 떠났다. 비고츠키에 의하면, 사람들은 사회적 맥락에 존재하기 때문에 행동도 사회적 맥락을 떠나 이해할 수 없으며, 사람들에게 중요한 인지적 기술은 자신이 혼자 환경과의 상호작용을 통해 습득한 것이 아니라 부모, 교사, 또는 자신보다 약간 앞선 또래 · 친구와의 상호작용을 통해 발달한다고 주장하였다. 즉 개개인의 인지적 성장은 사회문화적 맥락 내에서 일어나고 사회적 상호작용을 통해 발달한다는 것이다(장휘숙, 2001). 비고츠키의 사회문화적 인지이론은 특정 문화의 가치, 신념, 관습, 기술이 어떻게 다음 세대로 전수되는지에 초점이 맞추어졌다. 비고츠키는 사람들이 사회적 상호작용의 초점은 대화(언어)가 중요하다고 하였다. 즉 아이들과 성인 간의 대화가 아이들의 특정 문화에 적절하게 사고하고 행동하는 법을 습득하는 데 필수적이라고 하였다(Wertsch & Tulviste, 1992). 비고츠키의 사회문화적 인지이론에서 언급되는 근접발달 영역, 발판, 언어와 사고 등에 대해서 살펴본다.

(1) 근접발달 영역

비고츠키는 사람의 지적 능력을 근접발달 영역(zone of proximal development)의 개념으로 설명하였다. 근접발달 영역은 아이들이 과제를 스스로 해결할 수 있는 실제적인 발달 수준과 성인 또는 유능한 또래 · 친구의 도움을 받아 해결할 수 있는 잠재적 발달 수준 사이의 중간에 위치하는 영역을 의미한다. 근접발달 영역의 모형은 [그림 2-8]과 같다.

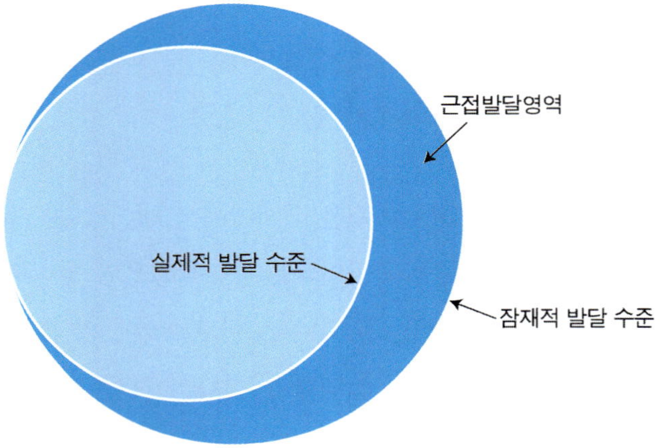

[그림 2-8] 근접발달 영역의 모형

[그림 2-8]에서 근접발달 영역이 좁다는 것은 지금보다 더 높은 수준의 학습을 할 준비가 조금밖에 없다는 것을 나타내고, 반대로 넓다면 더 높은 수준의 학습을 할 준비가 되어 있다고 볼 수 있다. 잠재적 발달 수준은 아직 성숙되지 않았지만 성숙될 미발달상태에 있는 기능들을 의미한다.

(2) 발판

발판(scaffolding)은 아이들이 스스로 문제를 해결할 수 있도록 성인이나 유능한 또래 · 친구가 도움을 주는 것을 의미한다. 발판은 건축학에서 사용되는 용어로 건물을 지을 때 발판을 사용하다가 건물이 완성되면 철거하는 것을 의미한다. 이러한 의미로 발판은 아이들이 과제를 수행하는 데 도움을 주다가 아이 혼자서 문제를 해결할 수 있게 되면 더 이상 필요 없다. 비고츠키는 아이들의 인지발달은 자신이 속한 문화보다 성숙한 구성원들과의 상호작용을 통해서 이루어진다고 하였다. 구성원들은 아이들의 인지발달을 위해 발판을 설정하여 아이들이 성장할 수 있도록 도와주고, 아이들을 도와줄 때 아이들의 수준에 맞도록 도와주는 양을 조절해야 한다. 아이들이 학습하는 내용이 새로운 것이면 직접적으로 지시를 하고, 아이들이 따라오게 되면 직접적인 지시 대신 힌트를 주면서 발달시켜야 한다.

(3) 언어와 사고

비고츠키는 아이들의 사고발달에 언어가 필수적이라고 하였다. 그에 의하면, 아이들은 문제를 해결하거나 중요한 목표를 달성하고자 할 때 혼잣말을 하는 경향이 있다는 것이다. 성인의 경우 혼잣말은 주로 마음속으로 하지만, 아이들은 혼잣말을 밖으로 소리 내어 한다. 아이들의 혼잣말은 시간이 지나면서 소리로 내던 것을 속삭임으로 변하고 다시 내부언어(inner speech)로 변한다. 비고츠키는 내부언어를 개인의 생각(사고)이라고 표현했다. 비고츠키는 언어가 근본적으로 사회적 현상이며, 아이들은 부모를 포함한 성인과의 상호작용에 의해 언어능력이 발달한다고 보았다. 처음에는 독립적으로 발생하기 시작한 사고와 언어가 일정시간이 지난 후에 서로 연합되어 발달이 된다고 보았다(김정섭 외, 2004).

아이들은 쉬운 과제보다 어려운 과제에서 혼잣말을 더 많이 한다. 이것은 어려운 과제에서 더 많은 도움이 필요하기 때문이다. 또한 문제를 제대로 풀었을 때보다 실수를 한 후에 혼잣말을 더 많이 사용하는 것으로 나타났다. 결과적으로 아이들은 자신의 행동과 사고를 통제하는 데 언어가 중요한 역할을 하는 것으로 보인다.

2.4 동물행동학적 이론

동물행동학적 이론은 동물의 행동에 대한 연구로 대표적인 연구는 로렌츠의 각인이론이다. 로렌츠의 각인이론을 인간발달에 적용한 연구는 보울비(Bowlby)의 애착이론이다. 보울비는 인간이 갖고 있는 종 특유의 내적 기제에 의하여 주 양육자와 아이 간에 애착이 형성되는 과정에 대하여 이론을 수립하였다. 로렌츠의 각인이론과 보울비의 애착이론에 대해서 살펴본다.

1) 로렌츠의 각인이론

로렌츠(Lorenz, 1854~1946)는 오스트리아에서 의사의 아들로 태어났다. 그는 어려서부터 동물에 관심을 보였으며, 빈대학교에서 동물학을 연구하여 동물학 박사학위를 받았으며, 1973년 틴베르헌(Tinbergen), 프리츠(Fritz)와 함께 노벨생물학상을 공동 수상하였다. 로렌츠는 자연계의 서식지에서 여러 종의 동물들에 대한 행동을 관찰하고 동물들의 생존 가능성을 증진시키는 행동 패턴을 발견해서 각인이론을 정립하였다.

각인(imprinting)은 어떤 동물이 출생한 후 특정한 시기 동안 어떤 대상에 노출되어 그 대상에 애착되어 따르는 행동을 의미한다(Crain, 1980). 로렌츠는 한 실험을 통하여 각인을 정의하였다. 실험은 어미 오리가 낳은 알을 두 경우로 분류하여, 첫 번째 경우는 알을 어미 오리가 부화하게 하고 다른 한 경우는 알을 인공부화기로 부화시켰다. 첫 번째 경우의 새끼 오리는 부화 직후부터 어미 오리를 따라 다녔다. 그러나 다른 한 경우는 부화하자마자 새끼 오리는 알을 낳은 오리를 따르지 않고 로렌츠를 어미처럼 졸졸 따라 다녔다. 인공부화기로 부화한 새끼 오리가 로렌츠를 반복적으로 따르는지 확인하기 위하여, 새끼 오리에게 표시를 하고 상자를 덮어씌운 후 어미 오리와 로렌츠가 나란히 서 있는 상태에서 상자를 들어 올렸다. 그랬더니 두 경우의 새끼 오리들은 각각 자기 '엄마' 뒤를 따랐다. 로렌츠는 새끼 오리가 로렌츠를 엄마로 인식하고 따르는 것을 각인이라고 하였다. 새끼 오리가 로렌츠의 뒤를 따르는 모습은 [그림 2-9]와 같다.

[그림 2-9] 새끼 오리가 로렌츠를 따르는 모습

각인은 각인되는 결정적 시기(critical period)가 있다. 오리는 부화 후 13~16시간 사이가 결정적 시기인데, 이 시기에 자신이 본 움직이는 물체를 어미로 인식한다. 알에서 깨어난 새끼 오리가 엄마로 인식하고 따라가는 행동은 움직이는 대상을 따르려는 생득적 경향성과 알에서 깨어난 후 일정시간 내에 실제로 움직이는 대상이 있는 환경을 만날 때 각인되는 종 특유의 행동인 것이다. 로렌츠는 각인 현상이 출생 후 일정기간 내의 결정적 시기에만 일어나며 각인된 행동은 생애 동안 지속된다는 것을 밝혀냈다. 만약 이 기간 동안에 각인이 되지 않으면 이후에는 그 행동을 습득할 수 없다(조성연 외, 2008). 후에 인간발달에 동물행동학적 이론을 적용한 학자들은 발달의 모든 행동에는 결정적 시기가 있다고 주장한다(김정희 외, 2003). 결정적 시기는 제한된 시간 내에 영아가 특정한 적응행동을 습득하도록 생물학적으로 준비되어 있으며, 그러기 위해서는 적절한 자극인 환경의 지원이 있어야 한다는 것을 의미한다(Berk, 2000).

2) 보울비의 애착이론

보울비(Bowlby, 1907~1990)는 1907년 런던에서 출생하여 케임브리지대학교에서 의학을 공부하였다. 그는 제2차 세계대전(1939.9.1~1945.8.15, 6년간) 후 고아원에서 성장한 아이들은 타인과 친밀하면서 지속적인 관계를 형성하지 못하고 여러 가지 정서적인 문제가 있다는 것을 발견하였다. 이러한 현상은 아이들이 생의 초기에 어머니와 애착을 형성할 기회가 없었기 때문이라고 보았다. 또한 정상적인 가정에서 성장했지만 어머니와 장기간 분리된 아이도 유사한 징후를 보인다는 것도 알았다.

애착(attachment)은 아이와 양육자 간에 형성되는 친밀한 정서적 유대감으로 부모-영아 간의 상호의존적인 관계를 바탕으로 이루어지며, 주 양육자와 아이 사이에 형성해야 할 가장 중요한 심리적 유대관계이다. 보울비는 동물의 종 특유 행동이 외부 자극에 의해 유발되는 것과 마찬가지로, 아이도 선천적으로 다른 사람에게 접근하고자 하는 성향이 있다고 하였다. 즉 애착욕구를 가지고 태어나며 이러한 욕구를 충족시켜줄 수 있는 사람이 필요하다고 보았다. 보울비는 아이가 선천적으로 양육자에게 신호를 보내는 성향을 가지고 태어나고, 양육자는 생물학적으로 그 신호에 반응하는 것이 애착발달이라고 하였다. 예를 들면, 아이가 어머니를 보고 미소를 짓게 되면 어머니는 아기를 보살펴주면서 아이와 어머니 간에 애착이 형성된다. 그러나 아이의 애착행동이 모든 사람에게 같은 정도로 나타나는 것은 아니다. 동물의 경우는 각인 시기가 대체로 생후 몇 시간 이내이지만 사람의 경우는 보다 기간이 길고, 또한 아이는 자신을 잘 돌봐주고 같이 놀아주며 모성행동을 보이는 사람에게 애착행동을 더 강하게 나타내고 더 자주 나타낸다. 애착행동은 아이에게만 나타나는 것이 아니며 어머니의 행동에도 나타난다. 즉 아이 껴안기, 뽀뽀하기, 귀여워하며 소리내기 등은 부모-영아 간의 접촉을 유도하고 애정을 표시하는 어머니의 애착행동 등이다.

동물에게는 각인되는 경우 결정적 시기가 있듯이 인간발달에서의 애착에도 민감한 시기가 있다. 민감한 시기는 특정 능력이나 행동이 출현하는 데에 최적의 시기로서, 아이들은 이 시기에 특정한 환경의 자극에 민감한 반응을 보인다. 민감한 시기가 지난 후에도 발달이 이루어질 수는 있지만, 그때는 시간이 더 오래 소요될 뿐만 아니라 어렵다. 보울비는 삶에서 첫 3년이 사회 · 정서발달의 민감한 시기라고 하였다. 즉 생후 3년간이 친밀한 정서적 유대를 형성하는 데 민감한 시기로, 만약 이 기간 동안 친밀한 정서적 유대를 갖지 못한다면 나중에 친밀한 대인관계를 형성하는 것이 어렵다고 하였다(정옥분, 2007).

2.5 체계 및 생태학 이론

체계이론은 일반체계 이론, 사회체계 이론, 생태학적 체계이론으로 구분할 수 있다. 이러한 체계이론은 체계를 기본으로 해서 정립된다. 생태학 이론은 유기체와 환경 간의 관계를 연구하는 생물과학으로 유기체와 환경이 역동적인 평형상태를 유지하면서 성장하는 과정에 관심을 두고 있는 이론이다. 일반체계 이론, 사회체계 이론, 생태학적 체계이론, 생태학 이론에 대해서 살펴본다.

1) 일반체계 이론

일반체계 이론(general systems theory)은 '전체는 단순한 부분의 총합 이상이다'라는 말로 지칭되는 상호작용의 복합적 상황을 분석하려는 학문이다. 즉 유기체와 환경 간의 체계적인 상호작용, 상호 관련성에 대해서 전체성, 상호성, 개방성의 개념으로 설명하고 분석하려는 이론이다(김향선 외, 2015). 이러한 이론은 1937년 오스트리아 출신의 생물학자 버틀란피(Ludwig von Bertalanffy)에 의해서 처음으로 제기되었으며, 1950년 논문을 발표한 것이 계기가 되어 체계론적 사고가 과학적 학문으로 정립되었다. 여기서 체계(system)는 상호연관성이 있고 상호의존적으로 서로 영향을 주고받는 부분들로 구성된 전체를 의미하거나 부분들 간에 관계를 맺고 있는 일련의 단위로 정의된다(Bertalanffy, 1968). 이러한 체계는 끊임없이 변화하는데 변화과정은 체계가 추구하는 목적에 따라 다르게 나타날 수 있으며, 체계의 부분들은 변화를 위해 어느 일정 시점에서 볼 때 비교적 안정된 구조 내에서 정형화된 행동방법으로 서로 영향을 주고받으며 항상성(homeostasis)을 유지하려 한다(엄명용 외, 2013).

따라서 일반체계 이론은 생물과 무생물이 모든 형태에 있어서 체계로 간주될 수 있고, 체계는 체계로 규정될 수 있는 어떤 개별의 성질을 가지고 있다는 가정에 기초한 이론이다. 따라서 인간은 통합된 하나의 체계라고 보고 행동과 기능수행에 영향을 미치는 생물학과 사회체계(인간은 외부세계와 끊임없이 상호작용하며 상호의존적인데 개인, 가족, 조직, 지역사회, 문화 등을 구분하여 포함시킨 체계)들 간에 상호작용에 초점을 두고 변화를 유도하려는 이론이라 할 수 있다.

이러한 일반체계 이론 관점이 제시하는 개념적 틀에 의하면, 개인과 사회의 문제는 원인과 결과의 관계로 해석되는 것이 아니라 상호 연관된 전체로 파악해야 된다는 것이다. 즉 개인과 사회 환경은 어느 한쪽이 다른 한쪽에 일방적으로 영향을 미치는 것이 아니라 양자 모두의 원인인 동시에 결과인 상호적 원인관계로 형성된 전체로 보아야 된다는 것이다. 따라서 인간의 문제해결에 부합되도록 사회에 대한 문제 파악 및 문제 해결의 초점을 개인, 가족, 집단 또는 사회 환경의 어느 한 곳에 두는 것이 아니라 상호작용하며 서로에게 영향을 주고받는 전체에 맞추는 것이 중요하다.

일반체계 이론 관점의 주요 개념은 체계의 구조적 특성을 나타내는 경계(boundary), 개방체계와 폐쇄체계(open and closed systems), 위계(hierarchy) 등이 있고, 안정적이면서 점진적인 변화를 추구하는 진화적 특성의 항상성(homeostasis), 안정 상태(steady state) 등이 있고, 그리고 체계의 행동적 특성인 투입(input) → 전환(through-put) → 산출(output) → 환류(feedback) 등이 있다. 일반체계 이론 관점에서 가족체계란 가족구성원뿐만 아니라 이들 간의 의사소통, 관계 형성, 상호작용을 포함하는 전체적인 개념으로 이해해야 한다는 것이다. 이와 같이 서로 연관되어 있는 전체로서 가족체계의 한 부분에서의 변화는 체계의 다른 부분의 변화를 야기시키고, 이는 전체 가족체계의 기능에도 변화를 가져온다는 것이다. 주요 개념의 각각에 대해서 살펴보면 다음과 같다(김향선 외, 2015).

① **경계**: 체계 내부와 외부, 한 체계와 다른 체계를 구분할 수 있는 기준을 의미하는 것으로 모든 체계는 경계를 가지고 있다. 예를 들면, 가족과 관련해서 대가족, 핵가족, 부부, 부모, 형제자매 체계 등은 관념적 경계가 된다. 이러한 경계를 형성하는 요인은 에너지나 정보 교류의 양, 상호작용, 규칙 등이 있을 수 있으며, 명확성(clarity), 투과성(permeability), 융통성(flexibility) 등의 속성이 있다. 경계는 적어도 부분적으로 침투할 수 있으며 그들 간의 에너지와 정보의 전달을 허용하고

있는데, 가족체계도 가족구성원들 간에 경계가 분명하고 명확해야 개방적이고 기능적인 가정이 될 수 있다.

② **개방체계와 폐쇄체계**: 개방체계는 체계에 투과성이 있어 경계 내·외부 간에 에너지나 정보 교류가 상호보완적으로 이루어지는 체계이다. 이러한 체계는 외부 환경으로부터 성장이나 발달에 필요한 에너지나 정보를 자유롭게 받아들여 전환시키고 산출을 생산하여 환경으로 다시 보내거나 체계 자체의 기능을 유지·발전시킬 수 있다. 가족체계도 가족구성원들 간에 개방체계를 유지하면서 안정 상태를 유지해야 한다.

반면 폐쇄체계는 체계에 투과성이 없어 다른 체계와 상호교류가 없으며 에너지나 정보를 주고받지도 않고 상호작용도 하지 않아 투입 또는 산출이 없는 체계이다. 이러한 체계는 다른 체계로부터 투입을 받아들이지 않고 산출도 생산하지 않아 시간이 지남에 따라 조직과 기능이 상실되거나 소멸된다. 가족체계도 가족구성원들 간에 폐쇄체계를 형성하면 가족의 기능이 약화되고 해체될 수 있다.

③ **위계**: 상위체계와 하위체계 사이의 서열관계를 의미한다. 모든 체계의 기본단위들이 활동하면서 에너지원을 위해 상위체계에 의존하며 또한 하위체계에 방향을 제시해 준다. 이러한 상위체계와 하위체계 사이의 서열관계를 위계라 한다. 가족체계도 가족구성원들 간에 부모, 부모-자녀, 형제자매 체계의 위계가 있어야 기능적인 가정이 될 수 있다.

④ **항상성**: 체계가 균형을 유지하거나 안정된 상태로 돌아가려는 것을 의미한다. 이러한 항상성은 고정된 것이 아니라 지속적으로 변화하는 것으로 환경 속에서 변화 상황을 고려하여 상호 교환을 통해 항상성을 유지해야 한다. 가족체계도 가족구성원들 간에 체계의 항상성을 유지하면서 자기 본연의 역할에 충실해야 기능적 가정이 될 수 있다.

⑤ **안정 상태**: 부분들 간의 관계를 유지시키고 쇠퇴해서 붕괴되지 않도록 에너지가

지속적으로 사용되는 상태를 의미한다. 이러한 안정 상태는 살아 있는 모든 체계의 기본적인 속성이며 생존하기 위하여 안정성, 질서, 일관성을 필요로 한다. 가족체계도 가족구성원들 간에 자기 본연의 역할을 충실히 하여 안정 상태를 유지하는 것이 중요하다.

⑥ **투입 → 전환 → 산출 → 환류**: 투입은 체계 외부로부터 체계 내부로 유입되는 에너지나 정보 등을 의미한다. 전환은 투입물(에너지나 정보)을 처리하여 체계의 기능을 유지하기 위한 과정을 의미한다. 산출은 전환활동을 통해 나타나는 결과물이 환류를 통해 체계에 머물거나 다른 체계에 영향을 미치는 것을 의미한다. 환류는 행동을 취한 체계에서 행동의 결과를 검증하여 새로운 행동을 산출하거나 기존의 행동을 수정하는 것을 의미한다. 이러한 환류는 체계의 안정 상태를 유지하거나 변화를 촉진하는 역할을 하게 되는데, 긍정적 환류는 산출이 바람직하다고 확인시켜주며 안정 상태 또는 현재보다 빈도나 강도를 상향 조절하도록 독려하는 것이다. 반면 부정적 환류는 산출물의 양적 · 질적인 면에서 기대하는 바를 충족시키지 못하는 정보를 전환해 새로운 변화를 촉구하는 것이다. 체계 내의 활동(투입 → 전환 → 산출 → 환류)에 대한 과정은 [그림 2-10]과 같다(엄명용 외, 2013).

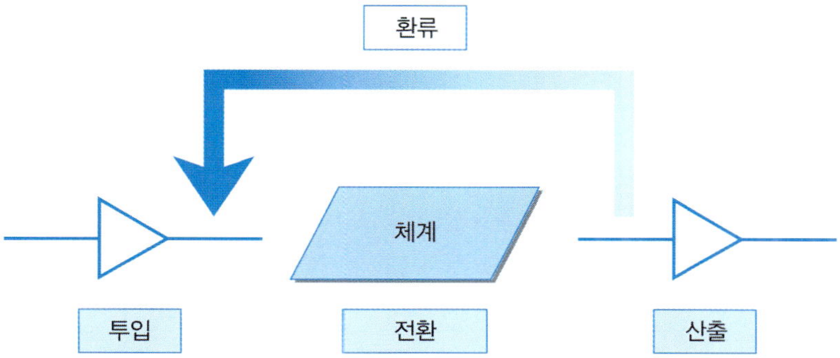

[그림 2-10] 체계 내의 활동(투입 → 전환 → 산출 → 환류)에 대한 과정

2) 사회체계이론

사회체계이론(social systems theory)은 일반체계이론에 바탕을 두고 있으며 사회 전체를 하나의 거대한 체계 또는 조직으로 접근한 학문으로 독일의 사회학자인 루만(Niklas Luhmann)이 정립한 이론이다. 여기서 체계는 일반체계이론의 체계와 같은 맥락으로 상호연관성이 있고 상호의존적으로 서로 영향을 주고받는 부분들로 구성된 전체를 의미하거나 부분들 간에 관계를 맺고 있는 일련의 단위이다.

사회체계는 우리가 살고 있는 사회적 환경 안에 존재하는 다양한 인간 공동체에 적용할 수 있는 사회조직의 모형으로 인간행동에 영향을 미치는 다양한 체계수준, 즉 개인체계, 가족체계, 집단체계, 조직체계 등을 포함하는 소집단체계 그리고 지역사회와 같은 보다 넓은 사회체계에서 체계 간의 상호작용에 초점을 둔다. 또한 문화, 종교, 신분제도와 같은 추상적 요소들도 포함한다(이경은 외, 2016). 예를 들면, 사회를 하나의 체계로 보면 사회 내에 있는 하나하나의 구성 부분들이 각기 존재하는 것이 아니라 집합체로서 개인, 가족, 집단, 조직, 사회, 문화 등이 서로 연결되어 상호작용하며 의존하고 있는 형태로 존재하는 것이다. 즉 상호작용하는 부분들이 하나의 전체를 만들어 가며 그렇게 만들어진 전체는 다시 부분들에 영향을 미침으로 부분과 전체는 하나의 공동체로 공존하게 되는 것이다. 사회의 기능과 하위체계는 〈표 2-10〉과 같다.

〈표 2-10〉 사회의 기능과 하위체계

기능	하위체계
생산, 분배, 소비	경제적 하위체계(기업과 노동자를 포함)
사회화	가족, 학교, 동료집단, 종교단체
사회통제	정부, 사법체계, 정치제도
사회통합	공식적 조직, 비공식적 조직, 종교제도
상부상조	정부·지방정부 사회복지 프로그램 및 제도, 비영리조직, 비공식적 원조 네트워크

이러한 사회체계 이론을 사람들의 문제해결을 위해 적용하면, 사회가 어떻게 구성되어 있는지, 사회를 구성하는 구성체들은 어떤 관계를 형성하고 있는지, 그리고 외부환경과는 어떤 관계를 갖는지 등에 대해서 알 수 있을 것이다. 또한 문제해결을 위해 사회 내·외 구성체계들이 어떤 관련성을 갖고 영향을 주고받는지를 이해할 수 있을 것이다(이경은 외, 2016).

3) 생태학적 체계이론

생태학적 체계이론은 생태체계론, 생태적체계론 등과 호환되어 사용되는 용어로, 일반체계 이론과 생태학 이론에서 제시되는 주요 관점들을 통합한 것이라고 할 수 있다. 즉 인간발달은 환경과의 관계를 연구하는 생물학적 개념에 초점을 두는 생태학 이론과 가족·이웃·지역사회·국가라는 여러 체계 속에서 발달한다는 사회체계 이론이 결합한 것이다. 생태학 이론을 인간행동에 적용할 경우 인간과 인간의 주변 환경 간의 상호작용, 상호 의존성, 상호 역동적 교류와 적응에 초점을 둔다. 또한 사회체계 이론은 다양한 체계(부부체계, 부모-자녀체계, 형제자매체계)에서 상위, 하위에 따른 순서가 있으며 서로 관련되어 기능적 전체를 형성하는 것으로 체계 간의 복잡한 상호작용을 이해해야만 한다는 것이다.

이러한 관점에서 브론펜브렌너(Bronfenbrenner)는 1979년에 〈인간발달 생태학(The ecology of human development)〉이라는 저서를 통해 인간은 태어나면서 다양한 수준의 주위 환경에 영향을 받기 때문에 복잡한 체계 속에서 발달하는 존재라고 보고 생태학적 체계(ecological system)라는 용어를 사용하였다. 또한 그는 인간발달을 사회문화적 관점에서 이해하는 이론으로 가족·이웃·학교·지역사회·국가·문화 등 여러 가지 환경 속에서 인간과 환경 간이 상호작용을 통해 발달한다고 보았으며 생태환경을 좀 더 구조화하였다.

생태학적 체계이론 관점에서 체계와 생태학은 개인을 하나의 체계로, 개인과 환경을 하나의 체계로 생각하면서 생태학적으로 인간과 환경 간의 적응과 상호작용에 초점을 둔다. 주요 개념은 생활환경, 적응, 개인과 환경의 적합성, 공생, 수용능력, 경쟁 등이 있는데, 각각에 대해서 알아보면 다음과 같다(김향선 외, 2015).

① **생활환경**: 생물체가 살고 있는 장소나 환경을 의미하는데, 생물체는 적소(niche)를 찾게 된다. 여기서 적소는 특정한 종이 가장 효과적으로 기능할 수 있는 특정한 장소나 환경을 의미한다.

② **적응**(adaptation): 개인과 환경 간의 상호작용을 포함한 주변 환경조건에 맞추어 적합하게 결합하는 것을 의미한다. 여기서 적합은 개인의 욕구와 사회적 요구 사이의 조화와 균형 정도를 의미한다.

③ **개인과 환경의 적합성**(goodness of fit): 개인의 적응 욕구와 환경의 속성이 서로 조화되는 정도를 의미한다. 적응하지 못하면 개인의 발달과 건강에 악영향을 미치며 잘 적응하면 성장이나 발달에 긍정적이며 적합성은 높아진다.

④ **공생**(symbiosis): 하나 또는 둘 모두가 유익을 얻을 수 있는 두 종 간의 상호작용을 의미한다. 이러한 공생에는 세 가지 유형이 있는데, 상리공생(mutualism)은 벌(먹이)과 꽃(수정)의 관계처럼 두 종 모두에게 이득이 되는 상호작용이며, 편리공생(commensalism)은 한 종에는 유익하나 다른 종에게는 유익이나 해를 끼치지 않는 것이고, 기생(parasitism)은 한쪽에는 해가 되나 기생하는 쪽에는 이익이 되는 것을 의미한다.

⑤ **수용능력**(capacity): 특정 생태체계 안에서 살아갈 수 있는 종의 최대숫자를 의미한다. 수용능력이 초과되면 질병, 약탈 등 악역향이 미칠 수 있다.

⑥ **경쟁**(competition): 생태학적 공동체를 형성하는 주요 과정으로 생태체계에서 자원이 제한된 경우 생존을 위해 경쟁하는 것을 의미한다.

브론펜브렌너는 인간발달에 영향을 주는 생활환경을 태어나서 근접한 순서로 미시체계, 중간체계, 외체계, 거시체계, 시간체계 등 다섯 가지 체계로 구성하여 설명하고 있다. 생태학적 체계 모델은 [그림 2-11]과 같으며 생태학적 체계 구성은 〈표 2-11〉과 같다(김현호 외, 2017).

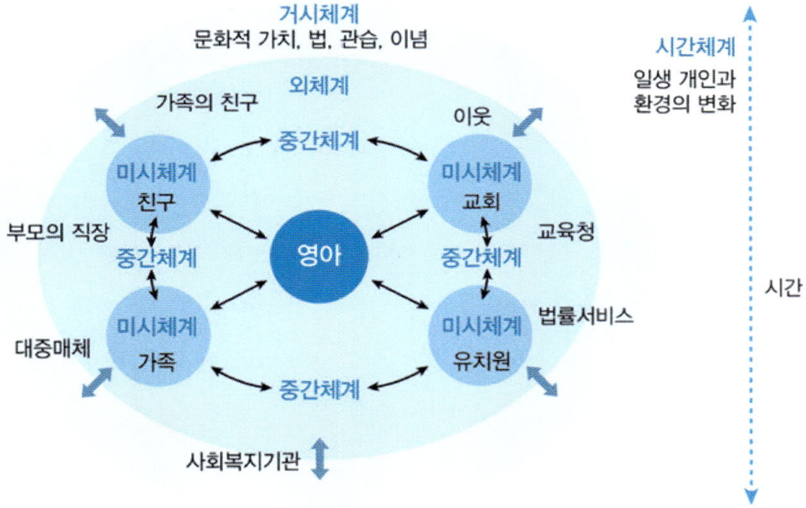

[그림 2-11] 생태학적 체계 모델

〈표 2-11〉 생태학적 체계 구성

① **미시체계:** 나를 둘러싸고 있는 환경 중에서 가장 내부에 있는 사회적 · 물리적 환경을 의미한다. 예를 들어 가족, 친구, 학교, 이웃, 교회 등이 포함된다.

② **중간체계:** 미시체계 환경 간의 상호관계를 의미한다. 예를 들어 부모나 교사와의 관계, 형제 및 자매관계, 이웃 및 친구와의 관계 등이 포함된다.

③ **외부체계:** 나와 직접 상호작용은 하지 않지만 미시체계에 영향을 미치는 사회적 환경을 의미한다. 예를 들어 부모의 직장, 부모의 친구조직망, 형제나 자매가 다니는 학교, 종교기관, 정부기관, 사회복지관, 대중매체, 교통 및 통신시설, 문화시설 등이 포함된다.

④ **거시체계:** 미시체계, 중간체계, 외부체계에 포함된 모든 요소뿐만 아니라 개개인이 생활하고 있는 문화적 환경까지 포함한 환경을 의미한다. 예를 들어 문화는 한 세대에서 다음 세대로 전수되는 행동유형, 신념, 관습 등을 의미하는데, 개인이 속해 있는 사회 · 문화적 배경에 따라 개인에 미치는 영향력은 다양한 형태로 나타날 수 있다는 환경이다.

⑤ **시간체계:** 최근 생태학적 관점에 포함된 체계로 전 생애에 걸쳐 일어나는 변화와 사회역사적인 환경을 의미한다. 예를 들어 가족제도의 변화, 결혼관의 변화, 조선시대의 생활관이나 현대사회의 생활관 등의 변화이다.

이러한 생태학적 체계이론 관점의 특징은 환경이 사람에게 영향을 미치고 반대로 사람이 환경에 영향을 미쳐 상호 순환적 영향을 미친다는 것이다. 즉 개개인의 행동 및 변화, 개인과 환경 간의 상호작용 등 인간의 기능에 대한 생태학적 체계 관점의 특성은 다음과 같다(김향선 외, 2015). ① 상황 속에서 인간의 다양한 변화 가능성을 제시한다. ② 한 인간으로 본인의 강점을 강조한다. ③ 현재 행동을 상황 속에서 개인의 안정적인 적합성으로 설명한다. ④ 역기능을 상황 속에서 적응적이거나 합리적인 것으로 개념화 한다. ⑤ 병리적 상태가 반영된 것이 문제라고 보지 않고 주위 사람, 사물, 장소, 조직, 정보 등을 포함하는 생태학적 체계의 여러 요인 간의 상호작용 부재로 문제가 발생한다고 보았다.

4) 생태학 이론

생태학 이론(ecological theory)은 유기체와 환경 간의 관계를 연구하는 생물과학으로 유기체와 환경이 역동적인 평형상태를 유지하면서 성장하는 과정에 관심을 두고 있는 이론이다. 이러한 생태학에서 유기체와 환경은 서로 분리할 수 없으며 상호작용하는 것으로 양자 간의 상호작용에 초점을 둔다. 생태학 이론을 사회에 적용할 경우

사회와 사회의 주변 환경 간의 상호작용, 상호 의존성, 상호 역동적 교류와 적응에 초점을 둔다. 주요 개념은 상호교류(transaction), 적합성(fitness), 적응(adaptation), 유능성(ability), 긴장(stress), 대처(coping) 등 여섯 가지로 설명할 수 있는데, 사회문제도 같은 맥락으로 분석할 수 있다. 예를 들어 인간이라는 유기체에 적용하면 인간과 주변의 사회 환경 간의 상호작용이나 상호의존성에 관심을 두고 분석한다. 즉 인간은 사회 환경에 적응하면 긴장을 하지 않을 것이며, 적응하지 못하면 긴장하게 되고 긴장을 해소하기 위한 대처능력이 필요하다는 관점으로 설명한다(이경은 외, 2016).

이러한 생태학 이론을 사회에 적용하면, 사회구성원들은 해당 사회 환경과의 상호교류와 생태체계로서 사회구성원들이 환경요소들과 끊임없이 상호교류하면서 적응 · 대처해 나가는 하나의 체계로 간주하면서 사회에 관련된 현상들을 설명할 수 있다. 즉 인구의 이동변화, 이민과 이주, 사회조직 및 사회계층의 구조적 변동, 성장의 역동성 등은 사회의 특정 현상을 설명하는 요소가 될 수 있다.

2.6 인본주의 이론

인본주의 이론은 각각의 개인이 세계를 경험하는 방식을 강조한다. 즉 개인이 자기 자신과 세계를 어떻게 지각하고 해석하는가에 따라 행동이 다르게 나타난다고 보았다. 인간은 내면적으로 자신의 삶을 책임지고 자신의 발달을 촉진시킬 수 있는 능력을 갖고 있다고 본다. 이러한 인본주의 이론은 인간본성이 중립이나 선한 것이며 나쁜 속성은 자아발달의 상처를 입힌 손상의 결과라고 보고, 삶 전체의 단계별 특징을 명확히 구분 짓지 않는다. 인간이 자기 자신과의 세계를 어떻게 지각하는가를 연구함으로써 인간의 본질에 대하여 많은 지식을 얻을 수 있고 심리현상의 설명이 가능하다고 본다. 또한 인본주의 이론은 인간과 동물이 구별되어 질적인 문제, 즉 인간의 자유의지와 자아실현을 추구하려는 인간의 기본적인 욕구를 강조한다. 인본주의의 대표적인 학자인 매슬로우(Maslow)와 로저스(Rogers)의 이론에 대해서 살펴본다.

1) 매슬로우의 이론

매슬로우(Maslow, 1908~1970)에 의하면, 인간은 개인적 발달을 위한 많은 잠재력을 지니고 있으며, 기본적으로 선하고, 자아실현을 위해 노력하는 존재라고 믿었다(김수희 외, 2007). 그의 많은 연구에서는 사람들이 동기화되는 요인과 가장 높은 수준의 욕구인 자아실현 욕구에 매우 많은 관심을 보이고 있다. 여기서 자이실현은 자신의 잠재된 능력이나 재능 등의 실현을 의미한다. 매슬로우는 자아실현을 연구하기 위해 가장 건전하고 창조적인 사람들의 생애와 경험을 면밀히 조사하였다. 연구결과, 일반적인 사람들에 비해 자아실현을 하는 사람들은 그들이 속한 사회로부터 어떤 독립성을 유지해 왔다는 점이다. 대부분의 사람들은 소속, 사랑, 존경 등의 욕구에 강하게 동기화된 나머지 다른 사람들로부터 용인 받지 못할 것이라는 생각을 갖는 것에 두려워했다. 이와 반대로 자아실현을 하는 사람들은 용인 받지 못하는 것에 두려워하지 않고 동조하는 것이 약했다. 이렇게 자아실현을 하는 사람들은 사회적 환경의 영향을 덜 받으며, 판에 박힌 듯 단조롭게 살아가는 경향이 적고, 보다 자발적이며 자유롭고 자연스럽게 살아간다는 것이다.

자아실현 동기는 그 사람들의 삶을 지배하기까지 5단계의 욕구단계를 거치는데, 하위 단계에 고착되면 다음 상위 단계로 진행하지 못한다고 하였다. 즉 하위 단계의 욕구가 만족되어야만 다음 상위 단계로 진행되면서 동기화된다고 하였다. 단계별 욕구에 대해서 살펴보면 다음과 같다.

① **생리적 욕구**: 신체 내 균형을 획득하기 위한 배고픔, 목마름, 배설, 수명, 성 등과 같은 기본적인 생리적 욕구이다.

② **안전의 욕구**: 법칙과 한계를 갖는 구조의 도움으로 공포 · 위험 · 고통으로부터 안정성을 추구하고, 무질서로부터 자유를 추구하는 욕구이다.

③ **사랑과 소속의 욕구**: 타인과 어울리고, 어떤 집단 안에 소속되어 사랑을 주고받고 싶어 하고, 타인에 의해 제공되는 애정과 친밀감 등을 추구하는 욕구이다.

④ **자아존중의 욕구**: 타인에 대하여 관심을 갖고 존중하며, 또한 타인으로부터 자신도 가치 있는 사람이라고 존중받고 싶어 하는 욕구이다.

⑤ **자아실현의 욕구**: 자신의 잠재력을 발휘시키기 위하여 자신의 강점과 제한점을 수용하며 독립적이고 자발적이 되고자 하는 욕구이다. 이러한 기본욕구 5단계 과정은 [그림 2-12]와 같다.

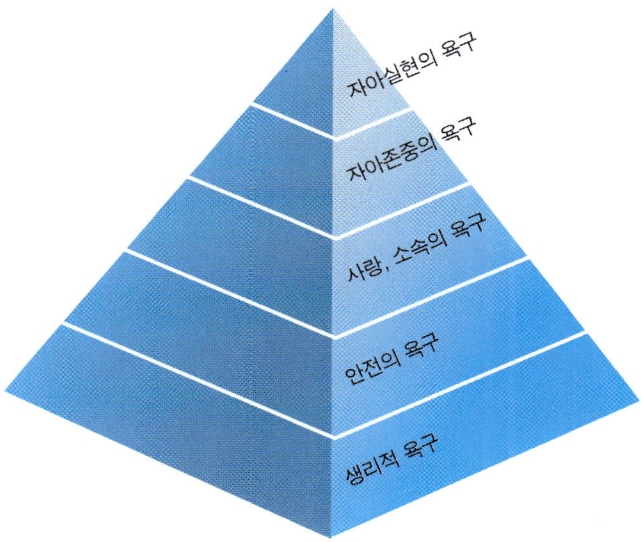

[그림 2-12] 매슬로우의 기본욕구 5단계

매슬로우의 기본욕구 5단계의 각 단계들은 기본적인 생리적 욕구를 충족시키고 난 후 다음 수준의 욕구를 만족시킨다. 즉 각각의 단계에서 만족되어야 다음 단계의 욕구가 생기며 가장 높은 단계인 자아실현 욕구 단계에 도달할 때까지 계속된다. 건전하게 발달하는 사람들은 항상 보다 더 자기 충족적인 단계로 나아가려고하는 욕구가 있다는 것이다.

2) 로저스의 이론

로저스(Rogers, 1902~1987)는 인간의 내적 경험과 자아실현을 강조하면서 '모든 유기체는 그 수준에 차이가 있지만 내적 가능성을 성취하기 위하여 부단히 노력하고 있다'라고 가정하고, 자아실현을 위해 노력하는 과정에서 개인의 성장이 이루어진다고 주장하였다. 로저스의 이론에서 중심이 되는 개념은 자아이다. 로저스는 자아를 행위자로서의 나, 대상물로서의 나, 나와 다른 사람, 나와 다른 세계와의 관계에 대해 일관성 있고 조직된 지각, 태도, 가치의 실체로 정의하였다. 이론적 관점에서 인간은 본래 자유로우며, 선한 존재이고, 낙관적이고, 긍정적이고, 자신의 행동에 책임을 지고, 합리적인 방향으로 지속적으로 성장해 나가는 미래 지향적인 존재라고 보았다. 또한 인간은 무한한 잠재 가능성이 있는 존재로 가정하므로 인간 연구에 관찰 가능한 행동에 제한하지 않고 느낌, 가치, 희망과 같은 인간의 본질도 고려하였다.

로저스는 인간에게 많은 욕구와 동기가 있지만 그런 욕구들은 기본 욕구의 일부분에 지나지 않는다고 하면서, 기본 욕구는 바로 자기를 유지하고 증진하며 실현하려는 욕구라고 하였다. 이러한 기본 욕구는 하나의 용어로 규정할 수 없지만 자기유지(self-maintenance), 자기향상(self-enhancement), 자기실현(self-actualization) 등이 모두 포함되는 것으로 이해해야 한다는 것이다. 따라서 로저스는 모든 인간이 자신을 유지하려는 경향과 성장잠재력을 선천적으로 지니고 태어난다고 보았으며, 성장과 자기향상을 위하여 끊임없이 노력하며 그 노력의 와중에서 부딪히게 되는 고통이나 성장 방해요인에 직면해 극복할 수 있는 성장 지향적 존재라고 하였다.

그래서 로저스의 인간중심 상담은 내담자 중심의 상담, 학생 중심의 학교, 환자 중심의 병원, 직원 중심의 회사 등 도움을 요청하는 내담자의 욕구 및 문제를 있는 그대로 인정하면서 완전한 기능을 하는 사람으로 다시 태어날 수 있도록 진실성과 무조건적인 긍정적 관심을 갖고 공감하며 인간중심의 상담이 이루어져야 한다. 따라서 진실성 · 성실성, 무조건적인 긍정적 관심, 정확한 공감적 이해를 통해 인간이 되어가는 존재로 인식하고 '완전한 기능을 하는 사람'으로 이끌어가야 한다는 것이다.

CHAPTER 03

청소년문화와 청소년세대의 특징

CHAPTER 03

청소년문화와 청소년세대의 특징

문화(culture)는 사회구성원들 간에 공유되고 인간이 사회 속에서 성장하면서 학습을 통해 습득되는데, 모든 영역에 걸쳐 전체적으로 영향을 미치며 정체되어 있지 않고 계속해서 변화하는 특성이 있다. 이러한 문화적 특성이 청소년기에 나타나거나 추구하는 것을 청소년문화라 한다. 또한 청소년을 문화나 세대에 따라 지칭하는 특징이 있다. 이러한 청소년문화와 청소년세대의 특징에 대해서 살펴본다.

3.1 청소년문화의 개념 및 특성

1) 청소년문화의 개념

문화(culture)의 어원은 라틴어 'cultus'에서 유해한 것으로 '경작하다', '양식하다', '재배하다' 등의 의미를 지니고 있다. 즉 문화는 자연 상태의 어떤 것에 인간적인 작용을 가하여, 그것을 변화시키고 새로운 것을 창조해낸 것이라고 할 수 있다. 15세기에는 곡물경작이나 가축사육을 의미하는 용어로 사용되었으나 19세기 말에는 인류학에서 발전된 문화의 개념에 영향을 받아 '특정 집단에 의해 공유되는 생활양식'을 의미하였다. 최근에는 문화의 상징적 측면이 강조되면서 의미체계를 생산하고 공유하는 과정을 의미하는 용어로 사용되고 있다(천정웅 외, 2017; 오윤선 외, 2020).

인류학자 타일러(Tylor)에 의하면, 문화는 지식, 신앙, 예술, 도덕, 법률, 풍습 등 사회구성원으로서 습득한 모든 능력과 습성의 복합적 총체라고 정의하였다(Tylor, 1958). 또한 구디나프(Goodenough)에 의하면, 문화는 사람의 행위나 구체적인 사물 그 자체가 아니라 사람들의 마음속에 있는 모델이며, 그 구체적인 현상으로부터 추출된 하나의 추상으로 집단구성원들이 사회적인 삶을 살아가기 위해 알아야 하는 지식체계라고 하였다(Goodenough, 1970). 이와 같이 문화는 자연 그대로의 것이 아니라 인간의 작용에 의해 변화되거나 창조, 전수되는 우리들 삶의 전체를 집약한 것으로서 삶을 전체적으로 볼 수 있는 통찰력이나 의식·태도, 특정 집단에 의해 공유되는 생활양식이라고 할 수 있다(권이종 외, 2014).

이러한 관점에 따라 청소년문화는 청소년들이 자신의 자아정체성을 성취하는 과정에서 그들의 당면한 발달과업을 성취하는 동시에 적응적 사회구성원으로 발전하기 위해 그들에게 적합한 지침으로 인식되고 공유되는 규범, 가치, 태도, 행동 등을 나타내는 생활양식의 총체라고 할 수 있다(오윤선, 2020). 박진규에 의하면, 청소년문화란 청소년이 십대 중반에서 이십대 초반을 지나면서 서로가 비슷한 공감대를 형성하여 일상생활에서 공통으로 나타내 보이는 그들 나름의 특징적 가치관(시간관, 직업관, 사회적 태도), 말투, 몸짓, 여가시간 보내기, 음식취향, 친구관계 등을 의미한다고 하였다(박진규, 2015). 또한 권이종에 의하면, 청소년문화는 청소년들이 처한 전환기적 또는 과도기적인 상황하에서 청소년의 자아 정립과 관련된 불안과 혼동, 동요를 동료집단에서 귀속의식을 통한 안정감 등을 토대로 보상적으로 회복하고자 하는 노력의 결정이라고 하였다(권이종, 2006).

이러한 청소년문화는 한 사회 내에서 청소년이라는 연령층을 구성하는 사회집단이 소유하고 있는 문화로서 그 사회의 주도문화를 공유하면서도 그 나름대로의 독특한 유형을 나타낸다(권두승 외, 1998; 오윤선 외, 2020). 따라서 청소년문화의 개념은 시대와 사회현상에 따라 다른 함의를 내포하고 있고 학문분야와 학자들에 따라 다양한 의미로 사용되고 있기 때문에 단일개념으로 정의하기는 쉽지 않다. 사회적 범주로써 청소년문화는 청소년기에 특징짓는 유행이나 취향에 있어서 독특하고 음악이나 의복에 민감하게 대응하는 것이다. 또한 가족보다는 친구나 동료집단을 통해 문화가 형성되고 노동보다는 여가를 중시하는 태드를 취한다.

2) 청소년문화의 특성(속성)

문화는 인간생활의 본질이며 인간의 삶이 향상될 수 있도록 많은 도움을 준다. 이러한 문화의 특성(속성)은 다음과 같다(성열준 외, 2016).

① **창조성**: 문화는 내용이 다양하더라도 모두 인간의 삶 속에서 스스로 만든 인위적인 창조물이다. 즉 자연이 사람에게 제공해 주는 혜택이 아니라 사람들 스스로가

만들어 낸 고안물이다.

② **학습성 및 후천성**: 문화는 인간이 사회에서 태어나 다른 사람과 상호작용하면서 그 사회의 문화를 유전적으로 타고난 것이 아니라 후천적으로 사회생활을 통해 사회화(socialization) 과정을 통해 학습한다.

③ **누적성**: 문화는 내용에 있어서 다양한 상징적 수단을 통해 세대나 시대에 따라 계속적으로 누적되어 전통과 관습을 만든다.

④ **공유성**: 문화는 특정 집단이나 사회구성원들이 동시대의 문화를 공유하여 느끼고, 행동하고, 표현하며 유사한 생활습관을 만들어 간다.

⑤ **다양성 및 보편성**: 문화는 국가별, 지역별, 부족별, 개인별로 여러 유형의 다양성이 있으며, 문명사회나 비문명사회 모두에게 문화가 존재하여 사회구성원들에게 영향을 미치는 보편성이 있다.

⑥ **가변성**: 문화는 사회적 환경 기반에 따라 기존문화에서 새로운 문화로 추가되거나 변동되는 가변성이 있다.

⑦ **체계성**: 문화는 그 자체로 존재하는 것이 아니라 사회구성원들과 서로 관계를 맺고 하나의 종합적인 체계 속에서 조화를 이룬다.

현대사회의 청소년들은 역사와 전통의 틀에서 벗어나 생각이나 행동이 자유롭다. 즉 부모나 주변 환경의 강요에 의한 선택보다는 스스로 선택하는 자유로움을 추구한다. 또한 SNS(Social Network Services, 소셜네트워크서비스; 페이스북 · 트위터 · 인스타그램 · 카카오스토리) 발달로 낯선 사람들과 가상공간에서 인간관계를 형성하는 경우가 많다. 즉 성별, 나이, 인종을 초월하여 친구를 사귀고, 시간과 공간을 뛰어넘어 자신의 경험, 지식 등을 소통하고 공유하며 즐거움을 느낀다. 청소년기에 나타나는 청소년문화도 문화적 특성과 같은 맥락으로 볼 수 있다. 청소년문화의 특성을 살펴보면 다음과 같다(성열준 외, 2016; 홍봉성 외, 2007).

① 청소년문화는 기본적으로 학교의 영역과 밀접하게 관련된다. 즉 학생 신분의 청소년들은 생활기간의 가장 많은 부분을 학교와 학원 등에서 학업 중심의 삶이며 학업의 성취를 가장 중요한 목표로 강요받고 있는 학업문화라고 할 수 있다.

② 청소년문화는 대중문화에 대한 의존성이 크다. 대중문화는 청소년을 둘러싸고 있는 가장 중요한 문화 환경이며 청소년들이 스스로의 정체성을 형성하고 표현하는 수단이 된다.

③ 청소년은 단순히 문화소비자로 존재하지 않고 문화생산자로 존재한다. 청소년들은 값비싼 브랜드의 옷 · 가방 · 신발 · 모자 등을 패션문화로 소비도 하지만 대중음악, 영상 및 만화 제작 등 다양한 영역에 전문적인 실력을 겸비하여 생산 활동에도 참여하고 있다. 즉 청소년에게 문화는 소비와 수용의 대상이 아닌 생산과 참여의 대상이 된 것이다.

④ 청소년세대의 힘은 그들이 창조하는 새로운 문화에서 나온다. 정보통신의 발달로 문화 · 지식의 축적과 생산이 있어서 연소자세대와 연장자세대의 지위와 역할, 그 상호관계가 역전되는 현상이 있다. 지식정보사회로 표현되는 현대사회에 있어 젊은 세대는 연장자세대에 의해 축적된 문화 · 지식을 단순히 전수하는 것이 아니라 오히려 많은 측면에서 새로운 것을 창출하고 전달하는 역할을 한다.

또한 정하성 등은 청소년문화의 일반적 특성을 다음과 같다고 하였다(정하성 외, 2010; 천정웅 외, 2017).

① 청소년문화는 다양성이 증가하고 있다는 것이다. 청소년들의 행동은 보다 다양해진 특성을 보이고 있다. 즉 놀이, 언어, 휴대폰 등 획일적인 특성도 있지만 음악, 댄스, 영화 등과 같이 여가 활동의 장르가 다양해지고 있다. 또한 미래에 대한 직업관이나 아르바이트도 매우 다양해지고 있으며, 선호도도 과거와는 다른 양상을 보이고 있다. 사회적 행위규범의 틀이 넓어지고 문화교류와 소비패턴이 급속

하게 확산되어 다양화되고 있다는 것이다.

② 청소년문화는 물질주의 경향이 강하다는 것이다. 청소년들은 자본주의 본질에 충실하며 개인주의에 근거한 물질만능주의 사상을 보이고 있다. 최근 들어 소비계층으로 청소년들이 차지하는 비중이 날로 높아가면서 그들의 가치는 물질을 중시하는 형태를 보이고 있다.

③ 청소년문화는 문화감수성이 긍정적으로 발달한다는 것이다. 청소년들은 그들의 동아리활동을 통한 새로운 문화 창조와 발전을 위해 노력하고 있다. 새로운 문화에 대한 접근과 관심의 증대는 감수성이 예민한 청소년기에 창조적인 영역으로 각광받고 있는데, 만화나 소설을 비롯한 여러 장르가 10대 청소년에 의해 개발되고 있다.

④ 청소년문화는 자유분방한 성의식을 갖고 있다는 것이다. 청소년들의 성의식과 행위의 자유분방함이 점차 보편화되고 있다. 청소년들의 성에 의식은 쾌락을 즐기면서 개인의 욕망을 충족시키기 위한 도구로 인식되고 있는데, 인터넷을 비롯한 대중매체를 통한 청소년의 성적 간접경험이 청소년의 성의식에 영향을 준 결과이다.

⑤ 청소년문화는 현실만족주의의 경향이 강하다는 것이다. 청소년들은 자신에 대한 개성적인 표현을 적극적이고 진솔하게 한다. 청소년들의 행동양태는 현실의 즐거움과 행복을 추구하려는 경향이 강하고 여가를 즐기며 하고 싶은 일을 하려고 한다. 예를 들어 기성세대가 놀라는 획기적인 패션은 청소년들의 강한 자기표현으로 볼 수 있다.

3.2 청소년문화의 구성요소와 유형 및 기능

1) 청소년문화의 구성요소

문화는 다양한 요소로 구성되어 있지만 일반적으로 기술적 · 제도적 · 관념적 요소 3가지로 분류할 수 있다(오윤선 외, 2020).

① **기술적 요소**: 사람이 환경에 적응하기 위해 만들고 사용한 물질의 모든 것을 의미한다. 즉 자연 상태의 어떤 것에 인간적인 작용을 가한 것으로 인간이 더 나은 삶을 위해 사용한 모든 도구가 기술적 요소가 된다. 예를 들어 '손편지 문화'에 사용되는 편지지와 펜 등과 '인터넷 카톡문화'에 사용되는 스마트 폰 등이 도구로서 기술적 요소이다.

② **제도적 요소**: 사회를 구성하여 살아가는 사람들은 자신의 안위나 사회적 안위를 위해 만든 사회적 규칙, 규범, 윤리 등을 의미한다. 즉 사회질서 유지를 위해 만든 행동양식의 절차나 과정은 제도적 요소가 된다. 예를 들어, 사회적 약자인 장애인들의 집단행동으로 「장애인활동 지원에 관한 법률」 제정 등은 제도적 요소가 된다.

③ **관념적 요소**: 사람이 자기 자신이나 자연, 사회 등에 갖는 지식, 신념, 가치 및 태도 등을 의미한다. 관념적 요소는 사람이 인간다운 삶을 살아가는 데 있어서 정신적인 것으로 가장 중요한 요소이다.

또한 인류학자들은 문화의 구성요소를 다양한 음악의 연주 목록에 비유하여 '문화 레퍼토리(culture repertory)'라 부르기도 한다. 즉 사람들은 연주할 때 연주곡 목록처럼 문화 레퍼토리에 의해서 사고하고 행동하게 된다는 것이다. 이러한 요소들은 다음과 같다(성열준 외, 2016).

① **가치**: 옳고 그름, 선과 악 등의 문제에 대해 사람들이 가지고 있는 평가기준이나 신념체계로 행동을 지배하는 감정체계이다. 이러한 가치는 사회의 다양한 문화현상에 영향을 미치고, 사회집단의 성격은 그 구성원들의 공유된 가치에 의해 규정된다.

② **상징**: 무엇을 나타내는 대상물이나 몸짓, 소리, 색깔 등을 의미하며 문화를 구성하는 매개역할을 하는데 의미부여가 중요하다. 청소년들이 즐겨 입는 패션이나 놀이, 힙합댄스 등은 문화의 상징적 표시에 속한다.

③ **언어**: 생각이나 느낌을 나타내거나 전달하는 음성, 문자, 몸짓 등의 수단이다. 이러한 언어는 표준화된 의미를 지닌 발음 및 문자 형식으로 구조화된 체계로서 문화를 기록하거나 후세에 전달하는 데 중요한 역할을 한다. 청소년들은 언어를 통해 그들의 생각과 행동에 영향을 미치는 관념화 기능을 수행한다.

④ **규범**: 한 사회의 구성원들이 공유하는 행위의 기준이나 규칙이다. 규범에 따라 청소년들은 특정한 상황에서 해야 할 행위나 해서는 안 될 행위를 제시받을 뿐만 아니라 상대방이 나의 말과 행동에 대해 어떻게 반응할 것인지를 예견할 수도 있다. 가치가 추상적인 수준에서 행동의 방향을 설정해 준다면 규범은 행동의 구체적인 지침을 제공해 준다. 따라서 규범은 고도의 사회성을 갖게 된다.

⑤ **기술**: 과학적 이론을 적용하여 자연(대상)을 사람의 삶에 유용하도록 변화시키는 방법이다. 이러한 기술은 발명의 영역에서 새로운 문화 창조에 기여할 수 있지만 문명의 파괴와 집단의 비합리적인 지배에도 사용될 수 있다.

⑥ **예술**: 미적 작품을 형성시키는 사람들의 창조적 활동으로 예술행위를 통해 문화가 창조된다. 사람들은 자신들의 생활을 음악이나 그림, 몸짓 등 다양한 예술 활동을 통해 표현하므로 예술적 창작물에는 그들의 문화가 반영된다.

⑦ **이데올로기(ideology)**: 사회를 구성하는 조직인의 구체적인 체계를 지원하는 공

론의 이념이나 가치로 사람의 사고(思考) 특성이다. 자본주의나 사회주의 등에 대한 확고한 신념체계는 일상생활에서 행동의 준거가 되는 이데올로기 사상(思想)이다.

2) 청소년문화의 유형

문화는 기준에 따라 다양하게 분류할 수 있으나 크게 주류문화와 하위문화, 물질문화와 비물질문화, 표현문화와 내재문화, 이상문화와 실재문화로 분류할 수 있다. 각각의 내용은 다음과 같다(오윤선 외, 2020; 천정웅 외, 2017).

① **주류문화와 하위문화**: 주류문화는 지배문화라고도 하며 사회적으로 영향력이 있는 집단에 의해 향유(享有)되는 문화이다. 반면 하위문화는 사회의 특수집단이나 영역에 한정하여 특징적으로 나타나는 문화이다. 하위문화는 연령, 계층, 직업, 지역, 이념 등에 따라 하위문화가 형성될 수 있는데, 이러한 하위문화는 집단의 정체성을 알려주는 문화로 삶의 양식이 된다.

② **물질문화와 비물질문화**: 물질문화는 우리가 삶에 필요한 물질적인(주택, 음식, 의복 등) 도구나 도구를 만드는 기술이다. 반면 비물질문화는 물질적이지 않은 정신적 산물이나 행동을 제시해 주는 문화이다. 예를 들어, 물질문화인 정보통신기술의 발달로 비물질문화인 개인정보보호와 악성 댓글 방지를 위한 법이 제정되거나 비물질문화인 음악의 발달로 물질문화인 공연장을 만들게 된다. 이렇듯이 물질문화와 비물질문화는 서로 끊임없이 영향을 주고받는다.

③ **표현문화와 내재문화**: 표현문화는 연령이나 지역에 따라 독특한 복장, 머리 형태와 같이 관찰 가능한 형태로 표현하는 문화이다. 반면 내재문화는 독특한 복장이나 머리 형태에 부여되는 의미나 가치와 같이 직접적으로 관찰이 불가능한 문화이다.

④ **이상문화와 실재문화**: 이상문화는 민족이나 연령대에 따라 이상적으로 바라는 전통이나 이념의 문화이다. 반면 실재문화는 현실에서 드러나는 양상으로 일상생활에서 행하는 문화이다. 예를 들어 어른을 공경하기, 예의를 지키기, 효도를 실천하기 등은 이상문화라면 나이 어린 사람이 어른을 공경하지 않는 모습, 예의를 지키지 않는 모습, 효도를 하지 않는 모습 등은 실재문화이다.

이러한 분류에서 보면 청소년문화는 청소년들만의 영역(연령)에 해당하는 하위문화라고 볼 수 있지만, 오늘날 우리 사회는 청소년문화가 하위문화적 성격을 벗어나서 주류문화로 진입하려는 문화적 현상이 나타나고 있다. 또한 청소년문화는 물질문화와 비물질문화, 표현문화와 내재문화, 이상문화와 실재문화 등 다양한 형태로 존재한다. 이러한 문화의 분류에 따라 청소년문화를 분류한 국내 학자들의 유형은 〈표 3-1〉과 같다. 유형에 따른 각각의 내용에 대해서는 다음 장부터 자세히 살펴본다.

〈표 3-1〉 국내 학자들에 따른 청소년문화 유형

학자	유형	유형 수
권이종 외 (2010)	소비문화, 사이버문화, 성문화, 단체문화, 여가문화와 언어문화, 음악문화와 의상문화, 춤문화와 또래문화, 세계화와 한국 청소년문화, 새터민 청소년과 문화	9
박진규 (2010)	학교, 대중매체, 영상매체, 친구집단 형성과 인간관계, 가상현실, 문제행동 · 청소년의 또 다른 삶, 청소년의 언어, 춤과 패션, 성, 스타문화	10
성열준 (2011)	여가문화, 성문화, 의복문화, 음식문화, 인터넷과 게임문화, 휴대폰 모바일문화, 학습(학교)문화, 다문화, 팬클럽문화	9
정하성 외 (2010)	대중문화, 사이버문화, 성문화, 소비문화, 여가문화, 의복문화, 또래문화, 학교문화, 다문화 청소년	9
김윤나 (2013)	학교문화, 여가문화, 또래문화, 모바일(휴대폰)문화, 사이버(인터넷, 게임)문화, 언어 · 옷 · 음식문화, 음악 · 예술 · 팬클럽 · 춤문화, 소비문화, 성문화	9

3) 청소년문화의 기능

청소년문화의 기능은 일반적인 문화의 기능과 같은 맥락에서 알아볼 수 있다. 문화를 형성하는 주체는 특정 사회집단이지만 만들어진 문화는 하나의 실체로 존재하면서 각각의 구성원들에게 일정한 영향력을 행사한다. 이러한 문화의 기능은 다음과 같다(오윤선 외, 2020).

① 문화는 사회구성원들의 욕구를 충족시키는 기능을 한다. 사람들은 문화를 통해 스스로가 특정 집단에 속해 있음을 확인할 수 있으며 소속감과 더불어 다양한 욕구를 충족하는 활동을 전개한다.

② 문화는 사람들에게 사회화 과정을 촉진하는 촉매제 기능을 한다. 사람들은 문화 활동을 통해 사회구성원으로서 개개인에 부과되는 역할과 지위를 갖게 되고 그로부터 사회적 책임과 권한을 갖게 된다.

③ 문화는 사회구성원들의 행동에 준거 틀을 제시하는 기능을 한다. 사회구성원들은 문화를 통해 자신의 행동이 옳은가 그른가를 판단할 수 있다. 즉 문화적 준거 틀은 개인을 사회구성원으로 인정하거나 인정하지 않음으로써 지지나 제재를 가하게 된다.

④ 문화는 사회변화의 운동력이 된다. 세대 간 갈등에서 알 수 있듯이 세대 간의 차이는 새로운 형태의 사회적 변화를 이루어낸다.

이렇듯이 문화는 사회구성원들의 생활양식, 사고방식, 행동양식, 심미적 취향, 식생활, 패션 등 모든 분야에서 결정하는 힘을 지니고 있으며, 개인의 총체적인 삶의 방향에 영향을 미친다는 점에서 문화의 기능이 중요하다. 또한 청소년문화도 문화의 기능처럼 같은 맥락에서 청소년들에게 중요한 기능을 한다.

3.3 청소년세대의 특징과 지칭

세대를 구분하는 사회과학적 관심과 관점은 시대나 학자들에 따라 다양하다. 한국의 경우 사회의 다양한 출생동시 집단들이 공유하는 역사적 사건, 행동방식, 의식 특성을 고려한 인생주기상 발달단계 등을 고려하여 여섯 단계로 구분하였는데, 세대별 인생주기와 연령집단에 따른 발달과업은 〈표 3-2〉와 같다(성열준 외, 2016; 황상민 외, 2004).

〈표 3-2〉 세대별 인생주기와 연령집단에 따른 발달과업

세대계열	현재 연령대	출생년도	청소년기	발달과업
해방 전후 복구세대	60대 이상	1925 ~1934	1948 ~1954	성인 후기: 일생에 대한 정리, 사회적 고립에 의한 우울·경직성 증가, 친숙한 것에 대한 애착 증가, 유산을 남기려는 영향 증가
근대화세대	50대	1940 ~1949	1959 ~1969	중년 절정기: 조용한 마음으로 대상의 본질을 보며 내적인 탐색의 시기, 은퇴, 성역할에서 벗어나기 시작
경제부흥기세대	40대	1950 ~1959	1969 ~1975	중년기: 중년위기를 거쳐 적합하고 새로운 삶을 모색해서 안정 찾기, 후배 양성·지도, 전문지식과 자기이해에 있어 성숙
민주화세대 (386세대)	30대	1960 ~1969	1979 ~1989	성인 초기와 안정기: 경제적 안정과 직업적 성공을 위해 책임감을 갖고 최선을 다함, 자신에 대한 투자, 스스로 성취, 자녀양육
자율화세대 (X세대)	20대	1970 ~1979	1989 ~1999	성인 입문기: 이상, 꿈, 에너지, 희망, 자신에 대한 비전, 일을 준비, 친밀감 형성, 최초의 인생 구조 창조
신인류세대 (N세대)	10대	1980 ~1990	1998 ~2010	청소년기: 부모로부터 심리적 독립 시도, 자아정체감 형성, 또래의 영향을 받음, 자아중심적 성향

1) 청소년세대의 특징

황상민 등은 청소년세대의 특징을 정보화세대, 소비세대, 영상세대, 자기표현세대, 게임세대, 퓨전세대 등의 관점으로 설명하고 있다(성열준 외, 2016; 황상민 외, 2004).

① **정보화세대**: 현재의 한국사회는 정보의 홍수 속에서 정보통신 기기의 발달로 정보화시대에 살고 있다. 청소년은 새로운 정보통신기술의 작동원리를 잘 이해할 뿐만 아니라 실제로 정보통신기기를 어떻게 동작시키고 자신의 관심을 충족시키며 생활에 활용하고 있다.

② **소비세대**: 한국의 청소년집단은 1960년대 고도 성장기를 거치면서 이루어진 경제적 축적의 혜택을 받아 1990년대 '서태지와 아이들'이 등장하면서 청소년 소비문화를 형성했다. 새로운 소비계층이면서 상대적으로 막강한 구매력을 갖춘 청소년세대는 소비재산업과 문화산업의 집중적인 판매 대상으로 부각되었다. 청소년 소비자들은 감각지향적인 소비를 하고, 품질이나 가격보다는 광고 이미지를 많이 고려하고, 유행과 패션을 중요시하며 소비하고 있다. 또한 과소비를 통해 브랜드 상품을 선호하고 또래의 주장에 따르거나 보조를 맞추는 동조소비 성향이 강하다. 그러므로 최근에 등장한 새로운 문화산업은 청소년을 겨냥한 판매 전략으로 패션사업, 체육산업, 영상산업, 외식산업, 통신산업, 게임산업 등의 산업이 각광받고 있다.

③ **영상세대**: 1990년대 접어들면서 청소년집단은 어린 시절부터 일상생활에 컬러 TV와 비디오, 전자게임, 컴퓨터 등의 새로운 영상매체에 익숙해 있다. 그러므로 청소년은 이전 세대에 비해 상대적으로 논리성이 약한 대신 감각적이고 감성적인 성향을 가지고 있음을 의미한다. 기존의 비디오와 오디오에 더하여 컴퓨터도 멀티미디어화되고 네트워크화되어 영상세대를 위한 다양한 시각적 자료의 출처를 제공한다. TV가 일방적인 볼거리만을 제공해 주었던 것에 비해 인터넷은 청소년

이 원하는 볼거리를 스스로 선택할 수 있도록 해 줌으로써 그들의 대표적인 활동 공간으로 부상했다.

④ **자기표현세대**: 현대의 청소년세대는 자아표현 욕구로 충만한 세대라고 할 수 있다. 자아표현 욕구는 개인주의 확산과 더불어 자신의 정체성을 적극적으로 확인하고 표출하며 타인으로부터 인정받고 싶은 욕구이다. 청소년세대는 인터넷을 통해 자신을 표현하고 자신의 목소리에 대한 피드백을 받는 커뮤니케이션 활동에 적극적이다. 인터넷을 통해 자신의 문화적 취향을 드러내고 자기표현의 욕구를 충족시키며 다른 사람과의 상호작용을 즐기며 촉진시킨다.

⑤ **게임세대**: 현대의 게임은 단지 컴퓨터와 디지털 기술발전의 산물만을 의미하는 것이 아니라 문화와 산업의 중요한 영역으로 현대사회의 신산업 동력으로 성장하여 꾸준히 발전하고 있다. 특히 청소년의 게임 욕구와 수요는 나날이 증가하고 있다. 선진국에 비해 다양한 야외활동을 즐길 수 있는 시설이나 여건이 갖추어져 있지 못하기 때문에 한국사회에 개별 가정이나 PC방 등을 근거지로 한 디지털 게임은 청소년집단을 중심으로 급속히 확산되는 추세이다.

⑥ **퓨전세대**: 현대사회 청소년은 그래픽, 소리, 동영상 등의 시청각적 이미지를 통해 즉시에 정보를 파악하는 감각세대이다. 한국의 청소년은 밀폐된 공간에 갇혀 단순히 컴퓨터 하나로 인터넷을 통해 국·내외 세상과 소통하는 10대의 이미지를 뛰어넘고 있다. 이러한 점에서 청소년세대는 감성으로 통하고 몸으로 말한다는 일종의 퓨전세대라고 할 수 있다. 최근 문화뿐만 아니라 사회 전반에 불고 있는 퓨전(fusion) 현상은 라틴어의 '퓨즈(fuse, 섞다)'에서 유래한 말로, 어원적으로는 '이질적인 것들의 뒤섞임, 조합, 조화'를 의미한다. 퓨전은 예술의 각 장르들이 기존의 자신의 고유함을 해체하고 다른 것과 합쳐지면서 대안을 모색하는 예술의 한 경향이다. 따라서 퓨전문화에서는 일상의 고정 관념이나 틀은 과감히 제거되고 새로운 어울림의 문화가 나타난다.

하지만 퓨전 현상이 기존의 문화 장르를 배격하거나 완전히 해체하자는 의미는 아니다. 오히려 각각의 문화가 조화를 이루면서 발전해 나가는 것을 기본 바탕으로 하며, 중심적인 트렌드로 자리 잡고 있는 세기말적인 의식과 전 세계가 공동체라는 의식이 함께 하면서 표현된 미래 지향적인 문화 현상이라고 볼 수 있다. 대중문화의 획일성에 식상해 있는 현대인들의 감성을 자극하여 크게 유행되고 있는 추세이다. 이에 따라 동 · 서양의 공간이나 과거와 현재의 시간 벽을 넘어서 퓨전 현상이 나타나고 있으며, 영역적으로도 예술뿐 아니라 요리 · 패션 · 영화 · 인테리어 등 우리의 일상생활에서 일반화되고 있다. 개성과 다양성이 존중되고 모방이 아니라 창조가 이루어지는 새로운 영역이 되고 있다.

2) 청소년세대의 지칭

한국에서 청소년세대를 명명하는 방식과 그들의 문화를 해석하는 방식은 시대적 상황이나 연구자들의 입장에 따라 다양하지만 다음과 같은 지칭에 대해서 살펴본다(성열준 외, 2016).

① **신세대로서의 청소년**: 청소년세대는 1980년대의 물질적 풍요 속에 자라나 각종 개인화 장비를 갖추고서 기성 권위와는 아주 자연스럽게 결별한 젊은 세대로 이해되었다. 당시는 사회주의권 몰락과 함께 학생운동권이 종교적 권위를 잃고 몰락을 거듭하는 시기였기 때문에 신세대론은 세대 담론의 강자로 부상할 수 있었다.

② **X세대로서의 청소년**: 신세대에 이어 등장한 X세대는 원래 캐나다 작가 더글러스 쿠플랑(Douglas Coupland)의 소설 〈제너레이션 X〉에서 유래되었다. 이 소설은 세 명의 20대 젊은 사람이 일상생활 속에서 겪는 좌절과 고민, 먹고, 자고, 적응하

기 위해서 행하는 모습을 비교적 음울하고 비관적이며 암담한 색조로 묘사했다. 한국의 경우에는 1993년 11월 광고회사인 동방기획의 태평양 '트윈엑스' 광고에서 X세대라는 용어가 처음으로 선을 보였다(성열준 외, 2016; 전인수 외, 1996).

③ **Y세대로서의 청소년**: Y세대는 베이비붐세대의 자녀들로서 밀레니엄세대 또는 디지털세대로 불리며 보험회사 프루덴셜사가 처음 사용한 것으로 알려져 있다. 한국의 경우 Y세대는 경제적으로 성장과 분배 사이의 균형에 관심을 가지며 세계화, 정보화에 앞선 세대로 간주된다(김우성 외, 2007; 성열준 외, 2016).

④ **N세대로서의 청소년**: 컴퓨터와 정보통신의 발전 속에서 성장한 N세대는 X세대와 Y세대의 특성과 공통된 감성 및 문화를 나누면서 이미 유아 시절부터 즐거운 영상, 인터넷, 게임, 휴대폰 등을 삶의 필수요소로 생각한다. 한국에서 N세대에 관한 논의는 X세대나 Y세대처럼 기업들의 마케팅 전략 및 미디어 이벤트 차원에서 발원한 것으로 추정된다. N세대라는 말이 나올 당시 '스무 살의 자유 TTL', 'n016', 'T22N' 등 10대 고객발굴에 사활을 걸고 있던 이동전화업체들은 경쟁적으로 TV와 신문을 도배했고, 브랜드 네임까지 바꾸는 수고를 감수하며 온통 주위를 N자로 물들였다. 인터넷 상거래와 패션타운 등도 청소년층을 겨냥한 N세대 마케팅을 펼쳤다(성열준 외, 2016).

CHAPTER 04

청소년의 또래 · 친구문화

CHAPTER 04

청소년의 또래·친구문화

사람은 누군가와 늘 더불어 삶을 살아간다. 삶에서 좋은 또래 · 친구만큼 소중한 것도 없다. 삶에서 수많은 사람들을 접하게 되는데 만나는 대부분의 사람과 모두 친밀한 관계를 맺지는 못하는 게 일반적이다. 그러나 소수의 사람들과 잦은 만남을 통해 친밀한 관계를 맺게 되고 서로를 잘 알게 되어 또래 · 친구가 된다. 성장해 가면서 가족보다 더 많은 시간을 함께 보내는 또래 · 친구는 때론 경쟁의 대상이기보다는 중요한 존재이다. 따라서 청소년기에 중요한 발달과업 중 하나는 그들의 삶에 중요한 타인인 또래 · 친구와 친밀한 관계를 형성하는 것이다. 청소년들은 또래 · 친구와의 놀이나 공동의 상호작용 관계를 경험하면서 지식을 습득하고, 타인과의 관계 형성에 기초가 되는 사회성이 발달한다. 이러한 청소년의 또래 · 친구문화에 대해서 살펴본다.

4.1 또래 · 친구의 개념과 역할 및 기능

1) 또래의 개념

인간은 태어나서 부모와 많은 시간을 보내지만 신체적 성장과 발달이 이루어지면서 사회성이 발달하여 또래와의 상호작용이 많아지게 된다. 또래의 개념은 사회적으로 동등한 지위에 있는 사람들을 의미한다(유효순, 2007). 또한 나이는 조금 다르지만 공통의 관심이나 목표를 추구하면서 서로의 능력이나 요구에 서로의 행동을 맞춰 유사한 행동수준에서 상호작용하는 사람들을 지칭한다. 인간관계에서 또래관계는 평등한 관계로 서로의 경험을 통하여 협동, 경쟁, 타협 등을 배우므로 사회성발달에 기여하게 된다.

넓은 의미에서 또래는 특정한 장소에서 동일한 행동(비슷한 사업, 취미, 사상 등)을 함께하는 비교적 낯선 사람들의 집단을 가리킬 때도 있다. 또래집단 구성원들은 상호작용 속에서 다른 집단과 구별되는 또래집단 특유의 문화를 형성하기도 하는데 이를 또래문화라 한다. 또래문화(peer culture)는 또래집단 내에서 공통의 활동이나 가치, 관심, 태도 등을 공유함으로써 그 정체성을 형성한다. 또래문화는 어느 사회나 계층에서도 존재하는 문화이지만 청소년기에는 인간의 생애주기에 있어 또래의 영향력을 가장 많이 받는 시기이다.

2) 친구와 우정의 개념

'친구란 무엇인가?', '어떤 사람을 친구라고 하는가?' 친구의 사전적 정의는 친할 친

(親)에 옛 구(舊)로, '오래두고 가깝게 사귄 벗'이다. 친구의 우리말인 '벗'은 '비슷한 또래로서 서로 친하게 사귀는 사람'이나 '뜻을 같이 하는 사람'이라고 정의된다. 이렇게 친구 간에 나누는 정을 우정이라고 한다. 또한 심리학에서는 친구를 애정이나 관심, 흥미, 정보 등을 공유하면서 타인과 접촉을 유지하는 관계이며 독특한 애착이나 친밀관계를 유지하는 관계라고 하였다(임혜경 외, 2012; Hartup, 1983). 우정관계의 주된 특징은 긍정적인 감정적 관계와 기대, 상호신뢰감 등을 들 수 있는데, 즉 ① 함께 있으면 즐겁다, ② 있는 그대로 받아들인다, ③ 서로 깊게 신뢰한다, ④ 서로 존중한다, ⑤ 서로 도와주고 믿을 수 있다, ⑥ 서로 비밀이 없다, ⑦ 서로 이해할 수 있다, ⑧ 있는 그대로 내보일 수 있다 등을 들 수 있다(김혜숙 외, 2011; 유수현 외, 2009; Davis & Todd, 1985). 이러한 특징은 부부관계나 이성관계에서도 공통적으로 나타나는데, 조선화 등은 우정관계가 다른 대인관계(부부, 이성)와 구분되는 특징을 다음과 같이 구분하였다(임혜경 외, 2012; 조선화 외, 2007).

① 친구관계는 자발적이며 상호의존적이다. 친구들은 서로 동반자를 자발적으로 찾는 사람들로서 강한 사회적 압력이 없이도 근접성을 추구하는 사람들이며, 친구들 간의 상호의존적인 주목적은 수단이기보다는 사회정서적인 것이고, 상호작용 자체에서 만족을 얻게 된다.

② 친구관계는 즐거움이 특징이다. 같이 모여 놀이를 하거나 공통의 관심사를 보이며 상호작용 속에서 즐거움을 찾게 된다.

③ 친구관계는 가장 순수한 지향적 관계이다. 친구관계에서도 사회 정서적 목적뿐만 아니라 수단적 목적을 만족시킬 수는 있으나 이것이 주가 아니다. 사람들은 그들이 친구관계이기 때문에 도움을 줄 수 있지만 그들이 도움을 주기 때문에 친구가 되는 것은 아니다.

④ 친구관계는 수평적이다. 나이나 학교, 출신 지역, 사회경제적 지위 등에서 비슷한 사람과 친구관계가 형성된다. 친구 사이가 완전하기 위해서는 신분이나 나이에

대등성이 필요하다. 사랑과 달리 우정에는 기본적인 사고방식이나 취향의 일치가 필요한데, 능력이나 지식이 너무 다른 경우에는 친밀한 우정이 쉽게 형성되지 않는다. 친구관계에서 형성되는 우정은 서로가 균등하게 주고받을 수 있어야 하는데, 무엇이든 한쪽이 우월하거나 균등함을 잃으면 우정에 방해가 된다.

⑤ 친구관계는 그 성격이 매우 동질적이다. 친구들은 서로에 대해 독특하고, 성실하고, 신뢰하면서 지각하고 반응하게 되는, 이로 인해 친구관계에서는 본인과 상대방의 친밀감이 매우 중요하다.

⑥ 친구관계는 구속력이 적어 해체되기 쉽다. 자발적 상호의존이고 친밀감 기대를 중요하게 여기며 수평적이고 강제성이 없는 관계이기 때문에 다른 관계(가족, 직장)에서의 인간관계처럼 관계를 유지하는 의무나 구속력이 적어서 친구관계의 해체가 빈번하게 일어난다.

3) 또래 · 친구관계의 역할

현대사회는 산업화로 인해 맞벌이 부부가 증가하면서 또래 · 친구와 많은 시간을 보내며 또래 · 친구와의 상호작용이 많아지므로 청소년들은 또래 · 친구의 영향을 많이 받으며 성장 · 발달한다. 또래 · 친구관계는 서로에게 중요한 역할모델로서의 강화자로, 사회적 비교 대상자로, 사회적 지지자로서의 역할을 하게 된다. 사회학습 이론가인 반두라(Bandura)에 의하면, 또래 · 친구는 청소년들에게 새로운 형태의 행동을 가르치고, 어떤 상황에서 어떤 행동이 적합한지를 알려주고, 그들로 하여금 자신의 성격이나 능력을 평가할 수 있는 기준을 설정하게 하는 등 매우 중요한 역할을 한다고 하였다(Bandura, 1997). 즉 또래 · 친구가 모델과 강화자로서 사회화에 영향을 준다고 보았다. 따라서 청소년들은 또래 · 친구의 행동을 관찰함으로써 많은 새로운 유형의 반응을 학습하고 기억하며 그러한 행동을 받아들이는 모델로서의 역할뿐만 아니라 강화나 벌을 주는 대행자로서의 역할을 한다.

인지발달 이론에 의하면, 또래 · 친구와의 접촉은 그들의 인지를 변화시켜 사회성 행동을 발달시킨다고 보았다. 피아제(Piaget)는 또래 · 친구와의 상호작용은 그들이 서로에 대해 타인의 조망을 이해하게 되고 나아가 사회적 조망능력을 확장하여 서로의 자기중심적 사고를 감소시키게 된다고 하였다. 비고츠키(Vygotsky)는 어떤 영역에서 자신보다 기술이 더 나은 또래 · 친구와의 접촉은 청소년들의 지적 · 사회적 능력을 확장하게 된다고 보았다. 즉 또래 · 친구와의 경험은 청소년들에게 새로운 사고방식과 사회적 상호작용을 내면화하게 되고 독립적으로 발달한다는 것이다. 콜버그(Kchlberg)는 청소년들의 사회화 과정에서 또래 · 친구와의 중요성을 강조하면서 또래 · 친구접촉이 사회인지적 기술을 증진시킬 수 있는 기회를 제공한다고 하였다. 또한 그는 또래 · 친구 접촉을 통해서 사회인지적 기술이 개선되면서 청소년들은 더 향상된 방식으로 상호작용할 수 있게 된다고 하였다(정옥분, 2007; Kohlberg, 1969).

동물행동학자들에 의하면, 또래 · 친구 접촉은 사회적으로 유능한 성인으로 성장하는 데 필요한 사회적 기술을 습득하게 하는 요인이라는 것이다. 또래 · 친구집단은 청소년들이 친구 사귀는 법을 배울 수 있는 기회를 제공하고, 우호적인 규칙을 학습하고 실행할 수 있는 기회를 제공하고, 지배적인 면, 공격적인 면, 이성적 관심과 같은 특정 행동을 사회적으로 허용된 방식에 따라 표현하는 것을 학습할 수 있다고 하였다.

또래 · 친구관계의 역할에 대해서 사회학습 이론, 인지발달 이론, 동물행동학적 이론에서처럼 청소년들은 자신과 유사한 특성을 가진 또래 · 친구행동에 관심을 기울이게 되고 또래 · 친구행동을 관찰 및 모방하며 이를 내면화한다. 사회적 관심을 또래 · 친구에게 돌리기 시작한 청소년들은 또래 · 친구에게 인정받기 위해 자신의 행동이나 태도, 동기 등을 변화시키며 성장한다. 또한 청소년들에게 또래 · 친구는 사회적 비교과정에서 중요한 준거로 작용하여 또래 · 친구와의 비교를 통해 자신의 행동이나 능력을 객관적으로 평가하고, 자아정체감과 자아실현을 형성하면서 성장 · 발달하기도 한다. 청소년들은 또래 · 친구와 함께 경험을 공유함으로써 동반자적인 지지를 받게 되는데, 또래 · 친구로부터 받은 사회 · 정서적 지지는 그들의 정서적 안정을 갖고 사회에 잘 적응하도록 돕는다. 따라서 이와 같은 또래 · 친구관계는 청소년들의 사회성발달이나 다양한 사회적 기술습득에 있어서 중요한 역할을 하게 된다(우수경 외, 2013).

4) 또래 · 친구관계의 기능

삶을 윤택하게 가꾸는 데 있어 또래 · 친구는 중요한 존재이다. 태어나서 처음으로 가족이라는 울타리를 벗어나 만나고 사귀는 사람이 바로 또래 · 친구라는 존재이고, 성인이 된 이후에도 또래 · 친구는 부모나 배우자가 해 줄 수 없는 부분까지 메워 주기도 한다. 이러한 또래 · 친구관계는 다음과 같은 기능을 한다(김혜숙 외, 2011).

① 또래 · 친구관계는 정서적 공감자 및 지지자이다. 또래 · 친구는 만나서 편안하고 서로에게 힘을 줄 수 있어야 한다. 서로를 이해하고 공감하며 인정하는 정서적 지지는 또래 · 친구관계를 유지하고 심화시키는 주요한 요인이 된다. 힘들 때 힘이 되어 주는 친구가 좋은 친구라는 말이 있다. 자신의 고통, 갈등, 고민 등을 공개할 수 있고 친구로부터 이해받고 위로받을 때 우리는 위안과 힘을 얻게 된다. 따라서 서로에 대한 공개수준이 넓고 깊어지게 된다. 서로의 사생활을 잘 알고 이해하는 또래 · 친구 간에는 우정이 깊어지게 된다.

② 또래 · 친구관계는 자기 자신과 자신의 삶을 평가하는 주요한 비교준거가 된다. 사람들은 타인과의 비교를 통해 자신을 평가한다. 자신과 여러 가지 조건에서 차이가 있는 사람보다는 비슷한 사람과의 비교자료가 자신을 평가하는 자료가 될 수 있다. 따라서 어떤 인간관계 대상보다도 또래 · 친구는 자신을 평가하는 데

필요한 정보와 자료를 제공하는 유익한 대상이기도 하다.

③ 또래 · 친구관계는 즐거운 체험을 공유하는 관계이다. 사람들은 서로 만나 재미있게 놀 수 있어야 한다. 공통의 화재, 관심사, 취미가 같은 사람들끼리 서로 나누는 재미와 즐거움은 또래 · 친구관계를 유지하는 원천이 된다. 여기서 즐거움이란 반드시 향락적 쾌락만을 의미하는 것은 아니다. 가치관, 인생관, 종교관 등이 같은 사람들은 대화를 통해서 서로의 생각에 대한 공감과 지지를 받기 때문에 자신의 사고방식과 신념에 대한 확인을 받게 되면서 만남이 즐거울 수 있다.

④ 또래 · 친구관계는 안정된 소속감을 제공한다. 또래 · 친구가 많은 경우 집단을 이루게 된다. 인간은 누구나 매슬로우(Maslow)의 인간의 욕구 중 2단계에 속하는 사랑과 소속감을 느끼고자 하는 욕구를 지닌다. 또래 · 친구 집단에 소속됨으로써 그 집단을 자신의 준거집단으로 삼게 되고, 긍정적 경험과 안정된 도움을 공급받을 수 있다. 이러한 또래 · 친구집단의 소속감은 자기 가치감과 안정감을 느끼는 주요한 원천이 될 수 있다.

⑤ 또래 · 친구관계는 삶에 현실적인 도움의 제공자이다. 현실적인 곤경이나 도움이 필요한 상황에서 그러한 도움을 요청할 수 있는 주된 대상이 또래 · 친구이다. 현실적인 도움은 재정적 또는 물질적 도움뿐만 아니라 지식과 정보의 제공 및 교환들을 포함한다. 인간관계는 주고받는 관계인데 또래 · 친구관계도 마찬가지이다. 현실적인 도움이 일방적으로 주어지는 또래 · 친구관계는 유지되기 어렵다. 현실적인 도움의 내용과 형태는 다르더라도 서로 균형 있게 도움을 주고받을 때 또래 · 친구관계는 더욱 공고해질 수 있다.

이러한 기능이 원활히 수행되면 또래 · 친구관계는 잘 유지되고 심화된다. 그러나 그렇지 못할 때 또래 · 친구관계는 약화되거나 해체된다. 이러한 기능을 제공할 수 있는 새로운 사람과 또래 · 친구관계를 모색하게 된다. 따라서 또래 · 친구관계를 유지하고 심화시키기 위해서는 이러한 기능을 고려하여 노력하는 것이 중요하다. 나의 우정지수와 좋은 또래·친구로서의 나는 어떠한지 체크해 보기 바란다. 우정지수와 좋은 또래·친구로서의 나 점검에 대한 체크리스트는 각각 〈표 4-1〉과 〈표 4-2〉와 같다.

〈표 4-1〉 나의 우정지수 체크리스트

점수로 보는 나의 우정	늘 그렇다	가끔 그렇다	거의 그렇지 않다
1. 공통의 취미 또는 생각을 가지고 무엇인가를 하면서 지낸다.	5	3	1
2. 좋은 것, 맛있는 것이 있으면 꼭 서로 나누어 쓰거나 먹는다.	5	3	1
3. 서로의 생각, 느낌이나 의견을 솔직히 이야기한다.	5	3	1
4. 지금의 우정이 계속 유지될 것을 굳게 믿는다.	5	3	1
5. 잘못한 일이 있으면 솔직히 말하고 용서를 구한다.	5	3	1
6. 어떤 경우에도 친구를 무시하지 않는다.	5	3	1
7. 친구의 이야기를 잘 들어준다.	5	3	1
8. 친구의 이야기를 듣고 그에 대한 답변, 충고를 성심껏 해 준다.	5	3	1
9. 친구는 좋은 점, 본받을 점을 이야기해 준다.	5	3	1
10. 친구와의 비밀 또는 약속을 잘 지킨다.	5	3	1

출처: 안선모(2005).

[채점 및 평가]

- 45점 이상: 우정을 지키려는 태도가 매우 좋고 대화와 타협으로 또래·친구와의 갈등을 해결하려는 타입
- 35~44점: 마음으로 우정을 지키고 싶지만 행동이 따라주지 않는다. 가끔 싸우기도 하지만 곧 또래·친구의 마음을 풀어주려고 노력하는 타입
- 34점 이하: 또래·친구와의 우정을 지키기보다는 자신의 이익을 생각하고, 또래·친구를 이해하려 하지 않고 자신의 의견과 생각만을 주장하는 타입

〈표 4-2〉 좋은 또래 · 친구로서의 '나' 점검해 보기 체크리스트

나는 친한 친구에게	전혀 그렇지 않다	그렇지 않은 편이다	보통 이다	그런 편이다	매우 그렇다
1. 나는 나만의 특이한 습관을 말한다.	1	2	3	4	5
2. 내가 한 일들 중에서 죄책감을 느끼는 일들을 말한다.	1	2	3	4	5
3. 여러 사람 앞에서 하고 싶지 않는 일들을 말한다.	1	2	3	4	5
4. 나의 가장 깊은 감정들을 표현한다.	1	2	3	4	5
5. 내 자신에 대해 내가 좋아하는 것과 싫어하는 것을 말한다.	1	2	3	4	5
6. 인생에서 나한테 가장 중요한 것을 말한다.	1	2	3	4	5
7. 나 자신에 대해서 말한다.	1	2	3	4	5
8. 나의 가장 큰 걱정거리를 말한다.	1	2	3	4	5
9. 내가 한 일들 중에서 자랑스러운 일들을 말한다.	1	2	3	4	5
10. 다른 사람들과의 가까운 관계에 대해서 말한다.	1	2	3	4	5

출처: Miller, L. C., Berg. J. H., & Archer, R. L.(1933).

[채점 및 평가]

- 31점 이상: 가장 친한 또래 · 친구와 나는 비밀이 없는 사이, 서로 어려운 점을 나눌 수 있는 좋은 또래 · 친구
- 11~30점: 조금만 솔직해진다면 좋은 또래 · 친구
- 10점 이하: 나를 다른 사람에게 개방하자. 내가 나를 꺼내어 놓지 않으면 나를 이해하고 나에게 다가오는 사람은 없다.

급격한 변화를 겪게 되는 청소년기는 또래 · 친구로부터 주어지는 지지와 신뢰감이 필요하다. 또한 청소년기에 또래 · 친구 간에 적극적이고 원만한 관계는 긍정적인 자아정체감이 형성하고 정상적인 사회성이 발달하지만, 그렇지 못하면 부정적인 자아정체감 혼미 상태에 빠져 성인이 되어서도 사회생활의 적응이 힘들다. 이처럼 청소년들의 또래 · 친구관계는 긍정적인 자아정체감과 올바른 사회성발달에 영향을 미치기 때문에

자신이 어떤 또래 · 친구집단에 속해 있느냐가 매우 중요하다. 따라서 청소년들의 또래 · 친구관계에 부정적인 영향은 다음과 같은 사항이 있을 수 있다(오윤선 외, 2020).

① 부정적인 또래 · 친구집단은 낮은 자아존중감과 성취감 부족, 사회화 기술 부족, 지나친 경쟁심, 자신에 대한 부정적인 신체 이미지와 열등감, 왜곡된 사고 등으로 인해 또래 · 친구관계를 어렵게 만든다.

② 부정적인 또래 · 친구집단은 그 특징에 따라 지배적이며 조종하는 유형, 공격적인 유형, 기생적 유형, 고립적 의존 유형, 경쟁적 질투 유형, 좌절에 따른 회피 유형, 은둔 유형 등의 현상이 나타날 수 있다. 이러한 유형의 집단은 내적으로는 부정적 자아정체감을 형성하고 외적으로는 일탈 및 비행 행동을 보이며 청소년들의 또래 · 친구관계를 왜곡시킨다.

③ 부정적인 또래 · 친구집단은 그 집단 속에서 옳지 못한 가치의식을 창출시킬 수 있다. 또래 · 친구집단으로부터 인정받기 위해 허세적인 행위를 강행함으로써 문제를 일으킬 수도 있고 비행이나 범죄행동에 가담하기도 한다.

④ 부정적인 또래 · 친구집단에서 활동한 청소년들은 성인이 되어서도 결혼생활 문제, 성생활 문제, 심리적 문제, 직업적 문제 등을 유발할 수도 있다.

4.2 또래 · 친구관계의 유형과 형성요인 및 발달 · 유지

1) 또래 · 친구관계의 유형

청소년기의 또래 · 친구관계는 인지 · 정서 · 성격 등 여러 분야의 발달에 영향을 주며 청소년들의 행복감이나 더 나아가 어른이 되어서도 발달에 영향을 준다. 또래 · 친구관계에 있어서 또래 · 친구수용(peer acceptance)은 한 청소년에 대하여 다른 또래 · 친구가 받아들이고 호감을 느끼는 정도를 의미한다(최경숙 외, 2005). 또래 · 친구수용은 어떤 또래 · 친구를 제일 좋아하는가, 생일에 누구를 초대하고 싶은가 등 자신이 좋아하거나 싫어하는 또래 · 친구가 누구인지를 질문하거나 함께 놀고 싶은 정도를 평가하도록 하는 사회측정법에 의해 측정된다. 이러한 방법으로 알아본 결과 인기형, 보통형, 무시형, 거부형, 인기와 거부가 모두 높은 혼합형 등 다섯 가지 유형으로 나눌 수 있다(유효순, 2007; 최경숙 외, 2005; East, 1991).

① **인기형:** 또래 · 친구가 가장 좋아하는 유형으로 좋아 하는 청소년들이 많고 싫어하는 청소년이 적다. 이런 청소년은 체격이 좋고, 잘생겼고, 키가 큰 등 신체적으로 매력이 있다. 또한 이런 청소년은 사교적이며 친절하고, 또래 · 친구관계를 성공적으로 이끌고 지속하는 특성이 있으며, 따뜻하고 협동적이며 관용적이고, 타인의 요구에 민감하며 효과적으로 의사소통을 하고, 학업성적도 좋은 편이다. 반면, 유난히 뚱뚱하거나 매력적이지 못한 외모를 가지고 있는 경우 또래 · 친구로부터 무시나 외면을 당하는 경우가 많다.

② **보통형:** 청소년들 중 반 정도는 이러한 유형에 속하는데 또래 · 친구들이 특별히 좋아하지도 않고 특별히 인기가 있는 것도 아니지만 특히 싫어하는 유형도 아니다. 이러한 청소년은 또래 · 친구집단에 무난히 어울리는 보편적인 유형이다.

③ **무시형:** 또래 · 친구와의 관계에서 관심을 받지 못하지만 또래 · 친구들이 싫어하지도 않는다. 이러한 청소년은 대개 수줍음이 많고 위축되어 있으며 집단에 참여하려는 시도를 하지 않고 다른 또래 · 친구에 관심을 유도하지도 않는다. 특히, 이런 청소년의 특성은 어리석고 아기 같은 행동 특성을 보이며 수줍음이 많고 사교적으로 또래 · 친구에게 접근하지 못하며 의사소통 능력이 부족한 경우가 많다.

④ **거부형:** 또래 · 친구가 가장 싫어하는 유형으로 싫어하는 청소년이 많고 좋아하는

청소년이 적다. 이런 청소년은 신체적 · 언어적으로 방해나 공격적인 행동을 많이 하며 이후 심각한 적응상의 문제를 나타내고, 수줍음을 타거나 불안해하며 사회적 기술이 부족하고, 또래 · 친구와의 관계를 피하는 경우가 많다. 또한 이런 청소년은 무시형의 청소년과 또래 · 친구가 되며 자기보다 어린 청소년과 어울리는 경우가 많은데 후에 약물남용이나 비행과 같은 외적인 문제가 나타날 수 있다. 특히, 이런 청소년의 특성은 유난히 뚱뚱하거나 매력적이지 못한 외모를 가지고 있거나 지적인 능력에 있어서도 지체된 청소년으로 나타난다.

⑤ **혼합형:** 인기형과 거부형이 모두 높은 유형으로 일부 또래 · 친구로부터 가장 좋은 청소년으로 지목되면서도 또 다른 또래 · 친구로부터 싫어하는 청소년으로 지목되기도 한다. 이런 청소년은 공격적이고 파괴적인 면이 있는가 하면 때로는 다정하고 자기주장이 강하며 지도력이 있다. 따라서 좋아하거나 싫어하는 청소년이 많은 것이 특징이다.

또한 조성남 등은 학교라는 지배문화 틀 속에 적응하는 또래 · 친구문화에 따라 순응형, 중간형, 저항형 등 세 가지 유형으로 분류하였다(오윤선 외, 2020; 조성남 외, 2001).

① **순응형:** 기존 질서에 순응하는 또래 · 친구집단으로 학교 교칙을 잘 지키며 교사에 대해 순응적인 태도를 보이는 유형이다. 교칙을 어기고 일탈적 놀이문화를 즐기는 것에 대해 부정적으로 평하고 있으며, 대체로 대학진학을 목표로 열심히 공부한다. 순응적 태도를 보이면서 공부를 잘하고 매사에 의욕적인 학생이 있는 반면, 성격이 조용하고 튀는 행동은 하지 않지만 진학에 큰 뜻이 없고 매사에 무기력한 학생도 있다. 이러한 유형의 문화는 지배문화에 편입되고 종속된 순응적 하위문화로서 기성세대와 조화를 이루고 자신의 일상을 무리 없이 지속시켜 나가는 특성이 있다.

② **중간형:** 순응형과 저항형의 특성을 적절히 조합하거나 양측의 특성을 모두 가지지 않은 중간 성향의 유형이다. 이들은 모든 학교생활과 개인생활 영역에서 적당한 태도를 취한다. 어느 정도 적정 수준에 교칙을 위반하기도 하나 크게 일탈하지는 않는다. 공부와 또래 · 친구관계에서 적절한 조화를 이루며 원만한 교우관계를 형성한다. 경우에 따라 순응형으로 좀 더 치우치는 경우도 저항형을 추종하는 성향을 가진 학생들도 포함되어 있다.

③ **저항형:** 학교의 교칙에 적응하기 못하고 일탈하는 유형이다. 학교 내에서는 학업에 관심이 없으며 무기력하고 항상 잠에 취해 있는 모습을 보인다. 또한 학교의 각종 행사에 비협조적인 태도를 보인다. 교사와 적대적인 관계가 많으며 학교생활에 불성실한 태도를 보이는 경우가 많다. 학교 밖에서는 오토바이나 자동차를 즐겨 타고 다니면서 폭주행동을 즐기기도 하며 상습적인 흡연과 음주를 즐겨하는 유형이다. 유흥비를 벌기 위해 배달 아르바이트를 하는 경우도 많으며, 돈이 부족할 때는 힘이 약한 또래 · 친구들에게 돈을 뺏기도 한다.

또한 또래 · 친구관계는 우정의 강도에 따라, 형성요인에 따라, 기능에 따라 분류할 수 있다(김혜숙 외, 2011; 유수현 외, 2009).

(1) 우정강도에 따른 분류

우정의 강도를 평가하는 것은 어려운 상황이다. 일반적으로 또래 · 친구라고 말로 표현하는 관계는 친밀감을 느끼는 단계에 따라 가벼운 또래 · 친구, 가까운 또래 · 친구, 가장 친한 또래 · 친구 등으로 분류할 수 있다(신예경 역, 2005).

① 가벼운 또래 · 친구는 그저 안면이 있는 사이를 넘어 관계의 진척을 이룬 또래 · 친구이다. 가벼운 우정이 시간의 흐름에 따라 가까운 또래 · 친구나 가장 친한 또

래 · 친구와의 우정만큼 깊어질 수도 있지만 지속적으로 가벼운 또래 · 친구로 머물러 있을 수도 있다. 가벼운 또래 · 친구는 가까운 또래 · 친구나 가장 친한 또래 · 친구보다 우정이나 친밀감이 떨어진다 하더라도 바람직한 우정을 나누기 위해서 진실하게 나누는 신뢰감과 서로에 대한 호의가 있어야 한다.

② 가까운 또래 · 친구는 마음 깊숙이 숨겨 둔 생각이나 비밀을 털어놓고 싶을 정도로 편안한 마음을 공유하는 또래 · 친구이다. 일반적으로 가까운 또래 · 친구에게 갖게 되는 기대치는 ㉠ 꾸밈없는 모습으로 함께 있을 수 있는 사람이고, ㉡ 누군가의 도움이 절실히 필요할 때 기댈 수 있는 사람이고, ㉢ 냉정하게 비판하지 않고 이야기에 귀를 기울여 주는 사람이고, ㉣ 고민을 털어놓고 있을 때 자기의 문제인양 함께 고민해 주는 사람 등이다.

③ 가장 친한 또래 · 친구는 가까운 또래 · 친구가 가진 모든 요건을 포함할 뿐만 아니라 더 이상을 추구할 수 있는 최상의 또래 · 친구이다. 과연 인생에서 어느 시점에서 가장 친한 또래 · 친구와 우정을 나누게 될 것인가? 대부분의 경우 어린 시절이나 학창 시절 동안에 사귀어온 또래 · 친구가 해당될 수 있을 것이다. 잔야거(2005)에 따르면 일반적으로 사람들은 6명의 가까운 친구, 2명의 가장 친한 친구, 26명의 가벼운 친구를 사귄다고 하였다(신예경 역, 2005).

(2) 형성요인에 따른 분류

또래 · 친구관계는 형성요인에 따라 1차적 또래 · 친구와 2차적 또래 · 친구로 나눌 수 있다. 1차적 또래 · 친구는 어린 시절부터 지속되는 학연, 지연, 때로는 혈연에 근거하여 형성된 또래 · 친구이다. 반면 2차적 또래 · 친구는 상황적 요인보다 개인적 특성에 근거한 또래 · 친구로 어린 시절보다 청소년기 이후에 관계를 형성한 또래 · 친구이다. 또한 아리스토텔레스(Aristotle)는 친구관계를 형성하고 유지시키는 요인에 따라 쾌락적 또래 · 친구, 효용적 또래 · 친구, 인격적 또래 · 친구로 분류하였다.

① 쾌락적 또래 · 친구는 즐거움과 쾌락을 위해 관계를 맺는 또래 · 친구이다. 이러한 또래 · 친구관계는 즐거움과 쾌락이 친구관계를 유지하는 요인이 되며 유흥, 취미, 여가와 관련된 활동이 주가 된다.

② 효용적 또래 · 친구는 실리적 필요와 현실적인 도움의 기대로 관계를 맺는 또래 · 친구이다. 이러한 또래 · 친구관계는 물리적 · 사회적 · 직업적인 면에서 현실적인 도움을 서로 주고받는 교류가 활동의 주가 된다.

③ 인격적 또래 · 친구는 상대방의 덕성에 의해 관계를 맺는 또래 · 친구이다. 덕성은 개인이 지니는 수용성, 신뢰성, 지혜로움, 성숙성 등 여러 가지 긍정적인 성격적 특징을 의미한다. 이러한 또래 · 친구관계는 상대방의 인격적 가치에 대한 존중과 호감이 중요한 역할을 하게 되는데, 개방적이고 깊이 있는 대화, 정서적 지지, 공감이 주요한 교류 영역이다.

아리스토텔레스는 이렇게 형성요인에 따른 또래 · 친구관계에서 남자들은 또래 · 친구관계에서 쾌락을 중요시하는 반면, 여자들은 신뢰와 같은 덕성을 보다 중요시한다고 하였다. 또한 어린 시절에는 쾌락이 또래 · 친구관계를 유지하는 중요한 요인이며, 나이가 들면서 효용성이 또래 · 친구관계에 중요한 역할을 하게 된다고 하였다. 그러나 쾌락과 효용성보다는 덕성에 의한 또래 · 친구관계가 오랜 기간 지속되는 경향이 있다고 보았다(김혜숙 외, 2011).

(3) 기능에 따른 분류

레이스맨(Reisman)은 또래 · 친구관계를 기능에 따라 연합적 또래 · 친구관계, 수혜적 또래 · 친구관계, 상호적 또래 · 친구관계로 분류하였다.

① 연합적 또래 · 친구관계는 공간적 접근성, 유사성, 업무의 공유성 등에 의해서 맺어지는 또래 · 친구관계로서, 서로 간의 정서적 유대나 깊은 관여가 부족하다. 따라서 이사를 하거나 전학을 하게 되는 경우와 같이 환경이 변화하게 되면 또래 · 친구관계는 종결된다. 이러한 또래 · 친구관계는 단기적이며 피상적인 수준에서 가볍게 만나는 경우가 많다.

② 수혜적 또래 · 친구관계는 한 사람이 상대방에게 주로 베푸는 역할을 하는 또래 · 친구관계이다. 이러한 또래 · 친구관계는 흔히 두 사람 사이에 사회적 지위나 역할에 있어서 차이가 있는 경우가 많다. 예를 들어 스승과 제가, 고용주와 피고용인, 후견인과 피후견인, 지도자와 추종자의 관계가 해당된다.

③ 상호적 또래 · 친구관계는 동등한 위치에서 서로에 대한 상호적 이해와 신뢰에 근거한 또래 · 친구관계이다. 이러한 또래 · 친구관계는 상대방에 대한 깊은 정서적 유대와 헌신적 관여로 인해 오랜 기간 동안 지속된다. 동양에서는 춘추시대 제나라 사람인 관중과 포숙아의 평생에 걸친 깊은 우정을 관포지교(管鮑之交)라 하여 이상적이고 모범적인 또래 · 친구관계로 기리고 있다. 우정에 관한 고사성어는 〈표 4-3〉과 같다.

〈표 4-3〉 우정에 관한 고사성어

어린 시절 함께 자란 절친한 친구를, 죽마고우(竹馬故友)
물과 고기와 같이 인연이 깊은 친구 사이를, 수어지교(水魚之交)
무쇠나 돌처럼 단단한 친구 사이를, 금석지교(金石之交)
서로의 뜻이 통해 편안한 친구 사이를, 막역지교(莫逆之交)
죽음을 함께할 정도로 목숨 걸고 맺은 친구 사이를, 문경지우(刎頸之友)
무엇을 해도 허물없이 받아들여지는 친구 사이를, 관포지교(管鮑之交)

– 제나라에 관중과 포숙아라는 사람이 있었다. 그들은 함께 장사를 하였는데, 언제나 관중이 이익을 많이 가져갔다. 포숙아는 관중의 집이 가난하기 때문이라고 이해했다. 또한 관중이 사업에

실패하고 과거에 세 번이나 낙방을 하였을 때에도 때를 만나지 못한 탓이라며 포숙아는 관중의 재능을 아꼈다. 관중이 싸움에 나아가 세 번 도망쳤을 때에도 노모가 계시기 때문이라며 포숙아는 끝까지 관중의 인품과 처지를 이해했다. 이러한 포숙아의 마음은 관중을 바르게 인도할 수 있었을 뿐만 아니라 둘 사이에 진정한 우정도 키워 갈 수 있었다. 훗날 관중은 "세상에 나를 알아주는 이는 포숙아뿐이다."라고 했다고 한다. 포숙아는 진정한 이해와 사랑으로 소중한 친구를 얻을 수 있었던 것이다. 이러한 일이 있은 후로 진정한 친구를 맺음을 관포지교라 하고 있다.

2) 또래 · 친구관계의 형성요인

또래 · 친구관계를 형성하는 요인은 크게 근접성, 유사성, 지향성 등 세 가지 차원에서 고려할 수 있다(오윤선 외, 2020).

① **근접성**: 거주지의 지리적 근접성 또는 같은 학급이나 학년, 같은 학원에 다니는 것이 또래 · 친구관계를 형성 · 유지하는 요인이 된다.

② **유사성**: 성격이나 취미, 신체적 조건, 부모의 사회 · 경제적 배경, 성적 등이 유사할수록 또래 · 친구관계가 형성될 가능성이 높다. 특히 성적이 상위권인 학생들은 성적을 가장 중요한 요인으로 여기는 경향이 크다.

③ **지향성**: 또래 · 친구집단의 활동과 밀접한 관련이 있으며 자신과 지향하는 점이 같으면 선호도가 높다.

이러한 또래 · 친구관계의 요인들 중 어떤 요인이 더 큰 영향을 받는지는 발달단계나 또래 · 친구집단의 특성, 성별에 따라 달라질 수 있다. 오인수 연구에 의하면 초등학생의 경우는 학업능력을 중심으로 형성되는 또래 · 친구관계가 많으며, 중 · 고등학생의 경우는 학업능력보다 다른 특성을 중심으로 또래 · 친구관계를 형성하고, 대학 · 대학원학생의 경우는 보다 전문적인 능력을 중심으로 또래 · 친구관계를 형성하는 경우가 많다는 것이다(오인수, 2008). 이러한 이유는 발달단계에 따라 또래 · 친구관계를 중요시하는 요인이 달라지기 때문이다.

또한 또래 · 친구관계의 유형에서 알 수 있듯이 또래 · 친구관계의 형성요인은 인기형의 청소년처럼 신체적 매력, 성실하고 남을 잘 도와주는 성격적 특성, 부모와 안정된 애착형성으로 인한 긍정적 상호작용 등이 있을 수 있다. 부모의 긍정적인 상호작용 면에 있어 민감하면서 온정적인 부모의 청소년은 인기형의 청소년이 많은 반면, 강압적으로 통제하는 부모의 청소년은 비협조적이고 공격적인 성향을 발달시키기 때문에 또래 · 친구가 선호하지 않는다.

3) 또래 · 친구관계의 발달

또래 · 친구관계의 발달은 또래 · 친구집단과의 관계에서 친밀하고 지속적인 애정적 유대감을 의미한다. 사람들은 자신이 관심 있는 또래 · 친구와 놀기를 원하고 정보를 공유하고자 한다. 친구 · 친구관계는 놀이친구 및 함께 시간을 보낼 수 있는 대상을 제공하고, 흥미로운 정보와 즐거움을 제공하고, 지지와 격려를 제공하고, 자신의 위치와 능력을 평가할 사회적 비교 대상을 제공하는 역할을 한다(최경숙 외, 2005). 사람들이 사회적 능력이 있고 지지적인 우정관계를 맺을 때는 자아존중감이 증가하고 긍정적인 정서를 형성하지만, 강압적이고 갈등을 유발하는 또래 · 친구관계를 맺으면 부정적인 영향을 미칠 수도 있다(Berndt, 1999).

또래 · 친구관계에 대한 개념은 연령이 증가함에 따라 변화한다. 유아기(2~6세) 때 또래 · 친구집단과의 우정은 지속적인 관계에 관심이 있는 것이 아니고 일시적인 놀이 상대로 관심을 갖는다. 그러나 연령이 증가하면서 사람들은 일시적인 놀이상대가 아닌 지속적인 관계를 형성한다. 아동기(6~11세) 초기에 나타나는 또래 · 친구관계는 서로 주고받는 것으로 생각한다. 즉 또래 · 친구가 갖지 못하는 것을 함께 나누는 것을 우정의 상징으로 생각한다. 아동기 말기에 나타나는 또래 · 친구관계는 같이 놀거나 나누는 것 이외의 지속적이고 영구적인 관계를 요구한다. 이 시기에는 믿음이 전제가 되고, 성실함과 친밀감이 중요하다는 것을 알게 된다(Vasta et al., 1999). 아동기 때 또래 · 친구관계의 발달단계는 〈표 4-4〉와 같다(최영순, 2003; Damon, 1977).

〈표 4-4〉 또래 · 친구관계의 발달단계

단계	연령	특징
1단계: 놀이친구 관계	4~7세	친구는 함께 재미있게 놀 수 있는 놀이친구라고 생각한다. 나에게 잘해 주는 사람이 친구라고 생각한다. 우정은 일시적인 관계로 쉽게 형성되고 쉽게 깨어진다.
2단계: 상호 신뢰와 지지적인 관계	8~10세	각자를 존중하며 서로의 욕구에 반응해 주는 상호 협력된 관계를 추구한다. 신뢰가 무너지면 친구관계는 종결된다.
3단계: 친밀감과 특권적인 관계	11~15세	심리적 친밀감과 상호이해 관계로 우정의 관계를 형성한다. 친구관계의 심리적 문제를 해결해 주는 사람으로 생각한다. 문제가 생겨도 서로 이해함으로써 용서가 되지만, 심각한 문제가 발생하면 친구관계는 종결된다.

또한 청소년기에 또래 · 친구관계는 공통의 생활목표나 성격의 매력과 같은 심리적 요인이 우위를 차지하는데, 그것을 계기로 우정이 성립한다. 그리고 마음의 또래 · 친구로 평생을 두고 관계를 지속하는 가능성이 높다. 일반적으로 또래 · 친구관계를 형성하는 심리적 동기는 ① 외롭거나 생애주기에서의 위치와 같은 개인적 요인이고, ② 상황이나 직무, 시간 스케줄과 같은 환경 요인이고, ③ 상호 호감을 갖거나 태도 유사성에 대한 지각, 신체적 매력, 유능성, 긍정적 반응성 등과 같은 요인을 발견했을 때 또래 · 친구관계가 형성된다. 환경적 동기는 또래 · 친구들을 만날 기회를 조성하거나

또래 · 친구관계를 발전시키는 것을 촉진하는 상황적 조건이 있을 수 있다.

또한 또래 · 친구가 되기 위한 조건은 가까이 있어야 한다는 근접성, 서로 비슷한 점을 발견해야 한다는 유사성, 자기를 좋아해 주는 사람을 좋아한다는 호혜성, 서로의 단점이나 부족한 점을 보완해 줄 수 있어야 한다는 보완성, 성실함이나 똑똑함과 같은 바람직한 성격적 특성 등으로 상호작용이 이루어져야 한다는 것이다. 사람들은 대체로 나를 좋아하는 사람, 나와 유사한 태도나 성격을 지닌 사람, 신체적으로 매력적인 사람, 내 곁에 가까이 사는 사람, 나와 나이가 비슷한 사람들을 친구로 선택한다. 이는 사람들의 또래 · 친구 선택의 기준이 유사성, 근접성, 친근성 등의 보편적인 것임을 보여 준다.

4) 또래 · 친구관계의 유지

사람들은 삶의 시기마다 다양한 또래 · 친구들을 만나게 되지만 어떤 또래 · 친구는 피상적인 관계에 머무르는 반면, 어떤 또래 · 친구는 매우 깊고 친밀한 관계로 발전한다. 또래 · 친구관계는 서로 상호작용하면서 그 상호작용의 성격에 따라 관계가 유지되고 심화되기도 하며 때로는 소원해지고 해체되기도 한다. 또래 · 친구들 간의 상호작용에는 여러 가지의 활동이 이루어지는데, 그 속에서 심화시키는 일은 어렵다. 이렇게 어려운 또래 · 친구관계를 유지시키는 데 도움이 되는 요인은 다음과 같다(유수현 외, 2009).

① **친밀한 대화**: 솔직하고 개방적인 대화를 통해 서로를 이해하고 공감하며 인정하는 정서적 지지가 또래 · 친구관계를 유지하고 심화시키는 데 중요한 요인이다.

② **흥미나 관심의 공유**: 또래 · 친구는 만나서 흥미나 관심 있는 활동을 함께함으로써 즐거워한다. 만나서 즐거운 또래 · 친구는 자주 만나게 된다. 취미나 관심사가

같은 사람들끼리 서로 나누는 재미와 즐거움은 또래 · 친구관계를 유지하는 원천이 된다.

③ **상호 간의 정서적 지지**: 자신의 고통, 갈등, 고민 등을 공개할 수 있고 또래 · 친구로부터 이해받고 위로받을 때 위안과 힘을 얻게 된다. 서로의 사적인 생활에 대한 공개가 이루어짐으로써 상호 이해와 신뢰가 증진된다.

④ **현실적 도움**: 현실적 도움은 재정적 또는 물질적 도움뿐만 아니라 정보교환을 포함한다. 그러나 현실적인 도움의 내용과 형태는 서로 다르더라도 서로 균형 있게 도움을 주고받을 때 또래 · 친구관계는 더욱 공고해진다.

4.3 청소년 집단따돌림

1) 집단따돌림의 개념

청소년기는 어떤 또래 · 친구를 좋아하고 싫어하는지에 매우 민감한 시기이다. 이러한 시기에 청소년은 또래 · 친구관계의 형성요인이나 유형에서 알 수 있듯이 서로 수용하면서 집단을 형성하게 된다. 청소년 또래 · 친구집단은 집단의 규준(규범이 되는 표준)에 일치하고 사교적 성격과 유연한 사회적 상호능력을 지니며 신체적으로 매력이 있고 지적능력을 보이고 활발한 활동을 하는 또래 · 친구를 수용한다. 반면 집단의 규준에 불일치하며 지나치게 어른스러운 행동을 하거나 비사교적이며 지나치게 공부를 많이 하는 또래 · 친구는 수용하지 않는다(정하성 외, 2012). 이러한 거부적인 요인으로 수용하지 않는 또래 · 친구는 특히 저항형 또래 · 친구집단으로부터 집단따돌림을 당하는 경우가 많다.

청소년 집단따돌림(bullying)은 왕따, 집단괴롭힘, 또래 · 친구괴롭힘, 학교폭력 등의 용어로 사용되며, 두 사람 이상이 집단을 이루어 특정인을 소외시켜 반복적으로 인격적인 무시 또는 음해하는 언어적 · 신체적 일체의 행위이다. 개인이 개인을 가해하는 행위와 집단이 개인을 가해하는 행위를 모두 포함한다(네이버 지식백과, 2020). 집단따돌림 행위는 공격적인 행동으로 신체적 공격뿐만 아니라 언어적 · 관계적 공격을 포함한다. 신체적 공격은 때리거나 밀거나 차는 등의 폭력적 행동이고, 언어적 공격은 위협 · 모함 · 경멸하거나 비웃으며 별명을 부르는 행동이고, 관계적 공격은 몸짓이나 표정으로 상대를 기분 나쁘게 무시하거나 의도적으로 따돌려 소외시키는 등의 행동이다. 이러한 청소년 집단따돌림 행위로 인해 발생되는 문제는 가정 내 폭력, 등교 거부, 자살, 정신장애, 비행 등으로 이어질 수 있다.

2) 집단따돌림 집단의 역할 유형

살미발리 등(Salmivalli et al)은 집단따돌림 집단에서 참여자의 역할 유형에 대해서 가해자, 피해자, 동조자, 강화자, 방관자, 방어자 등으로 구분하였다(오윤선 외, 2020; Salmivalli et al., 1996).

① **가해자(bullies)**: 집단따돌림 행동을 적극적으로 주도하는 역할을 함

② **피해자(victims)**: 잡단따돌림을 당하는 역할을 함

③ **동조자(assistant)**: 집단따돌림의 주도적 수준은 낮지만 가해자의 추종자로서 가해자를 적극적으로 지원하는 역할을 함

④ **강화자(reinforcers)**: 가해자의 공격을 부추기거나 격려하면서 가해자를 자극하는 역할을 함

⑤ **방관자**(outsiders): 집단따돌림에 대해 반응하지 않고 회피함으로써 가해 행동을 소극적으로 하게하는 역할을 함

⑥ **방어자**(defenders): 집단따돌림의 피해자를 지지하고 가해 행동을 저지함으로써 가해 행동을 차단하는 역할을 함

여기서 가해자는 집단따돌림을 시작하고 직 · 간접적으로 상황을 주도하는 인물로 또래 · 친구집단에서 강력한 권력을 획득하려고 한다. 또한 가해자는 본인 스스로 강하다고 과시하며 타인도 자신의 힘을 인정한다고 믿는다. 동조자와 강화자는 역할에서 알 수 있듯이 친가해자적 태도를 취하고 있다. 반면 방관자는 따돌림 상황에서 떨어져 있거나 의도적으로 가해 상황을 부정하고 회피하거나 침묵하는 관중 역할을 하며 수동적인 태도를 취한다. 또한 따돌림 상황을 못 본 척 끼어들지 않지만 방관적 행위조차도 가해자의 따돌림을 암묵적으로 허용하고 지지하는 것으로 받아들여질 수 있다. 그리고 방어자는 가해자나 동조자, 강화자의 역할과 반대로 피해자를 지지하고 따돌림을 저지하며 피해자 옆에서 위로나 동정을 해 주는 등 바람직한 역할을 한다(오윤선 외, 2020).

일반적으로 청소년 집단따돌림 발생 시기는 중학생, 초등학생, 고등학생 순으로 높게 나타났으며, 여학생 집단이 남학생 집단보다 자주 나타나고 학기 중보다는 학기 초에 더 많이 나타났다(오윤선, 2008). 또한 초등학생과 중학생을 대상으로 한 청소년 집단따돌림 역할에서는 방어자가 24.2%, 방관자가 21.1%, 동조자가 18.3%, 피해자가 14.2%, 가해자가 12.6% 순으로 나타났다(서미정, 2008). 즉 집단따돌림을 방어하거나 방관하는 학생이 많으며 가해자 1명이 여러 명의 학생에게 피해를 주는 것으로 나타났다. 특이할 점은 청소년의 집단따돌림 역할은 변화하는 특징을 가지며 가해자와 피해자 그리고 방관자 역할이 변한다는 것으로 나타났다. 이러한 역할 중 방관자는 집단따돌림을 멈추게 하는 데 큰 역할을 하며 추후에 방어자가 되는 역할을 하는 것으로 나타났다(오윤선 외, 2020; 전자배, 2019; 임주현, 2015).

3) 집단따돌림 집단의 특성

집단따돌림의 특성은 일반적으로 ① 가해자와 피해자가 비슷한 또래들로 구성되어 있고, ② 힘의 불균형 상태에서 발생하고, ③ 가해자보다 피해자에게 그 원인을 둔다는 점이고, ④ 가해 행위가 반복적이고 지속적으로 나타나고, ⑤ 가해자와 피해자의 위치가 순환되면서 따돌림의 대상이 무차별적이고, ⑥ 가해 행위가 고의적이고 공격적인 행동을 한다는 것이다. 집단따돌림은 집단의 특성별로 개인, 가정, 학교, 지역사회 등 다양한 요인이 작용하여 발생하는 데 역할 유형에 따른 특성을 살펴보면 다음과 같다(오윤선 외, 2020).

(1) 집단따돌림 가해자의 특성

집단따돌림 가해자는 개인차나 가정의 환경적 요인에 따라 다음과 같은 특성이 있다.

① 개인적으로 또래를 지배하거나 물건 또는 지위를 얻기 위해 도구를 이용한 공격적 행동과 조직적이고 목표지향적인 공격행동을 한다.

② 갈등상황에서 감정을 조절하는 자기조절능력이 부족하다.

③ 가해 행위에 대한 죄의식을 느끼지 않는 경향을 보인다. 자신의 행동에 대한 반성보다는 정당화하는 경향이 있다.

④ 때로는 가해청소년의 긍정적인 사회적 특성 때문에 또래를 괴롭히는 자신의 행동이 잘못되었다는 인식을 하지 못한다. 가해자 청소년이 더 사교적이고 활동적이며 자기주장이 강하며 사회성발달이 더 뛰어난 경향을 보인다는 결과가 있다. 즉 피해자가 그럴만해서 괴롭힘을 받는다는 사고와 관련되어 가해자가 행동을 수정하기 어렵다는 것이다.

⑤ 부모와 형제 등의 가족구성원들이나 이웃의 폭력행동을 지속적으로 관찰한 경험

이 있다.

⑥ 가해청소년 부모의 양육태도가 일관성이 부족하고 온정적이지 않으며 거부적이다.

(2) 집단따돌림 피해자의 특성

집단따돌림 피해자는 개인의 심리적 특성이나 그가 처한 환경적 요인 등으로 인해 피해자가 되는 경우가 많다. 피해자의 개인 심리적 특성은 다음과 같다.

① 정서적 특성이 불안하고 주의집중에 어려움을 겪으며 두려움, 무력감, 강한 분노감을 느낀다. 즉 이들은 자존감이 낮고 자기를 비난하며 사회적으로 고립되어 외롭고 불안정하다. 또한 우울을 느끼며 자살충동을 경험하고 있다.

② 인지적 특성에 어려움을 겪고 있어 발생한 사건의 원인을 추정하는 과정에서 본인이 통제할 수 없어 어려움을 겪고 있다.

③ 행동적 특성에 어려움이 있으며 과잉행동적인 경향이 있고 관심을 끌기 위한 행동을 많이 한다. 또한 지나치게 타인의 행동에 민감하거나 지나치게 무관심하며 비사교적이다.

또한 피해자의 가정 및 주변 환경적 특성은 다음과 같다(오윤선 외, 2019).

① 가족폭력을 경험하고 있을 가능성이 있다. 이들은 부모가 서로 폭력을 행사하는 것을 경험하고 직접 피해를 당하면서 폭력행동을 학습하고 폭력에 무기력해지기 쉽다.

② 부모의 지나친 과잉보호를 경험하고 있을 가능성이 있다. 이들은 독립적으로 자신을 방어하거나 기능할 수 있는 능력이 발달하지 못해 따돌림을 당할 때 적절하게 대처하지 못한다.

③ 부모의 양육태도가 일관적이지 못한 경우가 있다. 이들은 어린 시기부터 거절과

반응을 일관성 없이 지속하는 양육태도에 익숙해져서 또래의 폭력이나 괴롭힘에 대처하지 못하고 그대로 수용하게 된다.

④ 고민을 함께 나눌 지지적인 또래가 거의 없다. 이들은 함께 어울릴 또래집단이 있으면 피해경험을 공유하며 대처발안을 강구할 수 있기 때문에 가해의 표적이 될 가능성이 적다.

(3) 집단따돌림 방관자의 특성

집단따돌림 방관자는 따돌림에 대해 반응하지 않고 회피함으로써 가해 행동을 소극적으로 하게하는 역할을 하는데, 특성은 다음과 같다(오윤선 외, 2020; 서미정, 2008).

① 고통을 공감하는 능력이 부족하다. 이들은 집단따돌림에 대해 부정적인 생각을 지니지 않고 피해자의 잘못으로 괴롭힘을 당한다고 생각한다.

② 집단따돌림과 가해 행동에 대한 부정적인 태도와 입장을 갖고 있지만, 자신도 따돌림을 당하게 될지 모른다는 두려움과 심리적 부담을 갖고 있다.

(4) 집단따돌림 방어자의 특성

집단따돌림 방어자는 따돌림 피해자를 지지하고 가해 행동을 저지함으로써 가해 행동을 차단하는 역할을 하는데, 특성은 다음과 같다.

① 상대방을 이해하는 공감수준과 자기효능감이 높다. 이들은 고통 받는 피해자의 마음을 이해하고 공감하며 실제로 돕는 행동으로 전환하는 데 있어서 자기효능감이 높다.

② 또래 · 친구들 사이에서 지위가 상대적으로 높거나 안정된다. 이는 피해자의 편에 서서 가해자를 저지하기 때문에 어느 정도 상당한 지위에 있는 경우이다.

③ 상대방을 돕는 이타심과 봉사정신이 뛰어나다. 이들은 어려서부터 자신의 이익보

다 어려운 사람이나 상대방에게 선행을 베푸는 봉사정신의 특성이 있다. 또한 자기를 희생하면서 다른 사람의 행복과 복리증진을 위한 이타심도 높다.

④ 상대방을 배려하며 긍정적인 대인관계를 형성하고 사회성발달이 높은 편이다.

4) 집단따돌림의 대처 방안

집단따돌림의 요인은 개인의 신체적 · 심리적 · 인지적 · 행동적 부적응과 가정, 또래, 학교, 지역사회 등 환경적으로 복잡하게 관련되어 있기 때문에 해결을 위해서도 통합적인 접근이 필요하다. 중요한 것은 무엇보다도 집단따돌림이 발생하지 않도록 예방하고 대처하는 것이 중요하다. 집단따돌림의 예방 및 대처 방안에 대해서 살펴보면 다음과 같다(오윤선 외, 2020).

① 요보호 청소년을 보호할 수 있는 지역사회의 사회적 관계망이 필요하다. 한부모 가정, 조손 가정, 기초생활 가정 등의 자녀가 학교나 지역사회에서 집단따돌림을 당하지 않도록 복지시설 및 청소년시설에서 방과 후 활동을 통한 보호 · 예방이 필요하다.

② 가정에서는 부모의 긍정적인 양육을 통해 자녀가 건강하게 성장 · 발달할 수 있도록 지원해야 한다. 부모 자녀 간 긍정적 의사소통을 통해 자녀가 집단따돌림을 경험하게 될 때 부모에게 도움을 청하고 부모는 자녀의 문제에 대해 민감하고 적절하게 대처하는 가족 분위기를 조성해야 한다. 이때 부모는 자녀가 자신감을 상실하지 않도록 배려하는 것이 중요하다. 또한 집단따돌림 피해 및 가해자의 경우 자녀와 함께 집단따돌림 피해 및 가해 관련 교육 · 상담 프로그램에 참여하는 것이 좋다. 예를 들어 분노조절 프로그램, 자기통제훈련 프로그램, 사회기술훈련 프로그램, 자아존중감 향상 프로그램, 부모교육 프로그램 등이 있을 수 있다.

이러한 프로그램에 참여하여 집단따돌림 예방 및 대처를 위한 방안을 탐색하고 적용하는 것이 필요하다.

③ 학교는 집단따돌림이 많이 발생하는 장소로 학교 당국의 적극적인 역할이 요구된다. 즉 집단따돌림이 바람직한 행동이 아니라고 인식할 수 있도록 토론이나 대화를 통한 교육을 통해 학습하게 하는 것이 필요하다. 집단따돌림에 참여하는 집단에 가해자, 피해자, 동조자, 강화자, 방관자, 방어자 등의 역할을 역할극을 통해 경험해 보도록 함으로써 서로의 마음을 공감하도록 하는 교육 · 훈련이 필요하다.

CHAPTER 05

청소년의 학습문화

CHAPTER 05

청소년의 학습문화

현대사회의 청소년들은 학령기에 접어들면 거의 모든 청소년들이 학교에 입학하여 학습의 기회를 갖는다. 「청소년기본법」에서 기준한 9~24세나 UN에서 기준한 15~24세는 거의 초등학교 고학년이거나 중 · 고 · 대학교에 다니는 경우이다. 이렇듯이 청소년들은 학교를 다니면서 학습문화에 접하게 되는데, 청소년의 학습문화에 대해서 살펴본다.

5.1 사회변화와 학교교육

1) 사회변화에 따른 학교교육

산업사회는 산업화로 인해 공업화 및 도시화가 이루어지면서 변화하였다. 대규모 공장이 기계화를 중심으로 한 대량생산과 도시화가 되면서 대량소비가 이루어졌다. 이러한 사회변화에 따라 학교교육도 대량생산의 노동인력을 배출하기 위해 표준화된 교육과정에 의거하여 의도적인 교육활동이 이루어지게 되었다. 산업사회에서 학교교육은 안정적이고 체계적인 교육기관으로서 역할을 하면서 교육의 필요성이 대두되었다. 따라서 교사는 미리 정해진 교육과정과 교육계획에 따라 학생들을 가르치고, 학생들은 교육받는 존재이기에 교사의 가르침에 충실하게 따르며 반복적인 노력을 통해 배우고 익히도록 나아가야 한다. 교수–학습에 있어 교사의 가르침은 일방향의 형태이며, 학생들은 우선적으로 배움을 수용해야 하는 소극적인 학습자로 제시된다.

현대사회는 후기산업사회 또는 지식기반의 정보사회로 접어들면서 이전의 산업사회와는 다른 질적 측면이 강조되고 있다. 즉 자동화를 중심으로 대량생산과 병행되어 고품질의 소량생산과 소량소비가 일어나는 지식기반사회로 변화하였다. 지식기반사회는 무엇보다 지식의 정보화가 이루어진 사회로 교육 측면에서 지식의 정보화보다 정보의 지식화가 더 중요하다. 지식을 정보화하는 것은 지식의 확산에 기여하지만, 정보를 지식화하는 것은 보다 높은 사회적 가치를 창출할 수 있는 지식의 습득과정을 강조한다. 따라서 교육은 다양하고 전문화된 교육과정에 의거하여 학습자들의 학습활동을 촉진하기 위한 교사의 교육활동에 중점을 둔다.

학교교육은 청소년들이 배우고 알아야 할 지식이나 정보의 유일한 원천이 될 수 없으므로 그들이 획득한 정보를 바탕으로 한 지식의 구성에 초점을 맞추어야 한다. 즉 학생들은 수동적으로 교육받는 존재를 넘어서 능동적이며 적극적인 자세로 배우고 학습하는 생성적 학습자로 변화해야 한다. 또한 교사는 새롭게 배우며 가르쳐야 하는 교수–학습의 쌍방향적 상호작용이 되어야 한다.

학교교육은 사회적인 요구를 반영하는 한편 사회변화를 새롭게 주도해야 한다. 지식기반사회로의 변화에 따라 학교교육은 여러 측면에서 변화하기 위해 노력하고 있다. 그러나 학교교육은 산업사회를 거치는 동안 익숙해진 교육관을 유지하고 있으며 체계적이며 구조화된 교육으로, 교사는 가르치고 학생들은 배운다는 고정관념에 머물고 있다. 이러한 학교교육은 여러 사회문제와 위기(교육 붕괴, 학급 붕괴, 교실 붕괴 등)를 경험하기도 하는데, 지식기반사회에서 학교교육 위기의 특징을 살펴보면 다음과 같다(성열준 외, 2016).

① 학교교육은 여전히 암기 위주의 입시교육으로 청소년들이 단편적인 지식만을 암기하도록 하고 있다. 지식기반사회에서 청소년들은 지식의 정보화를 넘어 정보의 지식화를 이룰 수 있도록 다양한 능력과 적성을 개발하고 창의성을 함양해가야 한다.

② 학교교육은 보다 권위적이며 지배적이다. 청소년들의 다양한 관심이나 요구를 수렴하기보다는 기존의 학교 틀이나 교육제도에 맞추어 그들을 관리하거나 통제하려 한다. 지식기반사회에서 학교교육은 다양한 경로들 통해서 이루어질 수 있도록 하고 교사와 청소년들 간의 보다 수평적인 상호작용이 촉진되어야 한다.

③ 학교교육은 획일적인 교육행정으로 교사의 자율성이 보장받지 못하고 있다. 교사는 단지 정해진 교과나 지식을 청소년들에게 전달하는 전달자의 역할을 하고 있다. 지식기반사회에서 교사는 학습내용의 전달자를 넘어서 청소년들이 지식을 수용하고 변용(變容)하여 새롭게 창출할 수 있도록 촉진자의 역할을 수행해야 한다.

④ 학교교육은 입시 위주의 공부나 성공을 위한 과열된 교육을 하고 있기 때문에

청소년들의 균형적인 발달과 성장을 위협하고 있다. 과도한 성적중심과 결과중심의 학교교육 분위기에 청소년들은 지 · 덕 · 체의 균형적인 발달을 하지 못하고 있다.

2) 전달교육중심에서 자율학습중심교육으로 전환

기존의 학교교육은 교육과정 및 교사의 계획성에 기초하여 교육대상 학습자인 학생들에게 지식을 전달하는 형식이었다. 학습자인 학생들은 일정 능력을 갖춘 유사한 집단으로 교육은 교사의 가르침에 대한 학습자 개별의 배움과 노력 정도를 전제로 하였다. 그렇지만 변화된 사회적 흐름을 고려하여 학교교육은 전달교육중심에서 자율학습중심교육으로 전환하는 것이 필요하다. 자율학습중심교육은 교실이라는 공간에 갇혀 있는 교육을 열고 해방시켜 삶의 양식으로서 교육적 관계를 복원하여 학습자가 스스로 창의적인 교육을 할 수 있도록 하는 것이다. 즉 학교교육이라는 제도교육 안에 갇혀 있던 학습의 존재가 사회적 실천성 안으로 들어갈 수 있게 하는 것이다. 자율학습중심교육은 청소년의 학습능력과 학습자발성을 신뢰하고 존중하며 주체적 학습활동을 정당화하는 교육이다. 자율학습활동은 교사에 의해서 촉진될 수 있지만 무엇보다 청소년 학습자 자신의 적극적 학습활동에 의해서 학습이 이루어지는 것이지, 교사가 가르친다고 학습이 이루어지는 것이 아니라는 것이다.

청소년들의 학습교육은 학교에서만 이루어지는 것이 아니라 학교 안팎을 포함하는 일상생활의 삶 속에서 이루어진다(김신일, 1993). 교사는 청소년들에게 지식을 전달하는 기능을 통해 교육하는 것이 아니라 교사 스스로가 학습하고 발전하는 모습을 학생들과 함께 상호작용하는 것이 중요하다. 이러한 상호작용 관계를 통해 청소년들은 지적이며 정의로운 성장을 간접적으로 촉진할 수 있다. 자율학습중심으로 확대할 수 있는 청소년들의 학습행위는 형식교육, 비형식교육, 무형식교육 등 세 가지 유형으로 나타날 수 있다(성열준 외, 2016; Eshach, 2006). 형식 · 비형식 · 무형식교육에 대한 자율학습행위의 차이는 〈표 5-1〉과 같다.

〈표 5-1〉 형식 · 비형식 · 무형식교육에 대한 자율학습행위의 차이

형식교육	비형식교육	무형식교육
주로 학교에서	학교 밖 시설/제도	어디에서나
지시적	대체로 지원적	지원적
매우 구조적	구조적	비구조적
매우 계획적	계획적	비계획적
표준화/체계화	다양화/비체계화	다양화
외적 동기화	내적-외적 동기화	내적 동기화
의무/강제적	자발적	자발적
교사 주도적	안내되는 교사주도	대체로 자주학습
평가받는 학습	대체로 평가 없는 학습	평가 없는 학습
연속적	대체로 비연속적	비연속적

출처: 성열준 외(2016), Eshach(2006).

〈표 5-1〉에서 비형식교육은 기존 교육과는 다르며 새로운 학교 밖 대응의 일환으로 시도되고 있다. 이미 학교 밖 교육과 교수-학습을 위한 지역사회 자원의 중요성에 대한 관심을 갖고 체계화하려고 노력하고 있다. 이러한 비형식교육은 가르쳐서 배운 것만을 교육이나 학습이라고 보지 않고 가르치지 않아도 스스로 배우는 것, 학습하지 못하도록 방해하는 가운데 배우는 것, 하물며 학습을 거부하는 것 자체도 학습에 포함하고 있다(성열준 외, 2016; 한승희, 2005).

5.2 청소년 일상생활과 학습문화의 특징

1) 청소년 일상생활의 특징

청소년들의 일상생활은 그들이 하루 일과를 반복적이며 되풀이 하는 삶이다. 청소년의 삶을 이해하기 위해 청소년들이 살아가는 일상생활에 대해 보다 많은 관심과 깊이 있는 이해가 필요하다. 주로 청소년들이 하루를 보내는 일상생활은 수면 · 식사 등을 위한 필수시간, 가사노동 · 학습 · 이동 등을 위한 의무시간, 교재 및 미디어 이용, 스포츠 및 레포츠 등의 여가생활시간 등으로 이루어진다. 청소년의 생활시간 조사는 5년마다 이루어지고 있는데, 2014년과 2019년도의 초 · 중 · 고 · 대학생 청소년의 일상생활시간 비교는 〈표 5-2〉와 같다(통계청, 2020).

〈표 5-2〉 초 · 중 · 고 · 대학생 청소년의 일상생활시간 비교 (단위: 시간(분))

	초등학생			중학생			고등학생			대학생 이상		
	2014	2019	차이	2014	2019	차이	2014	2019	차이	2014	2019	차이
ㅁ 필수시간	12:05	12:29	0:24	11:19	11:45	0:26	10:35	11:08	0:33	11:19	11:34	0:15
수면	9:05	9:25	0:20	8:24	8:45	0:21	7:40	8:07	0:27	8:08	8:22	0:14
식사 및 간식	1:51	1:50	−0:01	1:42	1:42	0:00	1:40	1:40	0:00	1:48	1:45	−0:03
기타 개인유지1	1:10	1:13	0:03	1:13	1:18	0:05	1:15	1:20	0:05	1:22	1:27	0:05
ㅁ 의무시간	7:00	6:21	−0:39	8:16	7:30	−0:46	9:32	8:34	−0:58	7:54	7:40	−0:14
일(구직활동 포함)	0:01	0:00	−0:01	0:01	0:00	−0:01	0:13	0:08	−0:05	1:12	1:31	0:19
학습	5:20	4:46	−0:34	6:41	5:57	−0:44	7:34	6:44	−0:50	3:54	3:29	−0:25
가사노동2	0:18	0:18	0:00	0:17	0:19	0:02	0:17	0:17	0:00	0:40	0:49	0:09
이동	1:21	1:17	−0:04	1:17	1:14	−0:03	1:28	1:26	−0:02	2:08	1:51	−0:17
ㅁ 여가시간	4:55	5:10	0:15	4:24	4:45	0:21	3:53	4:19	0:26	4:47	4:46	−0:01
교제 및 참여	0:59	0:47	−0:12	1:12	0:58	−0:14	1:11	0:57	−0:14	1:21	1:09	−0:12
문화 및 관광	0:03	0:05	0:02	0:02	0:04	0:02	0:05	0:03	−0:02	0:07	0:08	0:01
미디어 이용	1:47	1:53	0:06	1:36	1:53	0:17	1:17	1:37	0:20	1:52	1:53	0:01
스포츠 및 레포츠	0:21	0:21	0:00	0:13	0:13	0:00	0:16	0:18	0:02	0:23	0:23	0:00
기타3	1:45	2:04	0:19	1:20	1:37	0:17	1:06	1:24	0:18	1:03	1:11	0:08

주) 1. 개인 건강관리, 개인위생 및 외모관리 2. 가정관리, 가족 및 가구원 돌보기 3. 게임 및 놀이, 개인 취미활동, 자원봉사 등

출처: 통계청(2019), 2019년 생활시간조사 결과.

〈표 5-2〉에서 알 수 있듯이 청소년들의 필수시간에서 식사 및 간식, 기타 개인유지는 초 · 중 · 고에서 서로 비슷한 시간을 사용하지만, 수면시간은 2014년도와 2019년도에서도 고등학생이 가장 잠을 못자는 것으로 조사되었다. 이는 우리나라의 고등학교 청소년들이 대학 입시준비로 인해 학습(의무시간의 '학습'이 제일 많은 시간을 할당함)을 지속하면서 잠을 자지 못하는 것으로 파악된다. 또한 학습시간은 2014년과 2019년을 비교해 보면, 초등학생은 34분 적고, 중학생은 44분 적고, 고등학생은 50분 적고, 그리고 대학생은 25분 적게 학습하는 것으로 나타났다. 이는 갈수록 청소년들이 학업을 소홀히 한다는 것을 알 수 있다. 여가생활은 2014년보다 2019년도에 초 · 중 · 고학생은 더 많은 시간을 보내지만 대학생은 줄어들었는데, 이는 취업활동에 더 많은 시간을 보내는 것으로 판단된다.

한국 대도시 초등학생 청소년들의 일상생활 사례를 보면 오전 7시에 기상하여 세면과 식사 및 등교준비를 하고 8시에 등교한 후 오전수업과 점심식사를 하고 오후수업을 한 후 3시에 하교를 하게 된다. 하교 후 집에서 1시간 정도를 쉬고 학원을 가기도 하며, 하교를 마치고 바로 학원으로 가는 경우도 많다. 4시부터 약 2~3시간 정도 학원에서 공부를 한 후 귀가한다. 7시경에 저녁식사를 한 후 다시 학원에서 공부를 하며 시간을 보내고 9시 정도에 귀가하여 학교 및 학원의 숙제를 하면 대략 11시경에 취침한다. 그나마 농어촌 소도시의 경우는 대도시보다 학원을 가지 않는 경우가 많으며 취침시간은 오후 8~9시경이다.

고등학교 청소년들의 일상생활 사례를 보면 오전 6시에 기상하여 세면과 식사(식사를 하지 않는 경우가 많아지고 있음)를 하고 7시 30분에 등교를 한 후 오전수업과 점심식사를 하고 4시 30분까지 오후수업을 한다. 오후 수업을 마치고 6시까지 보충수업을 받고 저녁식사를 한 후 7시부터 약 2시간 정도 야간 자율학습을 한다. 야간 자율학습을 마친 후 학원이나 독서실로 이동하여 11시까지 공부를 한다. 11시 이후에 귀가하여 집에서 새벽 1시 정도까지 공부하다가 취침한다. 이렇듯이 한국의 청소년들은 예체능 분야의 학습활동이 거의 없으며 학교에서의 수업, 방과 후 보충수업 및 야간 자율학습, 학원수업 및 과외 등 주로 교과관련 학습을 한다.

2) 청소년 학습문화의 특징

청소년의 학습문화는 학교나 학원 등에서 실시하는 수업이다. 학교생활의 가장 많은 시간은 수업으로 이루어지고 있으며, 수업은 정규수업과 보충수업으로 이루어져 있다. 정규수업은 전 과목을 대상으로 수업이 이루어지며, 보충수업은 수학능력시험에 배점이 높은 국어, 영어, 수학을 중심으로 이루어진다.

중학교의 경우 2016년부터 자유학기제가 전면 실시되면서 중간·기말고사를 보지 않는 대신 토론·프로젝트·실습수업이나 직장 체험활동과 같은 진로교육을 받는 자유학기제도가 도입되었다. 이는 청소년들이 중학교 한 학기 동안만이라도 시험 부담 없이 자신의 꿈과 끼를 찾는 진로탐색 기회를 가져야 한다는 취지에서 마련된 정책이다. 자유학기제 동안 청소년들은 가존의 교육과정, 수업방식, 평가방식과는 다른 학습문화를 경험하게 된다. 청소년들은 중간고사와 기말고사 등 지필시험을 치르지 않고 고교입시에도 자율학기의 성적은 반영되지 않는다. 자율학습 과정은 진로탐색 활동, 동아리 활동, 예술·체육 활동, 선택 프로그램 활동 등으로 이루어진다. 또한 한 학기에 두 차례 이상 종일체험 활동을 실시하고 청소년 스스로 진로체험 계획을 세우면 학교가 출석으로 인정하는 자기주도 진로체험이 시행되었다. 이와 같이 청소년들의 진로탐색 활동 내용은 학교생활기록부에 점수 대신 서술형으로 기재된다.

이러한 자유학기제는 2017년에 확대 및 발전 시안을 마련하여 2018년에는 희망 학교에 한하여 자유학년제를 실시하고 있다. 한국의 학교수업에서 문제가 되는 것은 학교가 지나치게 지식 위주의 획일적인 주입식 교육 활동을 한다는 것이었다. 그러나 자유학기제로 인해 교육 패러다임(paradigm, 한 시대 사람들의 사고나 인식을 근본적으로 규정하는 이론적인 틀이나 체계)은 청소년들이 그들의 흥미와 적성 등 다양성이 인정되고 교사와 그들이 상호 소통하고 존중하면서 토론식 학습문화로 변해가고 있다는 것이다. 이러한 자유학년제 실시를 하면서 일반교사나 진로 · 진학상담교사가 자유학년제 업무에 관여하게 되는데, 보다 전문적인 수업 프로그램을 꾸릴 코디네이터를 학교에 배치하거나 학교 안팎의 인적 · 물적 · 제도적 지원을 보강하여 청소년들이 만족할 수 있는 자유학년제가 되어야 한다.

또한 학교생활에는 정규수업과 보충수업 외에 학습과 관계없는 특별활동시간이 있다. 특별활동시간은 청소년 개인의 관심과 흥미에 따라 스스로 선택할 수 있도록 이루어졌다. 2009년 개정 교육과정에 따라 2011학년도부터 동아리 활동이 진로 활동 및 봉사 활동과 함께 전체적으로 창의적 체험 활동에 포함되어 진행되고 있다. 그 시간을 살펴보면 초등학생의 경우 연간 204시간, 중학생의 경우 306시간, 고등학생의 경우 408시간을 이수하도록 규정함으로써 특별활동시간은 청소년들의 역량을 강화는 데 기여하고 있다. 이와 같이 학교에서의 동아리 활동이 장려되고 있지만 일부 학교에서는 특별활동시간을 대입에 활용할 스펙 쌓기의 일환이 된다는 우려도 있다(오윤선 외, 2020).

청소년의 학습문화는 학교교육 외의 학원 등을 통한 사교육이 있다. 사교육은 초 · 중 · 고등학생들이 사적인 수요와 사적인 공급에 의해서 학교 정규교육과정 이외에 학교 밖에서 받는 보충교육으로 그 비용을 개인이 부담하는 교육서비스이다. 이러한 사교육은 학교정규수업과는 별개로 학교 밖에서 이루어지는 학원, 개인과외, 그룹과외, 방문학습지, 인터넷 및 통신강좌 등 수강료를 지출하는 학습을 포함한다(천정웅 외, 2017). 초 · 중 · 고등학생의 사교육에 대한 조사는 2007년부터 해마다(3~5월 지출조사, 7~9월 지출조사) 통계청과 교육부 주관으로 조사하고 있다. 최근 4년간 초 · 중 · 고등학생의 사교육비용 및 참여현황은 〈표 5-3〉과 같다.

〈표 5-3〉 초 · 중 · 고등학생의 사교육비용 및 참여현황

구분		2017년	2018년	2019년	2020년
학교급별 사교육비 총액(억 원)	초등학교	81,311	85,531	95,597	35,777
	중학교	48,297	49,348	52,554	25,917
	고등학교	57,095	59,348	61,819	31,155
	총액	186,703	194,851	209,970	92,849
학교급별 전체학생 1인당 월평균 사교육비(만 원)	초등학교	25.3	26.3	29.0	22.1
	중학교	29.1	31.2	33.8	32.8
	고등학교	25.5	32.1	36.5	38.8
학교급별 참여학생 1인당 월평균 사교육비(만 원)	초등학교	30.7	31.9	34.7	31.8
	중학교	43.2	44.8	47.4	49.2
	고등학교	51.0	54.9	59.9	64.0
학교급별 전체학생의 사교육 참여율(%)	초등학교	82.7	82.5	83.5	69.2
	중학교	67.4	69.6	71.4	66.7
	고등학교	55.9	58.5	61.0	60.7
학교급별 전체학생 1인당 주당 사교육 참여 시간(시간)	초등학교	6.7	6.5	6.8	4.6
	중학교	6.4	6.5	6.8	6.0
	고등학교	4.9	5.3	5.7	5.9

출처: 통계청(2017, 2018, 2019, 2020), 초중고 사교육비조사 결과.

〈표 5-3〉에서 알 수 있듯이 초등학생, 중학생, 고등학생의 사교육 참여율이나 주당참여 시간은 2017년보다 2018년, 2019년에는 지속적으로 증가하고 있는 것으로 나타났다. 그러나 2020년은 급격하게 감소하는 것으로 나타났는데, 이는 코로나19 팬데믹(pandemic) 상황으로 일상생활의 어려움으로 인해 활동을 하지 못한 것으로 판단된다. 특히 사교육비 총액이나 월평균 사교육비에서 알 수 있듯이 사교육비가 2017년보다 2018년, 2019년에는 지속적으로 증가하였으나 2020년에는 급격히 감소한 것을 알 수 있다. 그렇지만 고등학교에는 감소하지 않고 오히려 증가한 것을 알 수 있다. 이는

코로나19 팬데믹 상황에도 입시준비를 위한 사교육이 지속되고 있다는 것을 알 수 있다.

사교육인 학원시스템은 학교교육에 비해 교육환경 변화에 유연성을 갖고 탄력적인 운영을 할 수 있다. 이러한 학원교육은 내신성적 향상이나 대학수학능력시험 준비에 집중하고 있다. 학원은 수시로 변동하는 교육제도 및 시장의 변화에 민감하게 대응하고 있다. 학원의 입장에서 교육은 하나의 서비스 상품이며 학부모나 학생은 소비자로 보고 있다. 학원강사는 정신적인 서비스의 공급자로 역할을 분담하며 교육시장에서 우위를 점하기도 한다. 이렇듯이 청소년들은 사교육참여를 통해 여러 기능이 있을 수 있다(천정웅 외, 2016). ① 공교육 기관인 학교에서 학생과 학부모가 필요로 하는 교육적 요구를 모두 충족시킬 수 없기 때문에 학교교육에 대한 보완 · 보충기능을 수행하고 공교육을 보다 충실하게 실시하도록 하게 한다. ② 국가의 교육투자 행위의 측면에서 효율성을 높이도록 한다. ③ 학습결손이 누적된 학생의 학력을 향상시키고 학습의욕을 높이는 데 도움을 준다.

그러나 사교육으로 인한 교육의 문제도 제기된다. 학원은 반복훈련에 의한 학습을 주로 하게 되고, 교과목 비중을 고려한 편성표를 제시하여 빨리 이수하도록 한다. 또한 선행학습으로 인해 일부 청소년들은 정상적인 공교육 수업이 자신의 수준 이하로 인식되거나 수업에 대한 흥미를 잃어버릴 수도 있다. 청소년들은 개인의 특성이나 환경에 따라 학습속도나 이해도가 다르다. 학원에서 이루어지는 시험 위주의 주입교육은 청소년들의 창의성 발달을 저해할 수 있다. 또한 청소년들이 자신의 학습을 관리하고 자신의 흥미와 관심을 해결해 가는 자기주도적 학습능력을 저해할 수도 있다. 사교육을 밤늦게까지 계속되면 청소년들의 신체적인 건강에 무리를 줄 수도 있다.

5.3 청소년 학습문화의 개선방안

학습은 사람들이 생애과정을 거치는 동안 가르침과 배움이 역동적이고 상호작용으로 이루어져야 한다. 그러나 우리에게 익숙한 교육은 학교를 중심으로 교사에 의한 계획성과 가르침을 중심으로 하여 학습자의 배움을 설정하고 있다. 현대사회는 지식기반사회로 정보와 지식의 빠른 변화와 끊임없는 배움을 요청하는 학습사회로 접어들면서 기존의 전달중심교육은 위기를 맞이하고 있으며 새로운 변화를 요구한다. 지식기반사회에서 청소년 학습자와 그들의 삶을 중심으로 한 학습문화의 개선방안을 제시하면 다음과 같다(성열준 외, 2016).

① 교육은 학습자 중심의 보다 다양한 영역에서 교육활동이 이루어져야 한다. 교육활동은 전체적인 영역에서 전달중심교육에서 자율학습중심교육으로 변환될 수 있도록 제도화하여 청소년들의 참여를 보장할 수 있도록 해야 한다. 따라서 이를 위해 지금까지의 학교교육에서 교육목적, 교육목표, 교육내용, 교육방법, 교사와 학습자 간의 관계 및 역할 등에 대한 성찰적인 논의와 새로운 질적 변화를 강화해야 한다.

② 청소년들의 건강한 학습을 위한 일상생활에서의 여유와 비형식교육인 자율학습중심교육으로 확대되어야 한다. 청소년들은 집－학교－학원－집을 오가며 학업과 공부를 중심으로 반복적이며 과도한 일상생활에 놓여 있다. 일상적인 학업수행과 성적은 청소년들의 주요 고민이며 스트레스로 자리 잡고 있다. 학교교육의 수업, 보충수업, 야간 자율학습, 밤늦은 시간까지 이어지는 학원수업 등은 학습의 효율을 떨어뜨릴 뿐만 아니라 청소년들의 균형적인 발달과 안정적인 생활에 부정적인 영향을 미친다. 따라서 비형식교육인 자율학습중심교육이 될 수 있도록 교사는 단순한 전달자로서 교육자이기보다는 스스로 끊임없이 배우고 발전해 나가

는 또 하나의 학습자로서의 모습을 보여주어야 한다.

③ 청소년시설, 평생교육원, 사회복지시설 등 학교 밖 교육시설을 활용하여 보다 다양한 학습활동을 활성화해서 청소년들의 참여를 촉진해야 한다. 청소년수련관, 청소년문화의집, 청소년수련원 등 청소년시설을 이용한 학습활동은 입시 위주의 교육과 교과중심의 경쟁에 지쳐 있는 청소년들의 균형적인 발달과 개발을 촉진하는 장이다. 경직된 교육과정보다는 청소년들의 관심과 요구에 기초한 학교 밖 교육이 청소년중심의 가르침과 배움을 역동적으로 해나갈 수 있다. 특히, 청소년시설의 청소년지도사는 다양한 청소년활동이나 프로그램을 실천하면서 청소년들의 관심과 요구에 적극적으로 반응하여 긍정적인 상호작용을 형성하고 있다. 따라서 청소년시설은 건강한 청소년학습문화를 위한 교육의 장이 될 수 있도록 보다 많은 지원과 실천이 요구된다.

CHAPTER 06

청소년의 여가문화

CHAPTER 06

청소년의 여가문화

현대사회의 청소년들은 바쁜 일상생활을 하면서 학업과 미래에 대해 많은 스트레스를 받으며 살아가고 있다. 또한 청소년들은 반복적인 일상생활에서 벗어날 수 있는 자유로운 여가생활을 하면서 보낸다. 여가생활은 일상에서 지쳐 있는 청소년들의 몸과 마음을 쉬게 하며 그들의 삶에 대한 재충전의 기회로 만든다. 이렇듯이 청소년들은 여가생활을 하면서 일상생활을 하게 되는데, 청소년의 여가문화에 대해서 살펴본다.

6.1 청소년 여가의 개념 및 기능

1) 청소년 여가의 개념

여가의 개념은 통일된 견해가 있는 것이 아니고 학자들의 관점과 시대의 변천, 사회구조, 산업구조 등에 따라 다양하게 정의된다. 여가(leisure)는 라틴어 옵티움(optium)으로 '아무것도 하지 않는 여분' 또는 '한가로움', '휴식' 등으로 정의된다. 한자 여가(餘暇)는 '남을 여(餘)'에 '겨를 가(暇)'로 이루어진 단어로 일을 하다가 잠시 쉴 수 있는 겨를(틈)에 해당한다. 또한 사전적 정의를 살펴보면 〈새 우리말 큰 사전〉에서는 여가를 겨를 또는 틈이라고 풀이하고 있으며, 〈옥스퍼드 사전〉에서는 여가를 일이나 의무에서 벗어난 시간, 즐겁고 자유로운 시간 등으로 설명하고 있다.

이렇듯이 여가를 의미하는 개념은 1일 24시간의 일중리듬에 따라 노동, 수면 등 자기보존을 위한 시간을 제외한 잉여 시간을 의미하는데, 여가는 본인이 마음대로 사용하는 시간을 의미한다고 할 수 있다. 일반적인 여가는 즉각적인 보상이 없고 특별한 기술이나 훈련이 요구되지 않는 즐거운 활동이다. 즉 놀이, 휴식(낮잠 자기, 공원 산책), 수동적 오락(TV 시청, 독서, 음악 감상), 능동적 오락(인터넷 게임, 노래방 등), 사교적인 대화(친구와 잡담), 감각적인 자극(쇼핑, 맛집 찾기, 데이트 등) 등이다(천정웅 외, 2017; 최아현, 2011; Stebbins, 1982).

이러한 여가 시간을 활용하는 여가활동은 사람이 해야 하거나 주어진 일로부터 벗어나 한가로운 시간을 활용하여 이루어지는 활동이다. 현대사회는 '노동 및 생산중심'에서 '여가 및 소비중심'의 생활양식으로 변화하고 있다. 또한 자동차 시대가 도래되면서 여가생활의 범위가 확장되면서 여가와 관련된 소비지출이 증대되고 있다. 산업화로 인해 대도시로 집중되던 인구가 교외지역으로 분산되고 외식산업이 발달하면서 연극 및 음악회 관람비가 급증하는 등 상업적인 여가산업이 비약적으로 발달하였다. 2000년대부터는 저출산문제가 심화되면서 일과 삶의 균형을 이루려는 '워라밸'이라는 신어(新語)까지 등장하였다. 워라밸은 워크와 라이프 밸런스(work and life balance)의 줄임말로 개인의 일과 생활 간의 조화가 이루어지는 상태로서 근로자가 자신의 일과 개인적 생활을 모두 잘해내고 있다고 느끼는 상태를 의미한다. 그리고 정보통신기술의 발달로 정보화를 통해 이전에 없던 여가문화를 만들어 내고 있다. 대표적인 사례가 스마트폰과 게임이다. 청소년 여가활동은 주로 스마트폰을 활용하여 SNS(Social Network Service, 소셜미디어)를 통해 스포츠, 문화, 관광, 오락 등 모든 정보를 제공받고 정보를 공유하며 보낸다.

2) 청소년 여가의 기능

청소년들의 여가활동은 신체나 정신건강에 도움이 된다. 성인은 물론 성장기에 있는 청소년들에게 있어서 여가시간을 활용한 적당한 운동은 신체발달에 도움이 된다. 또한 운동을 통해 스트레스를 해소함으로써 정신건강에도 도움이 된다. 이러한 여가활동은 청소년들에게 사회성발달에 공헌할 수 있는 기능을 하며, 여가활동을 통해 타인과의 협력과 이해의 태도를 기르고, 자신을 알게 되며 규칙과 질서를 통해 바람직한 인간관계를 형성하는 계기가 된다. 이처럼 여가활동은 인간의 성장과 발전을 위해서도 매우 유용한 영향력으로 삶에 대한 특정 가치를 부여하는 데 있어서 촉진제 역할을 한다. 이러한 여가의 기능은 다음과 같다(성열준 외, 2016; 권이종, 1996).

① 청소년들의 레크리에이션이나 스포츠 등의 여가활동은 사회활동을 원활하게 하며 긍정적인 인간관계를 형성하게 한다.

② 청소년들의 여가활동은 사회의 불만, 기성세대에 대한 불신, 욕구불만, 심리적

압박감에서 벗어나고 자신들의 욕구를 충족할 수 있는 기회와 신체적 발달, 인간관계, 학교공부에서 오는 긴장과 스트레스를 해소시켜 준다.

③ 청소년들의 여가활동은 자연스러운 활동 중에 협동과 공동체 의식을 길러 그들의 마음을 즐겁게 하고 정신적 긴장을 풀게 하여 마음의 문을 열게 한다.

④ 청소년들의 여가활동은 자발적 · 능동적으로 참여하기 때문에 각자의 잠재능력을 최대한 발휘할 수 있으므로 창의성발달을 촉진하는 기회가 된다.

⑤ 학생들의 캠프활동을 통한 여가활동은 지도자로서의 통찰력과 조직력, 추진력, 통솔력, 창의력 등이 향상된다.

⑥ 청소년들의 프로그램을 통한 여가활동은 인격형성과 인간애뿐만 아니라 신체적, 지적, 정서적, 사회성 등의 발달을 조화롭게 성형할 수 있어 균형적인 발달에 도움을 준다.

⑦ 청소년들의 여가활동은 서로 대화하고 이해하는 가운데 자연스럽게 이성교제 방법을 배우게 되어 건전한 이성관을 갖게 한다.

⑧ 청소년들이 가족과 함께 하는 여가활동은 공동체 의식을 함양하고 세대 간의 갈등을 이해하고 해결할 수 있는 능력을 기르게 한다.

⑨ 청소년들의 여가활동은 학교교육의 제한된 배움의 기회를 보충하거나 재창출하여 자아실현의 기회를 확장시킬 수 있다.

또한 인간발달과정에서 청소년기에 해당하는 청소년들의 여가활동은 그들이 살아가는 일상생활에서 신체, 심리 · 정신, 사회 · 정서 · 문화 영역 등에 많은 기능을 한다. 청소년 여가의 기능을 신체적, 정신적, 사회적, 교육적, 문화적, 재생산적, 이성관 확립, 자아실현 등의 영역에 따라 기능을 살펴보면 다음과 같다(천정웅 외, 2017; 오윤선, 2010).

① **신체적 기능**: 여가시간을 활용한 적절한 운동은 일상생활이 바쁜 청소년들에게

체력 저하나 질병예방을 위한 면역력을 강화시키는 역할을 한다. 다양한 스포츠 활동 등과 같은 여가활동은 육체적 피로감을 풀어주고 과중한 스트레스로 인한 심신의 피로를 극복하고, 체력 향상과 더불어 신체적 성장을 균형 있고 건강하게 유지하도록 한다. 청소년기의 적당한 운동은 인간발달의 신체적 과정에 더욱 중요한 의미를 갖는다.

② **정신적 기능**: 현대사회는 갈수록 복잡하고 경쟁이 치열해져 청소년들은 정신적 여유를 갖지 못하고 욕구불안이나 갈등으로 인해 많은 스트레스를 받는다. 청소년들은 자신이 추구하는 욕구가 좌절되었을 때나 부모나 또래 · 친구와의 갈등으로 정서적 불안감을 경험하며, 스트레스로 인한 열등감, 무력감, 반항, 공격, 난폭, 폭언 등의 문제행동이 발생한다. 이때 여가활동은 정서적 안정감을 제공하며 정신적 건강을 유지하도록 돕는다.

③ **사회적 기능**: 여가활동은 대인관계 속에서 상대방에 대한 이해를 높이고 사회질서를 배우며 규범적인 생활방식이나 사고방식을 가지게 하는 등 바람직한 사회성 발달을 형성하는 데 기여한다. 청소년들은 여가활동을 통해 협동심과 지도력을 배울 수 있는데, 집단 여가활동은 다른 사람과 어울리고 화합하며 갈등을 해결하는 과정을 통해 공동체 의식과 일체감, 협동심 등을 키울 수 있다. 또한 다양한 연령대와의 여가활동을 통해 세대 간의 갈등을 이해할 수 있고, 다양한 위치에서 역할 경험을 통해 지도자로서의 조직력, 통솔력, 창의력 등을 키울 수 있다.

④ **교육적 기능**: 다양한 프로그램을 통한 여가활동은 개인의 인격형성과 사회성발달을 위한 균형 잡힌 발달을 도모한다. 청소년들은 여가활동을 통해 그들의 여가선용(善用)을 위한 지식, 방법, 태도, 습성 등을 올바르게 배우며, 밝고 건강한 개인 생활 및 사회생활을 배우는 교육적 기능이 있다. 또한 여가활동을 통해 학교교육에서 발견하지 못한 자신의 잠재능력을 깨닫고 창의력을 개발할 수도 있다.

⑤ **문화적 기능**: 여가는 활동 그 자체가 하나의 행동양식으로 문화를 형성한다. 청소

년들의 여가활동은 사회참여 기회를 확대시키며 그들로 하여금 문화적 유산을 발전 · 계승시키며 새로운 문화를 창조할 수 있는 문화적 기능을 한다.

⑥ **재생산적 기능**: 여가활동은 사람들이 일로 인해 소진된 에너지를 재충전함으로써 재생산 능력을 높이고 창출하는 기능을 한다. 청소년들의 여가활동은 신체적 긴장, 또래 · 친구관계, 가족관계, 학업 등으로 인해 소진된 신체적 · 정신적 피로를 완화시키거나 해소시켜줌으로써 청소년기 발달과업을 수행할 수 있는 재충전의 기회를 제공해 준다.

⑦ **이성관 확립 기능**: 청소년들은 여가활동을 통해 이성의 또래 · 친구와 자연스럽게 상호작용하면서 서로 이해하고 올바른 이성관을 확립할 수 있다. 현대의 청소년들은 SNS를 통해 왜곡된 성적 지식을 획득하고 음성적인 이성교제를 함으로써 일탈적 성문제에 직면하게 된다. 따라서 부모나 여가활동을 지도하는 청소년지도사는 청소년들이 여가활동이나 단체 활동을 통해서 건전한 이성교제를 할 수 있도록 독려하여 이를 통해 이성교제 시 지녀야 할 바람직한 자세와 태도 등을 습득할 수 있도록 지도해야 한다.

⑧ **자아실현 기능**: 자아실현은 인본주의(인간은 원래 선하고 적절한 환경이 주어지면 자신의 잠재능력을 실현하는 기능이 있다고 봄) 학자 매슬로우(Maslow)의 인간욕구 5단계(생리적⇒안전⇒사랑과 소속⇒자아존중⇒자아실현) 중 가장 상위 단계로 자신의 잠재된 능력이나 재능 등을 실현하는 것이다. 청소년들의 여가활동은 자신들을 존중하며 폭넓고 자유롭게 여가활동이나 사회활동에 자발적으로 참여할 수 있으므로 활동을 통해 자신의 잠재능력이나 재능을 실현할 수 있는 자아실현 기능이 있다.

6.2 청소년 여가활동의 유형과 필요성 및 특성

1) 청소년 여가활동의 유형

여가의 유형은 여가활동을 분류하는 분류기준과 분류방법에 따라 다양하게 제시될 수 있다. 이는 여가에 대한 연구자들과 연구 목적에 따라 다양하게 정의하고 있으며, 여가활동 형태가 서로 비슷한 내면적 특성을 가지고 있어 활동 간에 구분이 모호하다. 국외의 경우는 여러 대표적인 학자들이 있지만 크라우스(Kraus, 1971)와 이소 아홀라, 잭슨, 던(Iso-Ahola, Jackson & Dunn, 1994)의 유형만 언급한다. 또한 국내의 경우는 김광득(1998), 한국관광공사(1995), 문화예술진흥원(1991), 문화체육관광부(2010) 등 일부 단체의 유형에 대해서만 언급한다(오윤선 외, 2020; 선우유영, 2013). 국내외 일부 학자들의 여가활동 유형은 〈표 6-1〉과 같다.

〈표 6-1〉 국내외 학자들의 여가활동 유형

분류학자	활동유형(내용)
Kraus(1971)	스포츠 참여 및 관광, 여행, 상업적 오락 활동, 도박, TV시청, 전자오락
Iso-Ahola, Jackson & Dunn(1994)	신체적 활동, 옥외 레크리에이션 활동, 팀스포츠 활동, 취미활동, 가정 내 레크리에이션 활동
김광득(1998)	스포츠 · 건강 활동, 취미 · 교양 활동, 오락 · 사교 활동, 감상 · 관람 활동, 행락 · 관광 활동
한국관광공사(1995)	행락 및 관광(산책, 놀이터, 고궁, 야유회, 등산, 낚시 등), 사교활동(외식, 친지 · 친구 방문, 클럽활동, 계모임 등), 감상 및 관람(영화, 연극, 음악회, TV, 라디오, 경마 등), 스포츠(축구, 배구, 농구, 야구, 수영, 스키 등), 취미 및 교양(문예활동, 서예, 그림, 악기연주, 쇼핑 등), 놀이 및 오락(장기, 바둑, 화투, 카드, 전자오락 등)

분류학자	활동유형(내용)
한국문화예술진흥원 (1991)	산책 및 행락(산책, 하이킹, 고궁, 소풍, 공원 등), 여행 및 관광(휴양여행, 해외여행), 교제 및 만남(동창회, 계모임, 종교, 사회봉사 등), 관광 · 구경 · 감상(영화, 연극, TV시청, 라디오 청취 등)
문화체육관광부 (2010)	문화예술 활동(스포츠 관람, 영화 관람(극장), 연극 · 무용 관람, 전시회 관람, 음악회 관람), 스포츠 활동(춤추기, 등산, 구기 종목, 인라인, 자전거, 격투기, 복싱, 수영, 검도, 헬스, 골프, 스키, 스케이트 등), 관광활동(유원지, 소풍, 고궁, 국내여행, 놀이터 등), 취미오락 활동(노래방, 악기연주, 독서, 원예, 사진, 공예, 동호회, 온라인, PC게임, 인터넷쇼핑, 인터넷채팅 등), 휴식활동(TV시청, 라디오 청취, 신문 · 잡지 읽기, 비디오 · DVD 감상, 산책, 수면, 담소, 명상, 빈둥거림 등), 사회 및 기타 활동(문자 보내기, 통화하기, 종교 활동, 봉사 활동 등)

출처: 선우유영(2013).

2) 청소년 여가활동의 필요성 및 특성

청소년기는 신체가 급격하게 발달 · 성장하고 정서와 사고, 잠재력과 창의력 등 생애주기에서 중요한 능력을 개발하고 신체적 · 정서적 · 사회적으로 건전한 발달과 성장이 요구되는 과도기적 시기이다. 또한 주변 환경과 지속적인 상호작용을 통해 자아정체성을 확립하고 자신의 문화를 창조해가는 중요한 시기이다. 그러나 현대사회의 청소년들은 결손가정의 증가, 부모의 맞벌이로 인한 정서적 무관심과 방임, 입시 위주의 주입식 교육풍토, 출세지향주의 만연, 성에 대한 지나친 노출, 청년층의 실업률 등 다양한 교육적 · 경제적 · 사회적 구조 변화와 맞물려 불안정하고 불확실한 환경 속에서 살아가고 있다.

또한 학업 중단, 가출, 약물 남용, 사이버 중독, 학교 폭력, 자살 등 우리 사회의 청소년들의 문제는 날로 심각해지고 있는 현실이다. 이처럼 지속적인 긴장감과 내면적 소외감, 정서적 불안감을 경험하고 있는 청소년들의 여가활동에 대한 욕구는 성인에 비해 매우 높다고 할 수 있다. 이에 청소년 문제에 대한 해결책을 제시하는 연구들은 청소년들의 휴식공간, 놀이공간, 놀이활동 확대라는 대안을 제시하고 있다(오윤선 외, 2020; 권이종 외, 2014).

그러나 한국 청소년의 경우 과도한 학습시간으로 인해 수면시간이 부족할 뿐만 아니라 여가시간도 부족하며 여가활동의 종류도 제한적이고 활동태도도 소극적인 것으로 나타난다. 또한 우리 사회에서 청소년들을 둘러싼 환경은 그들의 여가문화에 대한 인식 부족, 청소년 전용 문화공간의 부재, 빈약한 여가 프로그램 등으로 인해 그들이 자신의 욕구와 끼를 발산하기에 부족하다. 청소년기 여가활동은 신체적 피로를 회복시키고 정신적 스트레스를 해소시키며 사회구성원들과의 대인관계를 향상시키고 잠재능력과 창의력을 계발하는 등 전인적인 발달·성장을 도모하는데 결정적인 역할을 한다.

따라서 청소년기에는 여가시간을 확보하고 건전한 여가생활을 통해 생활 속에서 활력을 불어넣고 단순한 휴식과 즐거움, 기분전환을 통해 잠재능력과 창의력을 계발하고 공동체 정신을 함양하기 위해 보다 다양하고 포괄적인 여가활동이 필요하다. 또한 청소년기의 여가활동은 신체적 능력, 인지적 능력, 정서적 능력, 사회적 능력, 문화 창조, 자아존중감 확립 등 전반적인 발달영역에서 도움이 되므로 여가활동이 필요하다.

이러한 청소년 여가활동의 필요성에 따라 여가활동의 특성을 살펴보면 다음과 같다(성열준 외, 2016). ① 활동적인 청소년기의 여가활동은 급격한 신체적 발달로 인해 정적인 행동보다는 동적인 행동작용이 크게 일어나며, 이성에 대한 호기심도 증가하는 시기이다. 따라서 여가활동을 통해 건전한 이성교제와 이성관을 갖는 데 도움이 된다. ② 청소년들의 여가활동은 긴장과 스트레스 해소, 균형 있는 정서생활에 도움을 준다. ③ 청소년들의 여가활동은 인지발달에 촉매제 역할을 한다. ④ 청소년들의 여가활동은 긍정적인 자아 정체감을 갖게 해 준다. ⑤ 청소년들의 여가활동은 협동심, 지도력, 사회성 등을 향상시키고 세대 간의 갈등을 완화해 준다.

6.3 청소년 여가활동의 의미와 현황

1) 청소년 여가활동의 의미

청소년들은 신체적 · 정신적 변화가 큰 시기를 살아가고 있으므로 건전한 여가생활을 통해 그들의 다양한 성장과 추구하는 욕구를 자유롭게 표출하고 창조적으로 승화시킬 수 있는 기회를 가져야 한다. 그러나 미래의 진로문제로 인해 지속적인 긴장감과 끊임없는 내적인 소외감 및 정서적 불안감을 경험하고 있다. 이러한 의미에서 청소년들의 여가생활은 다음과 같은 의미가 있다(성열준 외, 2016).

① 개인적인 측면에서 청소년들의 여가활동은 바람직한 인격형성에 도움을 주고, 학업생활에서 누적된 육체적 · 정신적 피로를 회복시켜 새로운 활력을 얻는 재충전의 기회를 제공한다.

② 대인적인 측면에서 청소년들의 여가활동은 개방적인 자아표현의 기회를 제공해 줄 뿐만 아니라 집단 구성원들의 공동가치를 부여받음으로써 공동체 생활 속에서 조화로운 인간관계의 기술을 습득하게 한다.

③ 사회적인 측면에서 청소년들의 여가활동은 그가 속한 사회 규칙을 학습하고 성인으로서의 책무를 이행하는 역할 경험의 장을 제공한다.

④ 인지적인 측면에서 청소년들의 여가생활은 학교수업에서 배운 지식활동과 새로운 지식을 획득하는 기회가 되며 주체적이고 적극적인 여가활동 참여는 그들의 사고와 상상력, 창의력, 추리력, 문제해결력 등을 발달시키는 데 도움이 된다.

이러한 의미에서 알 수 있듯이 청소년들의 여가활동을 활성화하기 위한 방안으로 제7차 청소년 교육과정이 도입되었다. 제7차 교육과정에서는 특별활동과 특기적성교육을 비롯한 각종 현장체험학습을 통해 학생의 창의성교육과 여가활동을 강조하고 있다(성열준 외, 2016). 여기서 특별활동은 자치활동, 적응활동, 개발활동, 봉사활동, 행사활동 등 5개 영역으로 구성하여 각 영역별 내용은 지역사회의 특성과 학교의 실정에 맞도록 운영하고 있다. 이러한 특별활동은 교과목과 상호 보완적 역할로 학생의 심신을 조화롭게 발달시키기 위하여 실시하는 교과목 외의 활동으로 그들의 개성과 소질을 개발 · 신장하고 건전한 취미를 가지게 하여 자아실현을 돕고 여가를 잘 활용할 수 있도록 하는 것이다.

또한 현장체험학습은 학교 밖에서 이루어지는 학습으로 여가활동을 통해 학습할 수 있다. 체험학습 프로그램 내용은 실험, 관찰, 조사, 수집, 견학 등이 있는데, 도 · 농간 교류학습, 가족행사 및 지역사회행사 참가 등의 형태로 이루어진다.

2) 청소년 여가활동의 현황

한국의 청소년들이 여가 및 문화 활동을 할 수 있는 시설들은 청소년수련시설과 청소년이용시설로 구분한다. 청소년수련시설은 청소년들이 여가, 놀이, 문화 · 예술 활동에 필요한 시설, 설비, 프로그램 등을 갖추고 청소년지도사의 지도 아래 체계적이고 조직적인 체험적 수련활동을 실시하는 시설이다. 청소년수련시설은 수련활동의 종류와 기능에 따라 다음과 같이 구분할 수 있다. ① 청소년수련관은 다양한 청소년수련을 실시할 수 있도록 각종 시설 및 설비를 갖춘 종합수련시설이다. ② 청소년수련원은 수련관 기능을 하면서 숙박기능을 갖춘 생활관이 있는 수련시설이다. ③ 청소년문화의 집은 간단한 청소년수련 활동을 실시할 수 있는 시설 및 설비를 갖춘 정보 · 문화 · 예술 중심의 수련시설이다. ④ 청소년야영장은 야영에 적합한 시설 및 설비를 갖추고 청소년수련이나 야영편의를 제공하는 수련시설이다. ⑤ 유스호스텔은 청소년의 숙박 및 체류에 적합한 시설 및 설비와 부대 편의시설을 갖추고 숙식편의 제공, 여행청소년의 활동 지원 기능을 하는 시설이다. ⑥ 청소년특화시설은 청소년의 직업체험, 문화예술, 과학정보, 환경 등 특정 목적의 청소년 활동을 전문적으로 실시할 수 있는 시설과 설비를 갖춘 수련시설이다. 이러한 청소년수련시설의 설립주체별 현황은 〈표 6-2〉와 같다.

〈표 6-2〉 청소년수련시설의 설립주체별 현황 (기준: 2021년 11월 19일)

지역	청소년 수련관	청소년 문화의 집	청소년 수련원	청소년 야영장	유스호스텔	청소년 특화시설	총계
국립	0	0	8	0	0	0	8
시립	109	139	22	4	8	10	292
도립	3	23	9	3	2	0	40
구립	30	54	2	2	3	2	93
군립	50	83	20	9	12	1	175
사립	1	4	98	14	83	1	201
교육청	0	0	1	0	0	0	1
합계	193	303	160	32	108	14	810

출처: 한국청소년수련시설협회(2021).

청소년이용시설은 수련시설이 아닌 시설로 설치 목적의 범위에서 청소년 활동의 실시와 그들의 건전한 이용 등을 제공하는 시설이다. 「문화예술진흥법」에 의한 문화시설, 「과학관육성법」에 의한 과학관, 「체육시설의 설치 · 이용에 관한 법률」에 의한 교육시설, 「산림문화 · 휴양에 관한 법률」에 의한 수목원, 「사회복지사업법」에 의한 사회복지관 등과 시민회관, 어린이회관, 공원, 광장, 고수부지, 그 밖에 이와 유사한 공공시설 등으로 청소년의 수련활동 또는 여가선용을 위해 적합한 시설이 해당한다.

한국의 청소년수련시설은 〈표 6-2〉와 같이 810개의 시설이 설치 · 운영되고 있다.

이러한 시설은 1992년 이전에 155개 정도였으나 2005년에 729개, 2015년에 797개, 2019년에 811개소로 매년 증가하는 추세이다. 이와 같이 지속적으로 청소년수련시설의 확충은 건전하고 다양한 체험활동을 할 수 있는 청소년활동인프라 및 프로그램이 확대되고 있음을 보여준다(오윤선 외, 2020). 이렇듯이 해마다 청소년의 여가 및 문화 활동을 보장하기 위한 인프라는 확충되고 있으나 이러한 시설을 이용할 수 있는 청소년들은 시간과 경제적 여건이 제대로 마련되지 못하여 이용이 저조하다.

2013년도의 청소년 여가활동을 살펴보면 주말이나 휴일은 주로 'TV 및 DVD 시청(57.7%)'이나 '컴퓨터 게임 등(41.9%)'을 많이 하는 것을 알 수 있다. 다음은 특별히 무언가를 하지 않고 쉬는 '휴식(32.5%)'이나 개별적인 여가활동을 즐기는 것보다 또래·친구들과의 교제활동을 하는 '사교 관련 일(32.4%)', '문화예술관람(17.9%)', 자기개발(15.5%)', '스포츠 활동 및 관람(14.5%)', '종교 활동(8.5%)', '창작적 취미(7.7%)', '여행(5.9%)', '가사일(5.7%)' 순서로 나타났다. 이는 청소년들이 적극적인 여가활동보다는 소극적이고 수동적인 활동을 주로 하고 있음을 알 수 있다. 이러한 편협한 여가활동은 청소년기에 신체적·정서적·인지적·사회적 발달에 악영향을 줄 수 있다. 청소년의 여가활동에서 '여행(5.9%)'이나 '창작적 취미(7.7%)'는 활동을 많이 하지 않는 것으로 나타났는데, 이는 시간이나 경제인 요인이 따라주지 못한 것으로 판단된다.

또한 청소년 여가활동이 성별에 따라 차이가 있을 수 있는데, 여자 청소년의 경우 'TV 및 DVD 시청', '휴식', '사교 관련 일', '문화예술관람', '가사일' 등은 남자 청소년의 경우보다 활동을 많이 하고, 남자 청소년의 경우 '컴퓨터 게임 등'과 '스포츠 활동 및 관람' 활동은 여자 청소년보다 많이 하는 것으로 나타났다. 2011년도와 2013년도 주말이나 휴일의 청소년 여가활동은 〈표 6-3〉과 같다.

〈표 6-3〉 주말이나 휴일의 청소년 여가활동(복수응답) (단위: %)

구분	TV 및 DVD 시청	여행	문화 예술 관람	스포츠 활동 및 관람	컴퓨터 게임 등	창작적 취미	자기 개발	종교 활동	가사 일	휴식	사교 관련 일
2011년	61.6	5.1	15.9	14.9	49.6	8.0	15.5	8.4	5.4	28.7	30.1
2013년	57.7	5.9	17.9	14.5	41.9	7.7	15.5	8.5	5.7	32.5	32.4
13~19세	61.4	3.9	14.8	15.2	48.7	8.2	16.3	8.5	2.8	30.7	29.8
20~24세	52.2	8.9	22.5	13.5	32.0	6.9	14.3	8.5	9.8	35.1	36.1

출처: 통계청(2011, 2013), 사회조사. 사교 관련 일(친구만남, 친가방문, 동창회 모임 등).

2018년도 초 · 중 · 고등학생의 평일 여가활동 시간은 하루에 1~2시간(27.4%), 2~3시간(21.5%), 1시간 미만(16.5), 3~4시간(15.4%) 순으로 나타났다(오윤선 외, 2020; 한국정책연구원, 2018). 이와 같은 여가활동 시간 중 10대 청소년은 98.1%가 거의 매일 인터넷을 이용하고 있으며, 이용 시간은 주 평균 17시간 48분(일 평균 2시간 32분)을 이용하는 것으로 나타났다. 청소년은 인터넷을 이용하면서 'SNS 활동(96.2%)', '음악듣기, 동영상 보기, 온라인 게임 등(95.5%)', '자료 및 정보 획득(83.5%)' 등의 활동을 하는 것으로 나타났다(오윤선 외, 2020; 과학기술정보통신부 한국인터넷진흥원, 2018).

6.4 청소년 가치관의 변화와 여가문화의 개선방안

1) 청소년 가치관의 변화

현대사회는 물질만능주의에 접어들면서 청소년뿐만 아니라 성인의 가치관도 인생관이나 직업관에 따라 변화하고 있는데, 청소년들의 두 가지 성향에 대해서 살펴보면 다음과 같다(오윤선 외, 2020).

① 청소년들은 개인주의 성향이 많이 나타난다. 청소년들은 기성세대의 집단 중심적 또는 사회 중심적 가치관에서 벗어나 자기중심적 사고관을 지니고 있다. 즉 개인의 목표나 직업적 신념에 있어서 사회에 기여하기보다는 풍요로운 환경 속에서 개별적 취향과 개성을 추구하는 개별화 특성을 지닌다. 또한 자신의 인생을 보다 즐겁고 쾌락적으로 보내는 것에 주안점을 두는 청소년들이 증가하고 있다. 따라서 여가생활에도 청소년들은 사회적 인식에 관계없이 자신이 좋아하는 활동을 적극적으로 추구하며 의복과 외모 등에서도 자신만의 독특한 스타일을 찾으려 한다.

② 청소년들은 현실만족주의 성향이 많이 나타난다. 현대의 청소년들은 미래의 삶을 위해 현재의 어려운 삶을 인내하며 극복하기보다는 지금 당장의 삶에서 즐거움을 찾으려 한다. 과거 부모가 자녀를 위해 희생하거나 주택 마련을 위해 저축에 힘쓰며 경제적인 이유로 여가활동을 스스로 포기했다면, 현대의 청소년들은 집이 없어도 차는 좋은 외제차를 구매하는 등 현재의 자기 삶을 즐길 수 있는 조건에 우선한다. 따라서 젊은 청소년들은 여가생활에 있어서 기성세대와는 달리 현실만족을 추구하며 자기가 만족할 수 있는 즐거운 여가패턴을 찾으려 한다.

2) 청소년 여가문화의 개선방안

현대사회는 산업화를 거치면서 후기산업사회로 접어들면서 노동에 따른 일(공부)과 여가를 분리하여 이원론적으로 접근하고 있다. 이러한 차원에서 청소년 여가문화를 활성화하기 위한 개선방안을 살펴보면 다음과 같다(오윤선 외, 2020; 천정웅 외, 2017; 성열준 외, 2016).

① 여가문화 주체인 청소년들 스스로가 적극적이고 능동적인 자세로 동아리 활동을 할 수 있도록 지원을 확대해야 한다. 청소년기에는 또래 · 친구들의 영향이 크게 미친다. 동아리활동을 통해 청소년들은 또래 · 친구와의 긍정적인 관계를 형성하고 사회화과정을 학습할 수 있다. 따라서 학교 내 동아리 시설을 확충하여 청소년 전용 공간과 시설에서 그들만의 여가가 이루어질 수 있도록 집단적 차원에서 지원을 확대해 주는 것이 필요하다. 현재 진행되고 있는 동아리 지원을 확대하고 구체화하여 건전한 동아리 활동을 통한 건전한 여가의 활동화가 가능하도록 해야 한다.

② 지역 단위의 청소년 전용 여가 공간 및 시설을 확충해야 한다. 지역 단위에서 청소년들을 포함한 가족과 함께 어우러져 여가활동을 할 공간을 확충해야 한다. 현재 지방자치단체별로 다양한 공원 및 스포츠 활동을 할 수 있는 시설을 설치하고 있지만, 지역별로 편차가 있고 지역 내에서도 접근성의 차이가 존재하기 때문에 보다 구체적인 계획에 의거하여 시설을 설치하는 것이 필요하다.

③ 청소년수련시설의 활성화를 통한 여가 프로그램의 개발 및 보급을 해야 한다. 현재 전국적으로 산재해 있는 수련시설들을 용도에 부각되도록 특성화하여 청소년들이 가고 싶어 하는 여가생활 장소로 새롭게 부여될 수 있도록 해야 한다. 또한 수련시설 특성화를 통하여 청소년들이 다양한 여가활동을 할 수 있도록 다양한 종류의 프로그램을 개발 및 보급하는 것이 필요하다. 청소년들이 즐기는 여가활동을 살펴보면 적극적 · 생산적 · 창의적인 활동보다는 스트레스를 해소하기 위한 TV 및 DVD 시청, 컴퓨터 게임, 휴식 등 개인이나 소그룹 중심의 소극적 · 수동적 활동을 중심으로 정적이며 획일적인 활동이 이루어지고 있다. 따라서 성별, 연령대, 소속 학교 등과 같은 범주로 특성화되어 있는 청소년들의 개별적 욕구를 파악하여 대상별로 특성화한 다양한 여가프로그램이 필요하다.

CHAPTER 07

청소년의 패션문화

CHAPTER 07

청소년의 패션문화

현대사회의 청소년들은 과거 의식주 해결에만 의존하던 부모세대와 달리 경제적으로 풍요로운 시대에서 성장하고 있다. 또한 대중매체의 접촉이 많기 때문에 다른 어떤 집단보다 강한 소비 지향적 경향이 나타나고 있다. 따라서 청소년들의 패션도 환경과 시대의 흐름에 따라 다양하게 변화하고 있다. 패션은 행위, 제작이라는 의미의 라틴어 팍티오(factio)에서 유래된 것으로 만드는 일, 행위, 활동, 유행 등의 의미를 지니고 있다. 이러한 의미에서 패션은 일정한 시기에 특정 장소에서 유행하는 옷, 옷차림, 머리모양 등의 일정한 형식이나 새로운 양식을 의미한다. 청소년의 패션문화에 대해서 살펴본다.

7.1 패션의 개념과 패션문화의 특징

1) 패션의 개념

청소년기의 문화적 특징은 그들만의 개성을 패션으로 표현하려고 하는 심리적 요인이 강하다. 특히, 청소년들은 패션이나 화장을 자기표현의 수단으로 활용하고 있다. 현대사회의 청소년들은 힘들거나 경제적 어려움 없이 성장하면서 자기중심적이고 능동적인 성향을 띠고 있으며 구매와 소비행동이 자유롭게 이루어지고 있다. 청소년들은 강력한 구매력을 가지는 소비 집단으로 새롭게 경제소비의 주체가 되었다. 따라서 패션분야에 있어서도 큰 영향력을 발휘하고 있는 추세이다.

패션(fashion)의 어원은 행위, 제작이라는 의미의 라틴어 팍티오(factio)에서 유래된 것으로 만드는 일, 행위, 활동, 유행 등의 의미를 지니고 있다. 이러한 의미에서 패션은 일정한 시기에 특정 장소에서 유행하는 옷, 옷차림, 머리 모양 등의 일정한 형식이나 새로운 양식을 의미한다. 또한 '패션은 주어진 시간에 유행하고 있는 스타일이다', '패션은 자신을 위해 색다름을 추구하는 것이다', '패션은 상업이 발달함에 따라 소비자에 의해 채택되는 새로운 스타일이나 제품들에 의한 사회적 접촉과정이다', '패션은 사회적으로 다양한 것으로 지각된 이유로 인해 사회구성원들에 의해 채택된 행동의 한 방법이다' 등의 개념이 포함되어 다양하게 정의된다(박진규, 2015; 오윤선 외, 2020). 패션은 주로 의복 또는 복식품(복장에 장식적 효과를 더하게 하는 장신구, 브로치 · 목걸이 · 핸드백 · 장갑 · 스카프 등)의 유행을 가리켜서 말할 때 사용한다. 어느 특정한 감각이나 스타일의 의복 또는 복식품이 집단적으로 일정한 기간에 받아들여졌을 때 이를 패션이라 한다. 시즌에 앞서서 새로 만든 유행의 의복이나 복식품을 전시하거나 모델이 몸에 걸치고 공개하는 것을 패션쇼라 하는데, 그 기원이 명확하지는 않지만 1800년대에 프랑스 파리의 쿠튀르 살롱에서 이미 '패션 퍼레이드'가 주기적으로 열렸다고 한다. 그 때 옷을 입는 사람을 패션모델이라 한다.

2) 청소년 패션문화의 특징

청소년들의 패션문화는 교복이 일제의 잔재이며 획일적인 교복 지정은 민주적 교육 이념에 어긋난다고 보고 1983년 3월 교복 자율화가 시행되면서 많은 변화가 있었다. 이러한 사항에 따라 청소년들은 어느 세대보다 유행에 민감하고 강한 유행수용력을 가진 소비 집단으로 인식하게 되었다. 즉 성인세대는 의복을 구입하는 단순소비나 실용성 및 내구성을 추구하며 구입하는 반면, 청소년들은 문화상품을 중심으로 한 고감각의 패션을 선호하거나 유행에 따른 의복을 구매하는 경향이 있다. 이러한 청소년기의 패션문화 특징은 다음과 같다(성열준 외, 2016; 한국청소년개발원, 2003).

① 청소년들은 자아정체성 형성도구로서 패션문화를 수용하고 있다. 청소년들은 인생주기의 어느 시기보다 패션에 의해서 그들이 속한 집단에 동조하려는 열망이 있다. 청소년기에 있어서 패션행동의 중요한 측면은 또래 · 친구집단의 승인과 일치하는가 일치하지 않는가에 있다. 즉 자신의 패션을 통해 지각하려고 하는 경향이 높다.

② 청소년들은 타인 지향적 패션문화를 수용하고 있다. 청소년기의 패션행동은 동일시에서 시작하는데, 그들은 자신이 동일시할 수 있는 가수나 연예인의 외모를 동경하며 따라 하기 때문에 가수나 연예인은 일부 청소년에게 동일시의 준거집단이 되기도 한다. 대중매체를 통한 대중문화 지향적인 패션문화 수용은 모방적이고 동일시적인 의복문화 수용 형태로 나타난다. 청소년들은 또래 · 친구집단에 대해 소속감을 느끼며 그로 인해 심리적 안정감을 얻을 수 있기 때문에 또래 · 친구들

이 인정해 주는 제품을 구매하고 소비하는 경향이 크다. 같은 또래 · 친구가 착용하는 패션스타일을 구매함으로써 동질감과 또래 · 친구의식을 갖게 되고 혼자만의 선택이 아니라는 안도감을 갖는다. 이러한 청소년들의 경향은 옷을 구입하거나 착용하는 데 있어서 타인을 의식하는 타인 지향적 패션문화 수용의 특징이 있다.

③ 청소년들은 비합리적이고 물질주의 성향이 있으며 충동적인 패션문화의 소비 특성이 있다. 청소년들의 의복과 관련된 소비행동은 옷을 못 입게 되어서 구입하는 것이 아니라 새로운 유행을 추구하는 과정에서 구입하게 된다. 일반적으로 옷이나 신발 등 쓰던 물건을 쉽게 버리고 유행에 따라 새로운 옷을 구입하면서 옷에 어울리는 신발, 가방, 액세서리 등도 함께 구입하므로 충동적이고 비합리적인 소비를 한다. 또한 청소년들은 고가의 유명 상표를 선호하고 구입하는 경향이 증가하고 있는데, 의복을 기준으로 또래 · 친구를 평가하고 과소비를 하면서 자신을 과시하고자 하는 경향이 증가되고 있다.

④ 청소년들은 주체적이고 창의적으로 패션문화를 수행하는 능력이 부족하다. 청소년들은 그들만의 문화를 창조하고 이끌어가야 할 주체임에도 유행에 능동적으로 대처하지 못하고 수동적으로 따르는 경향이 있다. 즉 이미지와 감각, 유행 스타일 등을 중요시하는 감성세대이기 때문이다. 또한 연예인과 자신을 동일시하는 욕구와 모방심리가 강하며, 개성을 표현하고자 하는 욕구 등이 강하기 때문에 스스로 수행하는 능력이 부족하다.

7.2 청소년의 패션 스타일 유형

의복은 생활양식과 정치적 철학을 표현하기도 하며 자아정체성과 동년배 집단에서 소속감을 확인시켜 주는 역할을 한다(Rice, 1996). 청소년들의 패션도 그들의 자아정체성과 생활양식의 표현이며 집단적 동조로서의 표현양식이다. 현대사회의 청소년 패션 스타일은 과거에 비해 다양화되고 있으며 관심영역도 확장되고 있다. 패션 스타일은 그 시대의 환경에 따라 많은 변화가 있어 객관적으로 분류하는 기준은 없지만 최근 청소년들이 선호하는 패션 스타일을 다음과 같다(오윤선 외, 2020).

1) 스포츠(sports) 스타일

현대사회의 청소년들은 일상생활 속에서 다양한 스포츠 활동을 하면서 여가시간을 보내고 있다. 각종 스포츠 스타는 청소년들에게 우상이 되기 때문에 그들에게 스포츠웨어는 친숙한 스타일이다. 스포츠 스타일은 실제로 스포츠 활동을 할 때 입는 액티브 스포츠웨어와 스포츠웨어의 요소들을 여가복 개념으로 발전시킨 스포츠웨어로 구분한다.

스포츠 스타일에 나타난 청소년들의 특성은 남의 주장에 따르거나 보조를 맞추는 집단의 동조성과 자신의 개성에 따라 표현하는 표현성 등이 있다. 즉 또래 · 친구집단과의 다양한 스포츠 활동을 하면서 그들만의 건전한 스포츠 문화를 만들어 가고 비슷한 스포츠웨어를 입음으로써 소속감을 향상시킬 수 있다. 청소년들은 스포츠 팀명이나 브랜드명을 같은 로고로 사용하여 소속감을 강화하기 위한 스포츠웨어를 입거나 개성적 표현을 하기 위해 다양한 컬러를 사용하기도 한다.

2) 진(jeans) 스타일

진 스타일은 진(jeans, 올이 가늘고 질긴 직물, 청바지)이 주는 자유로움과 편안한 의복 스타일이다. 이러한 스타일은 블루, 그레이, 베이지 등 다양한 컬러가 사용되고 있으며, 여성 스타일의 경우는 원피스 아이템의 활용, 노출 등을 통해 여성스러운 성숙미를 부각시키고 있다. 진 관련 의류는 캐주얼한 느낌의 상의, 인쇄물이 들어간 기본형 티셔츠, 레이어드(여러 겹으로 겹쳐 입는 스타일) 티셔츠 등 다양한 종류의 티셔츠와 팬츠(바지)가 있다. 이러한 티셔츠나 팬츠로 코디하여 청소년들은 그들의 자유로움을 표현하고 있다. 진 스타일에 나타난 청소년들의 특성은 자신의 개성에 따라 자유롭게 표현할 수 있는데, 언제 어디서나 즐겨 입고 있으므로 없어서는 안 될 필수 스타일이다.

3) 로맨틱(romantic) 스타일

현대사회에 따른 패션의 주요 트렌드는 로맨틱 스타일이 부각되면서 청소년들의 패션 스타일도 여성성을 보다 강조한 로맨틱한 스타일을 추구한다. 로맨틱 스타일은 낭만적이라는 의미로 감미롭고 부드러움을 느낄 수 있도록 인체의 이미지 곡선미를 살린 둥근 어깨, 부풀린 가슴, 잘록한 허리 등으로 표현되는 귀엽고 아름다운 스타일이다. 즉 순수한 소녀적인 감성의 표현으로 주로 귀엽고 사랑스러운 느낌의 소녀 같은 스타일로 표현한다.

로맨틱 스타일에 나타난 청소년들의 특성은 그들의 개성적 표현으로 디테일하고 독특한 인쇄물을 사용하거나 다양한 컬러를 사용해서 표현한다. 로맨틱 스타일은 A형 실루엣이나 H형 실루엣(옷의 전체적인 윤곽), 중간 톤 또는 원색적인 컬러, 도트(점)나 하트 문양 등 그래픽적 느낌을 살린 소재, 추상적이고 강한 느낌의 인쇄물, 컬러의 강렬한 대비 등을 특징으로 하고 있으며 전체적으로 귀엽고 사랑스러운 이미지의 디자인을 추구한다.

4) 빈티지(vintage) 스타일

현대사회는 겉으로 부를 드러내는 것보다 자유, 개성, 본질적인 내면의 가치와 행복을 중요시하는 유행을 타고 있다. 청소년들도 화려하게 옷을 입거나 치장하기보다는 오히려 멋에 신경 쓰지 않는 것처럼 스타일을 즐기고 있는데, 이러한 스타일은 빈티지(낡은), 또는 엔티크(antique, 골동품) 같은 구제패션을 선호하는 스타일이다. 청소년들의 빈티지 스타일은 오래되고 낡은 느낌을 살리고 다양한 색상과 크기, 위치 배열의 로고나 인쇄물을 활용해서 리폼(고쳐서 만듦)한 듯한 느낌을 살린 것들이다. 빈티지 스타일에 나타난 청소년들의 특성은 그들의 개성적 표현성이 강하게 나타나고 있다.

5) 힙-팝(hip-hop) 스타일

힙-팝은 1990년대부터 뮤직, 댄스, 패션 등 문화 전반에 크게 영향을 미쳐 현재까지 많은 청소년들에게 각광받고 있는 스타일이다. 힙-팝 스타일은 넓은 상의, 루즈한 팬츠에 화이트 · 레드 · 블루 · 그레이 등의 컬러를 기본 특징으로 하고 있으며, 후드(두건) 티셔츠와 데님(진, jeans) 팬츠, 야구모자 등을 기본 아이템으로 하고 있다. 힙-팝 스타일에 나타난 청소년들의 특성은 또래 · 친구집단의 동조적인 성향이 잘 표현되어 있고, 각자의 개성표현이라는 측면에서 있어 서로 다른 스타일에 비해 두드러지지 않으나 보다 캐주얼화되는 추세이다(오윤선 외, 2020).

6) 퓨처(future) 스타일

퓨처 스타일은 미래지향적인 느낌을 표현하고 있으며 의복의 형태와 소재, 색상, 디테일 부분을 기존의 스타일에서 벗어나 새로운 스타일을 적용하는 것이다. 청소년들이 일상복으로 착용하는 스타일은 아니지만 꽉 쪼이는 실루엣, 화이트 및 실크 컬러, 비치거나 광택이 있는 소재, 디테일한 형태, 다양한 소품 활용 등을 통해 미래적이고 환상적인 분위기를 느끼도록 한 것이다. 퓨처 스타일에 나타난 청소년들의 특성은 개성적인 표현성 및 신개념의 수용성을 보여준다. 새로운 것을 추구하고 강한 호기심을 나타내는 현대사회의 청소년들은 일상적인 의복의 형태와 소재, 색상 등을 벗어나 새로운 스타일을 찾으려고 한다.

7) 이모(emo) 스타일

이모 스타일은 허리부터 발끝까지 꽉 쪼이게 해서 마치 연필처럼 가느다랗고 쭉 뻗은 느낌을 주는 스타일로 상의 또한 몸에 딱 맞는 티셔츠를 매치해서 입는다. 그리고 짙은 화장과 검게 칠한 아이라인, 징이 박힌 벨트, 피어싱, 두껍고 검은 뿔테 안경 등을 착용함으로써 스타일을 연출한다. 이모 스타일에 나타난 청소년들의 특성은 주로 같은 동년배끼리 몰려다니며 성 구분이 없는 독특한 헤어스타일을 하며 각자의 개성을 표현한다.

8) 에스닉(ethnic) 스타일

에스닉 스타일은 향토적이고 이국적인 이미지를 나타내는 스타일로 원시적 환경 이미지를 디자인에 반영하여 토속적이고 소박한 느낌을 추구한다. 이러한 스타일은 일상적인 실루엣 및 아이템 구성과 레드 · 옐로우 · 블루 컬러 중심의 강렬한 컬러 대비 꽃이나 기하학적 무늬로 전통적인 모티브의 활용, 장식적인 디테일 및 액세서리를 활용하는 특징이 있다. 에스닉 스타일은 원시적인 것과 토속적인 것에서 예술의 근원적 가치를 찾고자 한다. 에스닉(소수 인종의, 소수 민족의)은 처음에는 다른 문화권에 대한 호기심과 다른 인종에 대한 매력을 탐구하는 서구인들의 안티 패션 스타일이었다. 그러나 최근의 에스닉 패션 경향은 어느 특정 지역을 지칭하는 것이 무의미하고 전통문물이 남아 있는 모든 문화권의 민속양식과 복식의 요소가 혼합되어 상호 절충되어서 세계화되는 경향이 있다.

에스닉 스타일에 나타난 청소년들의 특성은 인터넷의 발달로 인해 세계의 다양한 패션 스타일을 손쉽게 접할 수 있어 타문화를 수용하려는 개방적인 자세를 가지고 있기 때문이다.

9) 교복 스타일

청소년들은 하루 중 가장 많은 시간을 학교에서 보내는데 교복을 입고 지낸다. 학생들은 교복 수선 등을 통해 각자의 개성을 드러내며 유행을 만들어 간다. 교복은 학교에서 지정한 제복으로 일명 유니폼이다. 유니폼은 사회에 대한 단체표시이며 구성원들에게 공통분모를 갖게 하고 규칙을 지켜 질서를 세우는 데 그 의미가 있다. 교복은 학생들에게 공동의식이나 집단성을 경험하게 하고 다른 집단과 구별함으로써 특수성을 나타내고 교육의 효과가 있도록 한다. 따라서 교복은 스타일이나 색채를 통일시켜 각 학교에 맞는 상징성과 정체성을 나타내며 아름답게 디자인하고 학생들의 성장단계에 적절하도록 체격과 기능성을 고려하여 디자인하는 것이 중요하다(오윤선 외, 2020; 김지원, 2009).

교복은 같은 학교에서 생활지도나 교육적 효과의 목적이 있으며 단체행동의 소속감과 동질성을 가지며 개인의 역할을 지각할 수 있는 수단이 되는 특성이 있는데, 교복의 특성은 다음과 같다(오윤선 외, 2020).

① **상징성**: 사람들은 집단의 의복 기분에 동조함으로써 타인들로부터 인정받고 소속감을 획득하려는 욕구가 있다. 특히, 청소년들은 또래·친구집단에서 소속감을 통해 사회적 안정감을 얻으려고 하는데, 행동·이념·취향 등이 같은 집단에 소속된 상징물로서의 의복을 중요시한다. 상징성은 소속 단체의 독창적인 이념이나 개성을 표현하며 착용자의 의식에도 영향을 미친다. 따라서 교복은 학교에서 상징하는 색깔이 있으며 그 색깔을 사용하거나 학교를 상징하는 심벌마크를 부착해서 제작할 수 있다. 또한 색상별로 디자인한 이름표, 넥타이, 리본 등을 부착하여 학년별로 다르게 제작할 수도 있다.

② **심미성**: 교복은 제복이기 때문에 각자의 개성을 고려하지 않고 전체의 상징적인 의미만을 나타냈다. 그렇지만 외적으로 다른 사람들이 보았을 때 즐거움과 아름다움을 살려 심미(審美)적으로 디자인해야 한다. 청소년기에 의복이 심리적으로 미치는 영향은 매우 크다. 따라서 교복도 청소년 자신들의 신체와 외모에 맞는 아름다움을 살려 세련된 디자인으로 제작해야 한다.

③ **기능성**: 학생들은 교복을 입고 활동해야 하므로 착용자의 작업 내용과 활동량 등을 고려하여 기능적으로 제작해야 한다. 청소년기는 신체적인 성장이 빠르고 신체활동을 많이 하는 시기이다. 따라서 교복은 학생들이 일상생활에 있어서 능률적이고 효과적으로 하기 위해 기능성을 고려하여 학습활동이나 제반활동에 불

편함이 없어야 한다. 즉 학생들의 활동성과 통학 방법, 앉아 있는 시간, 책걸상 높이, 평균 신장 등과 같은 특성을 고려해서 기능적으로 제작해야 한다.

7.3 청소년의 의복구매 활동 및 실태

1) 청소년의 의복구매 활동

의복구매 활동은 소비자가 사회문화적 환경요인과 개인의 욕구 등의 동기에 필요한 의류제품을 지각하고 정보를 탐색한 후 제품을 평가하고 선택하여 구매하는 활동을 의미한다(성열준 외, 2016). 즉 사람의 기호에 따른 의복에 대한 태도, 관심, 선호, 착용 습관 등을 모두 포함한다. 사람들에게 의복은 출생과 동시에 접하게 되는 기능적 · 상징적 역할을 하는 도구이다. 사회의 구조와 모습이 다양해질수록 의복은 사람들과의 소통에 큰 의미를 지니는 기능을 하며 사회적 상황을 규정하고 역할수행을 용이하게 하는 데 도움을 준다. 따라서 의복은 사람들에게 추위와 더위, 기후와 환경으로부터 신체를 보호하는 기능적 역할을 한다. 또한 내면적 · 외면적 욕구를 표현하는 수단이 되며 개인의 신체적 특징을 표현해 주기도 하고 타인과의 효율적인 친밀한 관계 형성에 영향을 미친다.

청소년기의 의복구매 활동은 여러 가지 복합적 요인에 의해 영향을 받아 형성되는데, 발달상의 특징으로 자신의 외모에 관심을 갖게 되고 자신의 개성을 표현하기 위해 패션에 민감한 반응을 보이며 또래 · 친구집단으로부터 영향을 받아 감정에 치우치는 소비를 하고 유행에 민감한 소비를 한다. 또한 청소년기는 심리적으로 항상 불안정한 정서 상태를 보인다. 따라서 정서적 불안과 신체적 불균형을 해결하기 위해 외모에 대한 관심과 의복에 대한 의존도가 높아진다. 청소년들은 자신의 외모나 신체변화에 민감하므로 자신의 신체적 결점을 보완하거나 매력적으로 보이기 위해 패션문화를 추구하는 경향이 높다.

청소년기의 의복은 또래 · 친구집단의 소통과 승인에 있어 중요한 수단이 되는데, 또래 · 친구들 간에 인기를 좌우하는 요인이 된다. 그리고 이성에 대한 관심이 높은 시기이기 때문에 의복을 중요시하고 새로운 유행이나 의복에 대한 흥미가 높다. 이러한 요인에 따라 청소년들은 자신의 자아정체성에 따라 의복을 결정하는 것보다 주의 사람들의 의견이나 대중매체를 통한 정보에 의해서 의사결정과 행동을 하는 경우가 많다. 특히, 청소년들은 의복과 액세서리, 헤어스타일 등의 패션제품을 구매할 때 연예인과 자신을 동일시하는 과정에서 연예인을 모방하며 패션제품을 구매하는 경우가 많다.

청소년기의 의복은 자신의 감정과 정서 및 개성을 표현하는 도구로서 자아정체성과 사회적 적응의 정도에 영향을 미치는 역할을 한다. 청소년들은 학교의 규율에 따라 같은 교복을 입는 것에도 가능한 허용 범위 내에서 교복을 날씬하게 줄이거나 길이를 짧게 줄여 입는다. 또한 교복 외의 겉옷이나 다른 윗옷 등으로 자기 개성을 표현하며 자신감과 만족감을 느끼는 동시에 집단에서의 소속감을 느끼고자 한다. 이렇게 입은 의복은 개인의 사회 · 경제적 수준의 평가수단이 되고 사회적 성취감을 갖게 한다. 청소년기의 의복에 대한 만족 및 불만족은 그들의 정서와 행동, 학업성적, 교내 활동, 또래 · 친구집단과 성인과의 관계 등 광범위한 영역에서 영향을 미친다(오윤선 외, 2020).

청소년들은 의복을 구매할 때 주로 인터넷 쇼핑몰을 통해 구매하는 경향이 많다. 인터넷 쇼핑은 개인 소비자가 시간과 공간을 초월해서 인터넷상의 상점이나 점포를 이용해 상인과 직접적인 상거래를 통해 물건을 구매하는 것이다. 즉 온라인 쇼핑, 사이버 쇼핑, 전자상거래 쇼핑 등의 용어로 사용된다. 따라서 인터넷 쇼핑은 쇼핑시간의 절약, 365일 24시간 구매 가능, 상품선택의 용이, 구매 장소의 이동 용이 등의 편의성이 있으므로 빠르게 성장하고 있다. 현대사회의 인터넷 쇼핑은 초고속 통신망의 발달로 인프라가 잘 구축되어 있기 때문에 인터넷의 빠른 접속, 구매와 결제의 신속성, 배송 등 모두 온라인 선상에서 이루어지는 편리성 있어 오프라인과 별도로 하나의 온라인 시장을 형성하고 있다.

2) 청소년의 의복구매 실태

청소년들이 의복을 구매하는 주된 이유는 외모에 대한 결함을 감추고 외모를 보기 좋게 하기 위한 수단이다. 청소년들의 의복은 외모를 구성하는 중요한 부분이며 신체적 결함을 보완하고 매력적인 외모를 만들기 위한 유용한 수단이기 때문에 외모에 대한 태도는 의복구매 행동에 영향을 미친다. 현대사회에서 외모는 단지 외적인 모습뿐만 아니라 한 개인의 성격, 능력 등의 다양한 측면을 이해할 수 있는 유용한 단서로 널리 받아들여지고 있다. 따라서 외모는 대인관계, 데이트, 구직(취업) 등의 활동을 할 때 한 개인의 삶을 구성하는 모든 측면에서 중요한 영향을 미치게 된다. 온라인 취업포털인 '사람인'의 조사결과를 보면, '외모가 채용에 영향을 미친다'라고 답한 기업 인사담당자는 75.7%로 많은 비중을 차지하고 있다. 대학생들의 경우는 무려 98%가 '외모도 경쟁력이다'라고 답했으며 '외모로 인해 차별을 받아 본 적이 있다'도 응답한 경우는 60.8%이다(성열준 외, 2016; 조선일보, 2011). 한국교원단체총연합회가 전국 초·중·고등학생 1,900명을 대상으로 설문조사결과를 살펴보면, 학생들이 가장 많이 듣는 차별이나 편견적인 말은 친구로부터는 외모이고, 부모로부터는 형제간 서열이고, 교사로부터는 학업성적과 관련된 내용이었다. 이 중에서 친구로부터 차별이나 편견적인 말을 듣는 외모의 경우가 가장 많은 것으로 조사됐다(성열준 외, 2016; 조선일보, 2012).

이렇듯이 한국사회에서 외모지상주의 현상은 자라나는 청소년에게 중요한 영향을 미칠 수 있다. 청소년기는 급격한 신체적·심리적 변화를 경험하게 됨에 따라 일생 중 자신의 신체와 외모에 대한 관심이 매우 높은 특징을 보이는데, 이 시기의 신체와 외모에 대한 평가는 성인이 된 이후에도 자아개념이나 사회성발달에 지속적으로 영향을 미치기 때문에 중요하다(성열준 외, 2016; 윤진, 1993).

청소년기는 발달과정상 매우 감각적이고 외부의 자극에 민감하게 반응하는 특징이 있으며, 현실에 대한 경험이나 판단능력이 부족하다. 따라서 청소년은 대중매체를 통한 감각적인 영상에 주의를 기울이게 되고 이를 현실로 받아들이는 경향이 높은데(성열준 외, 2016; 한상철, 2010), 대중매체를 통해 전달되는 한국사회의 외모지상주의 가치관은 청소년들에게 여과 없이 받아들여지고 내면화되어 그들이 외모에 대한 태도를 형성하는 데 영향을 미칠 수 있다는 것이다. 외모를 중시하는 사회문화적 환경은 청소년의 외모에 대한 태도에 영향을 미쳐 내적인 성장보다는 자신의 신체와 외모에 관심을 두고 성장할 수 있다. 또한 비현실적으로 대중매체를 통해 보이는 날씬한 연예인의 모습은 청소년들이 현실로 받아들이고 자신의 신체를 비교하여 평가함으로써 그들의 신체이미지와 자아정체성에 부정적으로 작용할 수 있다(이미숙, 2012; Thompson & Heinberg, 1999).

7.4 청소년 패션문화의 문제점과 개선방안

1) 청소년 패션문화의 문제점

현대사회는 경제적인 성장을 통해 풍부한 물질과 서비스로 인해 청소년들은 이전의 어느 때보다도 풍요로운 소비생활을 누리고 있다. 따라서 청소년들은 자신의 아름다움을 가꾸며 자신의 정체성을 표현하기 위해 외모에 신경을 쓰고 패션을 창조하면서 소비 지향적 삶을 누리고 있다. 이러한 과정에서 청소년들은 자신의 감정과 정서 및 개성을 표현하고, 또래 · 친구들과 소통하며 존재감과 소속감을 느끼게 한다. 또한 패션문화와 관련된 상품을 소비함으로써 경제성장에 긍정적인 기여도 하고 있다. 그렇지만 외모지상주의와 과소비로 인한 문제점을 낳기도 한다. 이러한 청소년의 패션문화에 대한 문제점은 다음과 같다(오윤선 외, 2020; 성열준 외, 2016).

① 외모지상주의를 일컫는 루키즘(lookism, 외모에 의한 차별)에 빠질 수 있다. 청소년들은 외모차별주의로 인해 겉모습만 보고 잘난 사람과 못난 사람을 차별하는 비정상적인 현상이 일어나게 되고, 이러한 차별로 인해 그들은 마음에 상처를 입거나 유행에 뒤처지지 않으려고 과소비를 하게 된다.

② 날씬한 외모에 대한 강박현상이 나타날 수 있다. 청소년들은 날씬한 몸매를 만들거나 유지하기 위해 식사를 하지 않거나 식사 후 구토, 흡연, 다이어트 보조식품을 먹거나 시술 등 다이어트 활동을 통해 신체적 성장이나 정신적 성장에 저해될 수 있다.

③ 감각지향적인 소비를 통해 과소비 현상이 나타날 수 있다. 청소년들은 감각적인 분위기와 개성 및 느낌을 선호해서 의복, 팬시상품(실용성보다는 장식성을 위주로 한 일용품), 잡화류 등의 제품 선택 시 기능보다는 유행하는 스타일과 패션을

중시하고 있다. 또한 바로 실증을 느끼거나 만족하지 못하여 자주 구매함으로써 과소비 현상이 나타날 수 있다.

④ 동조소비 현상과 과시소비 현상이 나타날 수 있다. 청소년들은 또래 · 친구집단으로부터 소속감을 확인받고 싶어 하고 유행에 뒤처지지 않음을 보여줌으로써 그들로부터 인정받으려고 그들과 같은 의복을 구매하려는 동조소비를 하게 된다. 또한 대중매체를 통해 광고되는 스타가 선호하는 값비싼 의복에 소비심리를 자극받게 되어 브랜드제품 선호와 구매, 외제품 선호와 구매 등의 과시소비 현상이 나타난다.

2) 청소년 패션문화의 개선방안

청소년 패션문화의 문제점에 따른 개선방안을 살펴보면 다음과 같다(성열준 외, 2016; 오윤선 외, 2020).

① 청소년들의 패션문화를 보는 시각의 전환이 필요하다. 청소년들이 의복, 팬시상품, 잡화류 등을 구매하는 것이 단순히 소비하는 대상으로 볼 것인지, 아니면 유행의 선구자나 제품의 생산자로 볼 것인지에 따라 패션문화나 경제활동의 방향이 달라질 수 있다. 즉 어떻게 인식하는지에 따라 방향이 달라지므로 청소년들에게 자신의 패션문화 주체로 성장할 수 있도록 부모나 학교, 사회는 객관적으로 바라보고 지지하는 인식전환이 필요하다.

② 청소년들이 합리적이고 효율적인 패션문화를 실천할 수 있도록 환경을 제공해야 한다. 이렇게 하기 위해서는 먼저 패션문화와 소비에 대한 올바른 가치관을 갖도록 교육하는 것이 필요하다. 이러한 교육을 통해 동조소비 현상이나 과시소비 현상 등을 줄여야 한다.

③ 청소년들에게 바람직한 가치판단 능력을 길러주는 것이 필요하다. 청소년들에게 외모 최고의 가치관을 탈피하고 사람의 매력은 외모에 의해서 결정되는 것이 아니라 그 사람의 내면적 요인에 있다는 인식을 갖도록 교육해야 한다. 이러한 과정에서 패션이나 장식을 통한 한 순간의 화려함보다는 신체 자체의 건강을 위해 꾸준히 운동을 하고 자신만의 미와 개성을 찾아 내적 아름다움을 추구할 수 있도록 교육하는 것이 필요하다.

CHAPTER 08

청소년의 이성문화

CHAPTER 08

청소년의 이성문화

사람은 누구와 늘 더불어 삶을 살아간다. 태어나 가정에서 부모의 보호를 받으며 성장 · 발달하면서 또래 · 친구를 만들고, 더 나아가 이성 친구를 만나 사랑을 느끼게 된다. 사랑은 인간관계에서 경험할 수 있는 가장 행복하고 오묘한 감정이다. 한 개인의 삶에 있어서 사랑은 기쁨과 슬픔, 환희와 고통, 행복과 불행을 좌우하는 중요한 요인 중 하나이다. 이러한 청소년의 이성문화에 대해서 살펴본다.

8.1 사랑의 의미와 구성요소 및 유형

1) 사랑의 의미

사람들은 누구나 사람을 사랑하고, 사랑받고, 그 사랑이 영원하기를 바란다. 사랑에 대한 사전적 의미를 찾아보면, 사랑은 '이성의 상대에게 끌려 열렬히 좋아하는 마음 또는 그 마음의 상태', '부모나 스승 또는 신(神)과 같이 윗사람이 자식이나 제자 또는 아랫사람을 아끼고 소중히 여기는 마음', '남을 돕고 이해하려는 마음', '어떤 사물이나 대상을 몹시 아끼고 귀중히 여기는 마음', 그리고 '열렬히 좋아하는 이성의 상대'로 표기한다. 그러나 이것은 사전적인 의미의 규정일 뿐 사랑에 대해서 정의를 내리기는 한마디로 규정할 수 없고 사랑하는 사람들마다 각인각색이다. 사람들에게 있어 사랑이란 각자가 사랑이라고 생각하는 바로 그것이다. 결국 중요한 것은 각자가 생각하고 있는 사랑의 의미이며 각자가 표현하는 사랑의 행동이다. 각자의 머릿속에 자리 잡고 있는 고유한 사랑의 의미를 확인하는 것이 중요하다(유수현 외, 2009).

가족관계에서 형성되는 부모와 자녀, 형제, 부부가 따뜻한 사랑으로 맺어진 가정은 언제나 마음의 안식처이고 사랑으로 손잡고 나아가는 곳에는 가시밭길도 꽃밭으로 된다고 한다. 그러나 사람들은 사랑의 아름다움과 기쁨을 끊임없이 추구하면서도 진정한 사랑의 모습은 현실에서 얻기가 어렵고 사랑하고 사랑받는 마음의 과정이 얼마나 미묘한 관계인지를 알고 있다. 사람에 따라 그가 선호하는 사랑의 양식이 있는데, 그 차이를 알지 못할 때 감정이입은 근본적으로 불가하다. 그렇기 때문에 자기중심적이거나 타인의 입장에서 서서 그 사람의 시각으로 사물을 볼 수 있는 능력이 없는 사람은 감정이입 차원의 성숙한 사랑을 하기 어렵다. 따라서 성공적인 사랑을 실현하기 위한 태도는 ① 가능한 한 정확하게 자신이 선호하는 사랑의 양식과 상대방이 선호하는 사랑의 양식을 구체적으로 파악해야 하고, ② 두 사람이 서로 다른 사랑의 양식을 가지고 있다 하더라도 어느 한쪽만이 전적으로 옳거나 진실한 것은 아니라는 사실을 받아들이고, ③ 지금까지 자기가 해오고 있는 사랑의 표현방법을 상대방의 사랑양식과 어울리게 변화시킬 수 있는 능력과 변화하려는 태도가 필요하다.

2) 사랑의 구성요소 및 유형

사람들은 사랑을 어떻게 하고 사랑에 필요한 구성요소가 무엇이며 유형은 어떠한지 살펴보면 다음과 같다.

(1) 사랑의 구성요소

사람들이 사랑을 하기 위해서는 무엇이 필요한가? 스턴버그(Sternberg, 1986)는 사랑에 관한 그의 삼각형 이론에서 모든 사랑의 경험들이 열정, 친밀감, 헌신과 결정 등 세 가지 구성요소를 가지고 있다고 하였다(김정희 외 역, 2005). 여기서 열정은 사랑하는 관계에서 낭만적 감정이 일어나거나 신체적 매력을 느끼고 성적 몰입을 하게 만드는 욕망을 의미한다. 이 외에 자아존중감, 친화, 지배, 복종, 자아실현 등과 같은 욕구도 열정으로 작용한다. 이러한 열정은 매우 급속히 일어나지만 오래 지속되기 어렵다. 교제 기간이 길어질수록 강도는 감소하거나 다른 형태로 변화한다.

친밀감은 사랑하는 사람과 가까이 있으면서 서로 연결되어 결합되었다는 느낌을 의미한다. 서로가 친밀감을 가지게 되면 두 사람 사이에서 따뜻함을 느끼고, 이해하려 하고, 정서적 지지를 주고받고, 의사소통을 원만하게 하고, 그리고 상대방의 가치를 높게 평가하게 된다. 이러한 친밀감은 만남의 횟수와 교제 기간에 비례하여 서서히 증가하고, 어느 정도 이상이 되면 더 이상 증가하지 않고 서로 친밀하다는 것을 의식하지 못하는 상태가 된다.

헌신과 결정은 단기적인 것과 장기적인 것 두 가지 측면으로 구성되는데, 단기적인 것은 어떤 사람을 사랑하기로 결정하는 것이고, 장기적인 것은 그 사랑을 지속시키겠다는 헌신을 의미한다. 상대방을 사랑한다고 인정하지 않은 상태에서 그 사람과의 사랑에 헌신하기도 하지만 헌신 이전에 사랑에 대한 결정이 선행된다.

이러한 사랑의 세 가지 구성요소가 삼각형의 각 꼭짓점에 놓고 볼 때, 조화롭게 균형을 이룬 정삼각형이 성숙한 사랑이라고 하였다. 이 세 가지 요소 가운데 어느 한 요소에 치우치면 사랑은 균형을 잃게 되는데, 요소들 간의 관계는 강도와 균형에 따라 다양한 삼각형 모양이 될 수 있다고 하였다. 그러므로 상대방에 대한 사랑의 삼각형 크기와 모양을 알면 그 사람이 상대를 어떻게 느끼고 있는지를 알 수 있게 된다는 것이다. 사랑의 삼각형 모형은 [그림 8-1]과 같다.

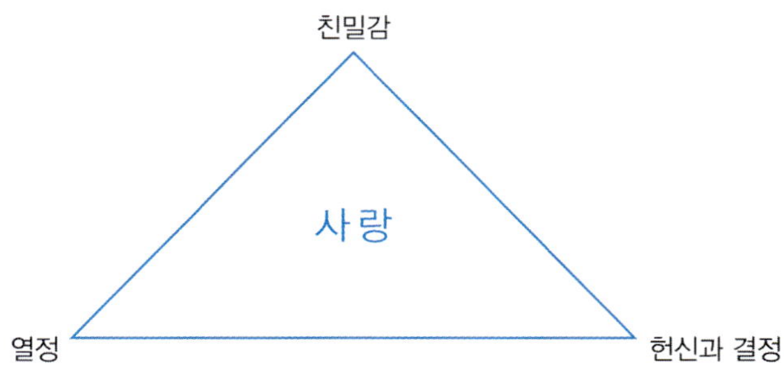

[그림 8-1] 사랑의 삼각형 모형

(2) 사랑의 유형

스턴버그(Sternberg)가 언급한 사랑의 세 가지 구성요소의 존재 여부에 따라 사랑의 여덟 가지 유형을 설명할 수 있다. 사랑의 여덟 가지 유형은 〈표 8-1〉과 같다.

〈표 8-1〉 사랑의 여덟 가지 유형

유형	사랑의 구성요소		
	열정	친밀감	헌신과 결정
① 비사랑(가식적 사랑)	×	×	×
② 우정	×	O	×
③ 광적인 사랑(짝사랑)	O	×	×
④ 공허한 사랑	×	×	O
⑤ 낭만적인 사랑(육체적)	O	O	×
⑥ 동반자적인 사랑(정신적)	×	O	O
⑦ 눈먼 사랑(허구적 사랑)	O	×	O
⑧ 완전한 사랑(성숙한 사랑)	O	O	O

* O는 요소가 있음을 ×는 요소가 없음을 나타냄

** 실제 사랑은 어떤 사랑의 요소가 단순히 있고 없다는 차원이 아니라 어느 요소가 많고 적다는 것으로 나타날 수 있음

① **비사랑(가식적 사랑)**: 열정, 친밀감, 헌신과 결정이 모두 없는 사랑으로 가식적인 사랑이다. 이와 같은 관계는 사랑의 관계라기보다는 일상적으로 지나치는 무의미한 관계이다.

② **우정**: 친밀감만 있는 경우는 단지 사랑의 정서적인 요소만이 존재하는 우정과 같은 가깝고 따뜻함만을 느끼는 상태이다.

③ **광적인 사랑(짝사랑)**: 열정만 있는 광적인 사랑은 정서적 요인인 친밀감과 헌신과 같은 인지적 측면이 결여된 채 성적 욕구가 포함된 생리적 요소인 열정만이 존재한다. 짝사랑이라고 말할 수 있는 상태로 우연히 만난 사람을 첫눈에 반하고 뜨거운 사랑을 느끼는 경우이다. 이런 경우 아직 말 한번 걸지 못했기 때문에 친밀감이나 헌신이 이루어질 기회가 없다.

④ **공허한 사랑**: 헌신만 있는 공허한 사랑은 열정과 친밀감 없이 인지적 측면인 헌신만으로 하는 사랑이다.

⑤ **낭만적인 사랑(육체적)**: 열정과 친밀감의 결합은 낭만적인 사랑이다. 이러한 사랑은 서로 열정을 느끼고 친밀하지만 결혼과 같은 미래에 대한 약속이나 확신은 없는 상태이다. 흔히 첫사랑이라고 하는 중 · 고등학교 시절에 많이 나타나는 사랑이다.

⑥ **동반자적인 사랑(정신적)**: 친밀감과 헌신이 결합된 동반자적인 사랑은 우애적 사랑으로 열정이 없거나 식어 버렸기 때문에 육체적 매력을 느끼지 못하나 장기간 지속된다. 이런 경우 오래된 부부에게 많이 나타난다.

⑦ **눈먼 사랑(허구적 사랑)**: 열정과 헌신이 결합한 허구적 사랑 또는 눈먼 사랑은 열정을 느끼고 헌신을 하지만 두 사람을 이어주는 정서적 감정요인인 친밀감이 존재하지 않기 때문에 지속되지는 못한다. 만나자마자 열정을 느끼고 순식간에 결혼을 하는 경우이다.

⑧ **완전한 사랑**: 열정과 친밀감, 헌신이 결합한 완전한 사랑 또는 성숙한 사랑이다.

완전한 사랑에도 정도의 차이는 있을 수 있다. 많은 사람들 관계는 하나 또는 두 개의 요소가 단지 최소한으로 존재하면서 장기간에 걸쳐 지속된다. 이들 사랑의 구성요소는 시간의 흐름에 따라 변화된다. 인지적 요인인 헌신은 사랑의 강도가 강할 때 최고조에 달했다가 안정을 유지하는 반면, 정서적 요인인 친밀감은 시간의 경과와 함께 서서히 생겨나게 된다. 또한 열정은 쉽게 정점에 오르고 시간이 흐를수록 결핍되어 비교적 일찍 평정을 유지하게 된다. 따라서 완전한 사랑을 추구하고 지속시키기 위해 상호 간에 꾸준한 노력이 필요할 것이다.

또한 캐나다 토론토 대학의 심리학과 존 리(Jone Lee) 교수는 사랑의 유형을 색깔로 표현하였다. 사랑의 기본색은 에로스, 루더스, 스토르게 사랑이 있고, 사랑의 이차 색은 프래그마, 매니아, 아가페 사랑이 있다고 하였는데, 각각에 대해서 살펴보면 다음과 같다(Jone Lee, 1973).

① **에로스 사랑(eros: 낭만적 · 열정적 · 육체적 사랑)**: 고대 그리스 신화에서 에로스가 아폴로의 가슴에 사랑의 감정을 일으키는 화살을 쏜 데서 유래된 것이다. 마치 강한 전류에 감전된 듯이 큐피드의 화살(cupid's arrow)이 심장에 꽂히는 순간에 사랑이 불꽃이 활활 타오르는 황홀하고 열정적인 낭만적 사랑을 의미한다. 즉 첫눈에 반하는 사랑이다. 에로스 사랑을 하는 유형의 사람들은 자기들이 어떤 신체적 매력에 끌리게 되며 신체적 변화를 수반하는 강한 정적 감정을 일으킨다. 그리고 차츰 감정이나 생각, 경험을 함께 나누며 서로를 사랑한다. 이들은 사랑하는 대상을 빨리 친해지기를 간절히 원한다. 에로스 사랑을 하는 사람들은 이상적인 연인을 만나서 함께 사는 것이 삶에서 가장 중요하다고 생각한다.

② **루더스 사랑(ludus: 유희적 사랑)**: 루더스는 놀이나 게임을 뜻하는 라틴어이다. 루더스 사랑은 마음속에 그리는 이상형이 없고 한 대상만을 사랑하기를 거부하고 여러 대상을 방황하는 사랑이다. 이들은 사랑의 방랑자이며 뒤돌아보며 즐거운 추억이 남는 사람의 체험들을 수집하는 사랑이다. 사랑을 위해 헌신할 생각이 없으며 언제든지 다른 대상을 찾아 떠날 준비가 되어 있다. 루더스 사랑을 하는 사람들은 상대방이 너무 몰입하는 것을 피하기 위한 방법으로 파트너를 자주 보는 것도 싫어하며 파트너가 질투가 많은 것도 사랑의 재미를 망친다고 생각한다. 여러 명의 파트너를 똑같이, 동시에 사랑하는데 아무런 모순을 느끼지 않는다.

③ **스토르게 사랑(storge: 우애적 사랑)**: 스토르게는 형제자매 간이나 놀이 친구 사이에 시간이 흐르면서 서서히 무르익는 사랑의 감정을 뜻하는 고대 그리스어로, 좋은 친구로서의 사랑을 의미한다. 이러한 사랑은 우정이나 연민을 생활 가운데서 자연스럽게 느끼고 사랑의 감정으로 발전한 경우이다. 그러므로 사랑하는 사람을 의도적으로 고르거나 육체적인 이상을 추구하지도 않으면서 생활 속에서 만나는 것에 만족해한다. 이들은 파트너의 지나친 감정 표출을 꺼려하여 서로의 느낌에 대해서보다는 공유할 수 있는 관심사에 대해 이야기하기를 더 좋아한다. 평온한

방법으로 서로를 소유하기를 원하며 상대방과의 성관계를 갖기 전에 먼저 친구로서 알아가는 과정이 중요하다. 상호 간의 사랑은 그 자체가 인생의 목표가 아니라 우정과 가정이라는 보다 큰 목표의 한 측면이다.

④ **프래그마 사랑(pragma: 실용적 · 실리적 사랑)**: 프래그마 사랑은 실용적인 사랑을 의미한다. 이러한 사랑을 하는 사람들은 자신과 잘 어울리는 배경과 신체적 매력이나 취미 등 같은 관심사를 자진 상대방을 찾는다. 또한 황홀한 로맨스나 가슴 설레는 연애를 추구하는 것이 아니라 쇼핑 목록에 오르는 자질을 골라서 비교를 한다. 이들은 친구나 부모에게 자신의 선택에 대해 종종 상의하곤 한다. 상대를 제대로 알기 전까지는 충동적이거나 성적 행동을 하지 않으며 헌신이나 미래와 같은 말에 대해서는 말하기를 꺼려한다. 일반적으로 감정의 과도 노출, 특히 질투심 같은 것을 경시하면서도 서로를 배려해 주는 표시에 대해서는 아주 만족해한다.

⑤ **매니아 사랑(mania: 광적인 사랑, 소유적 사랑, 중독된 사랑)**: 매니아는 고대 그리스어의 신으로부터 나오는 광기라는 의미이다. 매니아 사랑은 상대방에게 사로잡혀 질투와 소유욕에 불타는 사랑이다. 언제나 사랑받고 있다고 확인하며 상대가 사랑하기 전에 사랑하게 될까 봐 걱정을 하는 스타일이다. 에로스와 루더스의 결합 형태로 에로스 사랑과 같은 열정적인 사랑을 원하지만, 에로스식의 사랑을 하는 사람들에 비해 자신감 있게 좋아하는 유형의 전형을 찾아내는 능력이 부족하다. 따라서 매니아식의 사랑을 하는 사람들은 자신과 어울리지 않는 파트너를 선택하는 경우가 많다. 또한 이들은 사랑할 필요를 강하게 느끼면서도 힘겹고 고통스럽다는 생각에 사랑하기를 두려워한다. 극도의 질투심을 나타내며 상대방에게 더 많은 애정과 헌신을 요구한다. 매니아 사랑은 구체적인 대상과 사랑에 빠지는 것이 아니라 사랑 그 자체를 사랑하고 있는 것이다. 이러한 사랑을 하는 사람들은 친한 친구가 부족하거나, 자신의 일에 대해 깊은 불만을 가지고 있거나,

혼자 살거나, 외로움 또는 낮은 자존감을 갖고 있는 경우가 많다.

⑥ **아가페 사랑(agape: 헌신적 사랑, 비타산적 사랑)**: 기독교에서 나온 것으로 아무 조건 없이 좋아하고 돌봐주며 용서하고 베풀어 주는 자기희생적인 사랑이다. 아가페는 타인 중심적이며 나를 내어 주는 사랑이다. 이런 유형의 사람들은 사랑하는 감정이 없다 하더라도 사랑하는 것을 의무로 받아들인다. 따라서 아가페는 마음이 아닌 머리가 더 많은 작용을 하며 감정이 아닌 의지의 표출이다. 아가페 사랑을 하는 사람들은 사랑하는 대상에게 애정 어린 보살핌을 베풀어야 할 의무를 강하게 느끼며 배우자는 그러한 배려를 필요로 하는 사람이어야 한다. 이들은 상대방이 자신보다 '다른 누군가와 함께 있는 것이 더 낫고 행복하다'고 생각하면 대상이 비록 사랑의 경쟁자일지라도 그를 위해 기꺼이 그 관계를 단념할 수 있다.

나와 상대방, 그리고 다른 사람들은 어떤 사랑을 하고 있는가? 사랑의 유형검사를 통해서 확인해 볼 수 있다. 사랑의 유형검사 체크리스트는 〈표 8-2〉와 같다(김혜숙 외, 2011).

〈표 8-2〉 사랑의 유형검사 체크리스트

문항	전혀 그렇지 않다	그렇지 않은 편이다	보통이다	그런 편이다	매우 그렇다
1. 우리(애인과 나)는 처음 만나자마자 곧바로 서로 끌리기 시작했다.	1	2	3	4	5
2. 내 자신의 행복보다 나의 애인의 행복을 우선하지 않으면 나는 행복할 수 없다.	1	2	3	4	5
3. 나는 그녀(그)와의 관계를 약간 모호한 상태로 유지하려고 노력한다.	1	2	3	4	5
4. 나는 내가 사랑하는 사람과 언제나 좋은 친구이기를 바란다.	1	2	3	4	5

문항	전혀 그렇지 않다	그렇지 않은 편이다	보통이다	그런 편이다	매우 그렇다
5. 내가 사랑에 빠져 있을 때는 나는 어떤 일에도 주의 집중을 할 수가 없다.	1	2	3	4	5
6. 나의 애인은 신체적인 외모(아름다움/세련됨)가 나의 이상형에 꼭 들어맞는다.	1	2	3	4	5
7. 나의 애인이 나에게 화를 낼 때도, 나는 그녀(그)를 한없이 조건 없이 사랑한다.	1	2	3	4	5
8. 나의 애인이 나에 대해서 모르고 있는 사실이 그녀(그)에게 상처를 주지는 않을 것이라고 믿는다.	1	2	3	4	5
9. 나는 애인을 선택하기 전에 주의 깊게 내 인생을 계획하려고 한다.	1	2	3	4	5
10. 우리 사이에는 곧바로 신체적 반응(chemistry)이 일어났다.	1	2	3	4	5
11. 나의 애인이 나에게 관심을 주지 않으면 나는 온통 아파 버릴 것 같다.	1	2	3	4	5
12. 만약에 나의 애인이 내가 다른 사람과 사귀던 일을 알게 된다면 그녀(그)는 제정신이 아닐 것이다.	1	2	3	4	5
13. 사랑은 신비스럽고 알 수 없는 정서라기보다는 진실로 깊은 우정이다.	1	2	3	4	5
14. 우리 사랑은 매우 강렬하고 만족스러웠다.	1	2	3	4	5
15. 나의 애인이 나에게 너무 의존적이 되어올 때면 나는 약간 뒤로 물러서고 싶어진다.	1	2	3	4	5
16. 나의 애인이 잠시라도 나에게 무관심하면 때때로 나는 그녀(그)의 관심을 돌리기 위해 이상한 짓을 한다.	1	2	3	4	5
17. 애인이 선택할 때 가장 중요하게 고려하는 것은 그녀(그)가 나의 가족에게 어떤 영향을 미칠까 하는 것이다.	1	2	3	4	5
18. 나는 여러 파트너와 '사랑놀이(game of love)'하기를 즐긴다.	1	2	3	4	5

문항	전혀 그렇지 않다	그렇지 않은 편이다	보통이다	그런 편이다	매우 그렇다
19. 우리들 사이에 어디쯤에서 우정이 끝나고 사랑이 시작되었는지를 확실히 말하기는 어렵다.	1	2	3	4	5
20. 우리는 진실로 서로를 이해한다.	1	2	3	4	5
21. 나는 일반적으로 나의 애인의 소망을 성취하도록 하기 위해서 내 자신의 소망을 희생하려고 한다.	1	2	3	4	5
22. 배우자를 선택하는 데에 중요한 요인은 그녀(그)가 좋은 부모가 될 수 있을까 하는 것이다.	1	2	3	4	5
23. 우리는 서로를 위해 존재한다고 나는 느낀다.	1	2	3	4	5
24. 우리들의 우정은 시간이 지남에 따라 서서히 사랑으로 발전되었다.	1	2	3	4	5
25. 나는 애정관계를 꽤 쉽게 그리고 빨리 극복할 수 있다.	1	2	3	4	5
26. 나의 가장 만족스러운 사랑관계는 좋은 우정으로부터 발달되었다.	1	2	3	4	5
27. 나는 내 자신을 누군가에게 맡기기 전에 그 사람의 인생에서 무엇이 되려고 하는 가를 먼저 생각한다.	1	2	3	4	5
28. 어려울 때는 언제나 나는 나의 애인을 도우려고 노력한다.	1	2	3	4	5
29. 진실한 사랑이란 처음에는 먼저 돌보고 싶은 마음이 있어야 한다.	1	2	3	4	5
30. 유사한 배경을 가진 사람을 사랑하는 것이 최선이다.	1	2	3	4	5
31. 나의 애인이 누군가와 함께 있다는 것을 상상하면 나는 견딜 수가 없다.	1	2	3	4	5
32. 내가 가지고 있는 것은 무엇이든지 나의 애인이 마음대로 써도 좋다.	1	2	3	4	5
33. 우리들 사이에 일이 잘 풀리지 않으면 속이 뒤집혀 소화가 안 된다.	1	2	3	4	5
34. 나는 때때로 둘이 사귀면서 두 사람이 서로 알지 못하도록 한 적이 있다.	1	2	3	4	5

문항	전혀 그렇지 않다	그렇지 않은 편이다	보통이다	그런 편이다	매우 그렇다
35. 나는 어떤 사람과 사귀기 전에 만약에 우리가 아이를 가졌을 경우 그녀(그)의 유전적 배경이 나의 것과 얼마나 적합한지 밝혀내려고 한다.	1	2	3	4	5
36. 때때로 나는 사랑에 빠져 있는 흥분 때문에 제대로 잠을 이룰 수가 없다.	1	2	3	4	5
37. 나의 애인이 고통을 당하도록 방치하는 것보다 차라리 내가 고통을 당하겠다.	1	2	3	4	5
38. 배우자를 선택할 때 한 가지 고려하는 점은 그녀(그)가 내 이력에 어떤 영향을 미칠까 하는 것이다.	1	2	3	4	5
39. 우리는 상당히 빠른 속도로 정서적으로 휘말려들게 되었다.	1	2	3	4	5
40. 최선의 사랑은 오랫동안의 우정에서 나온다.	1	2	3	4	5
41. 나의 애정관계가 깨지면 나는 우울증에 빠져 자살하고 싶은 생각까지 든다.	1	2	3	4	5
42. 나는 나의 사랑하는 사람을 위해서라면 모든 것을 참고 견디겠다.	1	2	3	4	5

[채점 및 평가]

유형	낭만적 사랑	유희적 사랑	우정과 같은 사랑	실용적 사랑	소유 의존적 사랑	헌신적 사랑
검사지 번호	1	3	4	9	5	2
	6	8	13	17	11	7
	10	12	19	22	16	21
	14	15	24	27	31	28
	20	18	26	30	33	32
	23	25	29	35	36	37
	39	34	40	38	41	42
세로 합						

* 점수가 높을수록 자기 사랑의 유형에 해당됨.

3) 남녀의 사랑 만들기

(1) 성의 의미와 차이

성(sexuality, 섹슈얼리티)은 단순히 인간의 욕망 차원을 넘어 성행동뿐만 아니라 사람들이 성에 대해 갖고 있는 태도, 사고, 감정, 가치관, 이해심, 꿈, 행동, 환상, 성의 존재 의미 등 생물학적 · 행동적 · 심리사회학적 · 문화적 차원의 모든 것을 포함한 전체로서의 성이다. 이러한 성은 선천적으로 타고나기보다는 인생 전반에 걸쳐 꾸준히 발달하는 이성과 감정, 정신의 종합적인 총체라고 볼 수 있으며, 성행동은 신체적 · 정서적 친밀감의 표현 방법이다.

남성(male)과 여성(female)은 유전적인 면과 환경적인 면에서 여러 가지 차이가 있다. 사랑을 경험하고 표현하는 것은 물론이고 대화하는 방법, 이성을 대하는 태도 역시 다르다. 서로 남성 · 여성에 대한 차이점을 인정하고 차이점 간에 조화를 이뤄 나가야 할 것이다. 남성들은 남성다움의 사회화과정을 통해 독립심을 강조하고, 목표가 뚜렷한 활동을 좋아하고, 공격적인 특성을 갖고 있다. 또한 목표 지향적이고 과업 지향적인 특성을 지닐 가능성이 많다. 반면 여성들은 여성다움의 사회화과정을 통해 양육적이고, 배려하고, 관계 지향적이고, 과정 지향적인 성격을 내면화시킨다.

남자와 여자는 정서적 감정을 표현하는 방식이나 대화에 부여하는 의미가 다르다. 여자들은 자신의 하루를 정리하면서 미묘한 감정의 기복을 표현할 때, 상대방과 자신의 삶을 공유한다는 느낌을 갖는 것에 친밀감을 느낀다. 그러나 남자들에게 대화는 특정한 목표를 달성하기 위한 수단이나 어떤 문제가 생겼을 때, 이를 해결하는 수단으로서의 의미가 강하다. 또한 남자들은 자신을 타인과 분리함으로써 자신을 규정하고, 여자들은 자신을 타인과 관계를 맺음으로써 규정한다는 차이가 있다(임혜경 외, 2012). 타인과의 분리를 지향하는 남자들은 상대방과 일정한 거리를 유지하면서 안정감을 느낀다. 따라서 누군가를 사랑하게 되면 남자들은 자신을 잃어버릴까 두려워 하고, 나와 타인의 경계가 모호해지는 경험이 두려운 감정을 일으키는 것이다. 그에 비해 여자들은 관계 지향적인 측면이 강하므로 상대방이 친밀한 대화, 감정의 공유를 거부하면 관계에 회의를 느끼고 실망을 한다. 결국 여자들은 사랑 속에서 관계에 실패할까 두려워하고 남자들은 사랑 속에서 자기를 잃을까 두려워하는 차이가 있다(이태연 외, 2006).

여러 학자들이 보고한 남여의 성욕에 대한 차이는 다음과 같이 요약할 수 있다(임혜경 외, 2012).

① 남녀의 성욕은 연령의 차이가 있다. 남자들의 전성기는 17~18세를 정점으로 나이에 비례하여 쇠퇴해 간다. 반면 여자들은 35~50세까지 상당히 광범위한 전성기를 갖는다. 따라서 부부 사이의 성적 균형이 깨지는 이유는 인간발달에 의한 차이가 있다.

② 남녀 간에는 성적인 흥분을 일으키는 대상에 차이가 있다. 남자들은 감각적으로 쉽게 성적 반응을 보이는 반면, 여자들은 환경적 또는 정서적 분위기에 서서히 반응을 보이는 경향이 있다.

③ 사정에 차이가 있다. 남자들은 쾌감의 강 · 약과 관계없이 사정이라는 객관적 현상으로 끝맺음이 분명하지만 여자들은 모호하게 느껴질 때가 적지 않다.

④ 성적 반응의 개인 차이는 여자들이 남자들보다 크다. 여자는 전혀 오르가즘을 느끼지 못하는 데서부터(5~10%) 여러 번의 오르가즘을 느끼는 여자(50% 정도)도 있다. 특히, 남자는 첫 번째가 그 다음의 오르가즘보다 쾌감이 더 강한데 비해, 여자는 나중에 느끼는 오르가즘의 쾌감이 보다 더 크다고 한다.

⑤ 여자들의 성욕은 생리주기와 관련이 있다. 생리 직전이나 직후 또는 배란기에 성욕이 증가하는 여자에 비해 남자들은 그렇지 않다.

4) 사랑의 유지와 기술 및 종결

모든 사람들은 사랑하고 사랑받기를 원하며 지속되기를 희망하지만 지속되지 않을 수도 있다. 사랑을 유지하고 사랑하는 기술, 사랑의 종결에 대해서 살펴본다.

(1) 사랑의 유지

사람들은 사랑하고 사랑받기를 원한다. 그럼에도 불구하고 사랑하는 방법을 배울 필요가 있다고 생각하는 사람이 매우 적다. 그럼 연인이 자신의 관계를 계속 지속시키기 위하여 할 수 있는 일들이 있을까? 몇 가지 제안은 다음과 같다(김정희 외 역, 2005).

① 장기간 개입을 하기 전에 서로에 대해서 충분히 알 수 있는 시간을 가져야 한다. 연애 중인 커플의 관계가 계속 지속될 것인지 아닌지에 대한 가장 중요한 변수는 그들의 친밀성과 개입의 수준이다. 친밀성에 대해서는 사람으로 하여금 서로 이해하고 있다고 느끼게 하고, 인정받고 있다고 느끼게 하며, 관심을 받고 있다고 느끼게 하는 자기 노출이 결정적이라고 할 수 있다.

② 당신의 파트너 및 관계에서 긍정적인 면들을 강조하라. 당신의 파트너와 부정적인 것보다는 좀 더 긍정적인 일을 통해서 의사소통을 하는 것이 필수적이다. 관계의 초기에는 긍정적인 면이 쉽지만 관계가 계속될수록 점점 어려워진다.

③ 오랜 관계에서 신기함을 일으키는 방법을 찾아라. 연애 중인 사람은 서로에 대해 더 많이 배우고 친밀성을 발달시키기 때문에 좀 더 서로에 대해 예측 가능해진다. 그러나 너무 많은 예측가능성은 흥미의 상실과 지루함으로 바뀔 수 있다.

④ 효과적인 갈등관리 기법을 개발하라. 갈등은 모든 관계에서 발생하므로 갈등을 잘 처리하는 것이 중요하다. 사소하게 성가신 일과 중대한 문제를 구분하는 것은 도움이 된다. 당신은 사소한 짜증거리를 전체적으로 올바르게 바라보고 상대방은 거의 중요하지 않다는 것을 인식할 필요가 있다. 하지만 중대한 문제에 대해서는

일반적으로 문제가 자연히 사라지기를 바라며 문제를 감추려고 하는 유혹에 빠지지 않는 것이 가장 좋은 방법이다.

(2) 사랑의 기술

사람들은 좋아하는 사람에 대해서 관심을 주고받기를 원하며 발달해 간다. 내가 좋아하는 사람에게 사랑을 받고 싶으면 어떻게 해야 하는가? 에릭 프롬(Erich Fromm)에 의하면, 사랑은 즐거운 감정이라기보다는 예술이며 사랑하기 위해서는 지식과 기술이 필요하다고 하였다. 그가 제안한 사랑의 기술에 대해서 살펴보면 다음과 같다(김혜숙 외, 2011; 유수현 외, 2009; Erich Fromm, 1956).

① 성적 매력과 사랑을 구별하여야 한다. 열정은 상당 부분 성적 관심에 바탕을 두고 있다. 그러므로 지속적인 사랑의 관계를 유지하기 위해서는 열정만으로 충분하지 않다. 진정한 사랑과 열정을 냉철히 구분하는 것이 필요하다.

② 자신 및 상대방의 욕구를 알아야 한다. 진실로 사랑을 유지하고 싶다면 서로가 무엇을 느끼고 생각하고 있는지를 알아야 한다. 자신이 욕구불만 상태에서 누군가를 사랑한다는 것이 불가능하기 때문에 자신의 기본적인 욕구 먼저 충족시켜야 한다. 또한 상대방 욕구를 충족시키기 위해서 상대방 욕구를 파악해야 한다. 따라서 자기가 상대방에게 원하는 것이 무엇인지 알려주고, 상대방이 원하는 것이 무엇인지를 알아야 한다. 사랑하는 사람들끼리 어떻게 사랑받고 싶은지를 자유롭게 말할 수 있는 것은 그만큼 두 사람의 사랑이 깊고 관계가 돈독함을 나타낸 것이라고 할 수 있다.

③ 각자가 서로의 사랑방식을 이해하고 존중해야 한다. 사람마다 사랑을 표현하는 방식은 다양하다. 대부분의 사람들은 어린 시절 자신이 사랑받았던 방식대로 사랑을 표현한다. 어떤 사람은 성실하고 책임감 있게 보살피나 정감이 우러나는

말이나 열정은 전혀 보이지 않을 수도 있으며, 그 반대일 수도 있다. 그러나 자신이 사랑하는 방식만이 진정한 사랑이라고 생각하면 자기 폐쇄적인 사랑이 될 수 있다.

④ 사랑을 지킬 용기가 있어야 한다. 사랑하는 과정에서 욕구불만족, 좌절, 상실감, 실망, 견디기 어려운 고통, 위험도 있을 수 있다. 서로가 진정으로 그 사랑관계를 유지하기를 원한다면 모든 것을 감수하고 견뎌나가는 용기가 필요하다. 또한 본인과 상대방이 각자가 원하는 대로 자신을 변화시킬 수 있는 유연성도 필요하다. 특히, 이성관계의 사랑은 상대적이라서 주기만 하거나 받기만 하면 오래 지속되지 않는다.

(3) 사랑의 종결

모든 사람이 사랑에 성공하는 것은 아니다. 첫사랑이 발전하여 결혼에 이르는 경우는 많지 않다. 서로 적응하기 어려운 갈등이 생기면 결별하기도 한다. 그럼 연인들은 사랑의 관계가 왜 끝나게 되는가? 몇 가지 제안은 다음과 같다(김정희 외 역, 2005).

① 조급한 결정이다. 사실상 이별에 대한 거의 모든 이유는 단순히 시간이 지남에 따라 개인적인 정보를 공유한 이후에 알 수 있었던 것들과 관련이 있다. 따라서 많은 커플들이 진정으로 서로를 알기 위해서 시간을 투자하지 않고 사랑의 결정을 하게 되는 것 같다. 이런 개인은 나중에 그들이 진정으로 서로를 좋아하지 않았거나 또는 서로가 공감하는 것이 거의 없다는 것을 알게 된다. 이런 이유로 성급한 결정은 위험한 것이다. 관계가 지속되기 위해서는 친밀성과 헌신이 조화를 이뤄야 한다.

② 호감과 매력의 상실이다. 상대방에 대한 호감과 매력이 사랑의 촉발요인이면서도 사랑을 지속시키는 요인이 된다. 그러나 상대방의 이러한 매력은 시간이 지날수

록 퇴색할 경우 상대방에 대한 부정적인 모습을 접하게 된다. 특히, 사람마다 다를 수 있지만 낭만적 사랑을 추구하는 유형의 사람에게는 연인에 대한 호감과 매력이 약화되어 느끼지 못하면 그 관계는 끝날 수 있다.

③ 비효율적인 갈등관리 기능이다. 대다수의 커플들은 의견 차이를 가지고 있다. 커플들이 서로를 많이 알고 서로 의존할수록 의견 차이는 증가한다는 것이다(Buss, 1989). 커플 간에 생긴 갈등을 어떻게 해소하는가에 따라 그 관계를 지속 또는 해체될 수 있다. 사소한 일로 인해 오해가 생기고 자존심 때문에 표현하지 못한 채 갈등과 불만을 키워나가 결국에는 아무 것도 아닌 일로 상대를 잃고 후회하는 일이 많다. 서로를 배려하면서 갈등을 원만하게 해결하는 지혜가 필요하다.

④ 관계의 지루해짐이다. 헤어진 커플들은 관계의 지루함이 헤어짐에 대한 높은 순위에 있다. 서로를 알아감에 따라 신기함이나 매력이 약화되고 지루함이 생길 수 있다. 밀접한 관계에서는 새로움과 예측가능성 모두를 필요로 한다.

⑤ 더 매력적인 대안적 관계이다. 현재 사귀고 있는 이성보다 더 강한 매력을 지닌 새로운 이성을 만날 수 있다. 악화된 관계가 사실상 파국으로 접어들 것인지 아닌지는 대부분 좀 더 매력적인 대인이 있는지 없는지에 달려 있다. 지금 사귀고 있는 상대에 대한 매력이 감소하고 불만과 갈등이 누적되어 있는 경우 새로운 매력적인 이성의 등장은 호감을 유발할 수 있다. 서서히 새로운 이성에게로 감정이 옮겨 가면서 이전 관계가 종결될 수 있다.

⑥ 외부 요인으로 인한 개입이다. 부모가 매우 강하게 자녀의 이성관계를 반대하면서 그 관계를 해체할 것을 강요하는 경우에 위기에 처하게 된다. 부모의 반대가 강하고 지배적일수록 그 이성관계는 종결될 수 있다. 또한 유학이나 이민과 같은 물리적 분리나 죽음과 같은 요인들이 관계를 종결시키기도 한다.

8.2 청소년 이성교제의 의미와 기능 및 진행과정

1) 청소년 이성교제의 의미

청소년 이성교제는 청소년기에 우정 또는 애정을 가지고 이성과 교제하는 것이다. 즉 이성과의 사귐을 통해 이성이 지니고 있는 사고와 관심을 나누면서 친밀한 관계를 형성 · 유지하며 서로의 인격 성장에 도움을 주고받는 일련의 과정을 의미한다(오윤선 외, 2020). 그러나 청소년기 이성교제는 우정과 연인이 되어 사랑을 나누는 것까지 혼용되어 정확히 정의하기 어렵다. 청소년기에 나타나는 이성교제는 친밀한 우정에서 시작하여 일시적 교제나 둘만의 만남을 즐기는 배타적(남을 배척하는 경향이 있는 것) 연인까지 그 형태가 다양하다. 즉 이성이면서 동성 같은 이성 친구, 동성이면서 이성 같은 동성 친구, 실제로 교제하는 이성 친구, 상상 속의 상대나 연예인 같은 실제 접촉하지 않는 사람도 이성교제의 대상이 될 수도 있다(천정웅 외, 2017; Brown, 1999).

청소년들의 이성교제는 성인에 비해 우발적으로 시작되는 경우가 더 많으며 교제지속 시간이 더 짧고, 교제대상이 자주 바뀌며, 교제대상 범위도 넓고 관계의 유형도 단순한 친구에서 배타적인 연인까지 다양하다(Shulman et al., 2000). 또한 교제 기간은 짧은 만남에서 오래 동안 지속적인 만남까지 다양하다. 루빈(Rubin)이 제시한 청소년들의 이성교제의 관계는 다음과 같다(천정웅 외, 2017; Rubin, 1970).

① **깊은 상호의존 관계**: 연인관계는 우정에 따른 또래 · 친구관계보다 더 깊이 의존하는 경향이 있다.

② **영속적인 관계**: 연인관계는 얼마나 지속되는지에 상관없이 만남을 끝내지 않은 것을 전제로 한다.

③ **배타적인 관계**: 연인관계는 오직 한 사람을 대상으로 하는 것으로 여러 사람들과

연인관계를 유지하는 것이 어렵다.

④ **개인의 재량보다 사회적 규범의 비중이 높은 관계**: 연인관계는 또래 · 친구관계보다 사회문화적 규범이 더 엄격하고 구체적이다. 많은 문화권에서 연애는 결혼을 전재로 한다.

2) 청소년 이성교제의 기능

청소년 이성교제는 긍정적인 면이 있을 수 있지만 부정적인 면도 있을 수 있다. 청소년 이성교제의 긍정적인 기능은 다음과 같다(오윤선 외, 2020).

① 이성교제 관계를 통해서 인간관계 기술 및 사회적 기술을 발달시킬 수 있다. 즉 청소년기에 자아정체감을 형성하고 타인을 이해하며 친밀한 관계를 형성할 수 있고 이성과의 관계 형성, 이성의 역할 인식, 이성과의 적응과정 등을 경험하면서 대인관계 기술 및 사회성발달을 도모할 수 있다.

② 데이트와 같은 활동을 통해 기쁨, 행복감, 일상생활의 즐거움 등을 느낄 수 있다.

③ 정서적 안정감을 제공한다. 어려운 일이나 힘든 일이 일어났을 때 서로 의지하고 따뜻한 지지와 공감을 받음으로써 신뢰감, 친밀감 등을 느끼며 정서적 안정감을 주고받을 수 있다.

④ 청소년들의 정신건강에 긍정적 영향을 미친다. 청소년기 이성교제는 학업과 진로로 인한 스트레스나 불안감을 감소시키고 자신감과 자아존중감을 향상시킴으로써 정신건강에 좋을 수 있다.

⑤ 성적 정체감과 성역할 형성에 중요한 영향을 미친다. 청소년기 이성교제는 남녀 생태학적 특성과 사회적 특성을 수용하고 역할을 이해함으로써 상호 보완 · 협력 관계를 배울 수 있다.

⑥ 배우자 선택의 기회로 활용할 수 있다. 결혼의 행복은 자신이 선택한 배우자에 의해 크게 영향을 받게 되므로 이성교제를 통하여 인격적으로 서로 어울리며 사랑할 수 있는 배우자를 만날 수 있다.

반면 청소년 이성교제의 부정적인 기능은 다음과 같다(오윤선 외, 2020).

① 학업 소홀로 인한 진로 준비에 부정적 영향을 줄 수 있다. 청소년기는 급격한 신체적 변화로 인한 성적 흥분, 불안, 성격 혼란 등과 같은 내적 갈등과 정신적 불균형으로 학업에 소홀해질 수 있는 가능성이 있다.

② 이성교제를 통한 부정적 정서의 경험을 느낄 수 있다. 원만하지 못한 이성교제는 정서적 · 심리적 문제나 갈등 요인이 될 수 있으며, 헤어진 후 SNS 등을 통해 상대방에 관한 정보를 접하게 되면서 부정적 정서가 가중되는 후유증을 겪을 수 있다.

③ 이성교제 과정 중에 성경험으로 인한 문제를 겪을 수 있다. 청소년들의 성행동은 대부분 충동적으로 예상하지 못하는 상황에서 일어나기 때문에 임신으로 이어져 낙태를 하는 경우도 있을 수 있다.

④ 데이트 폭력 및 성폭력에 노출될 위험이 있다. 성폭력은 성을 매개로 하여 상대방의 의사에 반해 가해지는 강간, 추행, 성희롱 등 모든 신체적 · 정신적 폭력을 의미한다. 이러한 성폭력의 가해자는 주로 남자 청소년인데 피해자는 자신을 보호해 줄 것이라고 생각되는 이성친구로부터 폭행당한 사실이 부끄러워 신고를 꺼려 잘 드러나지 않는 특성이 있다(오윤선 외, 2020).

⑤ 청소년의 이성교제 상대가 또래 · 친구 청소년이 아니라 성인과의 원조교제로 이어질 수 있다. 가출 청소년의 경우 10명 중 3명이 이성과의 혼숙이나 성관계 경험이 있으며, 여자 청소년의 경우는 금전적으로 대가를 받는 성매매나 성인유흥업소 취업도 11.3%나 되는 것으로 나타났다(오윤선 외, 2020; 천정웅 외, 2017).

3) 청소년 이성교제의 진행과정

코놀리(Conolly et al) 등은 청소년기의 이성교제가 시작기, 관계기, 친밀기, 전념기 등 4단계로 발달한다고 하였다(천정웅 외, 2017; Conolly & Goldberg, 1999).

① **1단계 시작기**(initiation): 신체적 외모와 매력에 끌려 상대방에게 관심을 가지며 접촉은 제한적이다. 이성교제에 관심을 갖는 것은 신체적 매력에 의해 발생하는 생리적인 요인이다. 우연히 스치는 만남 속에서 관심을 끄는 상대방을 발견하고 그 사람이 나를 어떻게 평가할지에 대해 생각하기 시작한다. 하지만 이 단계는 모든 것이 막연한 상상이며 구체적인 만남은 아직 아니다.

② **2단계 관계기**(affiliation): 집단 상황에서 접촉하고 이성과 상호작용하는 법을 배우며 잠재적 친구로 만나게 된다. 1대1 만남이 아니라 단체 활동이나 모임에서 자주 눈을 마주치고 가끔 대화를 하는 수준의 만남으로 시작한다. 이 시기에는 연애를 잘하는 것보다는 또래 · 친구집단의 일원으로 다른 사람에게 어떤 평가를 받는지가 더 중요하기 때문에 개인의 생각보다는 또래 · 친구들의 의견이나 평가에 따라 결정하게 된다.

③ **3단계 친밀기**(intimate): 이성관계를 형성하며 둘만의 정서적 에너지를 집중하고 친밀한 사랑관계가 나타난다. 상대방에 대한 개입의 수준이 높아지면서 연애관계에 대한 비중이 높아지고 또래 · 친구관계의 비중이 줄어들기 시작한다. 연애관계를 발전시키면서 성적인 행동까지 진전되며 깊은 감정을 경험한다. 그러나 연애관계의 진전과정에서 다툼이나 갈등을 해결하지 못하면 헤어질 수도 있는데 헤어지고 나면 후유증을 앓기도 한다.

④ **4단계 전념기**(committed): 두 사람은 정서적 · 신체적 친밀감을 공유하며 상호 돌봄 행동을 보여주고 서로 애착 대상으로 보면서 지속적인 관계를 유지한다.

8.3 청소년 이성교제의 현황

1) 청소년의 성적 욕구와 성적 충동 및 자위행위 실태

현대사회 청소년들은 이전 세대의 청소년보다 성에 대해 보다 개방적이고 성행동을 경험하는 연령이 계속 낮아지고 있다. 청소년들은 영화나 TV, 비디오 등 다양한 미디어 매체를 통하여 성행위를 묘사하고 있는 장면을 쉽게 접할 수 있으며, 이로 인해 때로는 성인이 되지 못한 상태에서 성적 욕구를 느껴 성관계를 경험하기도 한다. 한국의 청소년들은 분별없이 너무 이른 나이에 성경험을 하는 것으로 타나타고 있는데, 이른 연령에 성적 욕구를 느껴 성관계를 갖게 되는 이유는 성의 개방화와 관련 있지만 다른 한편으로는 청소년들의 자제력 결핍과 도덕성 결여와도 관련이 있는 것으로 판단된다(이주연, 2014). 일부 청소년들은 부모에 대한 반항의 의미로, 또 다른 일부는 부모의 무관심이나 애정결핍에 대한 보상으로 조기 성경험을 시도하고 있는 것으로 나타났다(최영신, 2005).

청소년들이 조기에 성관계를 갖는 것에 대하여 사랑, 호기심, 성적 욕망, 이성 친구를 붙잡아 두는 수단 등의 이유를 제시하고 있지만, 이로 인한 부작용이 청소년 개인과 사회에 심각한 문제를 야기하고 있다. 이것은 청소년들의 부정적인 자아개념과도 밀접한 관련이 있는데, 열등감이 많은 청소년일수록 성을 통해 자신을 증명해 보이려는 경향이 많다. 이와 같이 청소년기는 생애발달의 다른 어떤 시기보다 부적절한 성관계와 성적 욕구를 많이 가지고 있으며 이로 인해 갖가지 문제행동과 정서장애를 경험한다(이주연, 2014). 성적 욕구는 청소년기에 처음으로 나타나는 것이 아니며 또한 청소년기의 종결과 함께 사라지는 것이 아니다. 어린아이도 자신의 성기에 관하여 호기심을 가지며 아주 어린 나이인 남근기(3~6세)에도 성기자극을 통해 쾌감을 느낀다. 성적 욕구는 청소년기 이후에도 지속되며 성인기에도 나타나는데, 정신분석학자들은 성적 욕구에 따른 성적 활동은 인간의 출생과 더불어 시작하고 죽음과 함께 끝난다고 주장한다(한상철, 2003).

청소년기의 성적 욕구는 가장 활발할 뿐만 아니라 성적 욕구 자체가 그들에게 중요한 의미를 갖게 한다. 이전 단계까지의 단순한 성적 욕구 차원을 넘어서 이제는 생식기(12세 이후)에 접어들면서 생식능력을 갖게 되며 성적 행동과 관련하여 매우 복잡한 인지적 사고를 가능하게 한다. 이러한 변화는 청소년들에게 성적 쾌감을 증가시키기도 하지만 성적 욕구의 좌절에 따른 분노와 열등감을 동시에 조장하기도 한다. 청소년기가 되면서 성적 욕구와 성적 활동이 증가하는 것은 여러 가지 원인이 있겠지만 호르몬 변화 및 인지능력의 발달과 직접적인 관련이 있다. 청소년기 초기에는 생애 전체에서 성호르몬의 증가가 가장 크게 일어나는 시기로 성적 욕구를 보다 더 많이 느끼게 한다. 성적 욕구나 성적쾌감은 전 생애에 걸쳐 지속되지만 청소년기는 다른 어떤 시기보다 강하게 나타난다.

아하 청소년문화센터(2013)에서 서울시내 중 · 고등학생 2,297명을 대상으로 청소년들의 성적 충동과 자위행위에 대한 조사결과를 살펴보면 다음과 같다(오윤선 외, 2020).

① '성적 충동을 느끼는 경우'를 살펴보면, 1순위는 야한 동영상을 볼 때(19.7%), 2순위는 노출이 심한 사람을 볼 때(12.0%), 3순위는 야한 소설이나 만화를 볼 때(7.9%), 4순위는 야한 영화를 볼 때(7.8%), 5순위는 단 둘이 있을 때(5.5%), 6순위는 야한 그림이나 사진을 볼 때(4.4%) 순으로 나타났다. 성적 충동을 느끼는 경우는 남녀의 차이가 있다. 남자 청소년의 경우 1순위는 야한 동영상을 볼 때(32.6%), 2순위는 노출이 심한 사람을 볼 때(21.9%)로 나타났으며, 반면 여자 청소년의 경우 1순위는 야한 소설이나 만화를 볼 때(11.1%), 2순위는 야한 영화를 볼 때(9.5%)로 남녀의 차이를 보였다.

② '성적 충동의 해결방안'에 대해서 살펴보면, 1순위는 운동 및 취미 활동(19.6%)으

로 나타났으며, 다른 생각(13.7%), 자위(11.7%), 야한 것 보기(5.0%), 성적 상상(3.6%), 성 이야기(2.8%), 스킨십(1.3%), 성관계(1.3%) 순으로 나타났다. 성적 충동을 느끼는 경우처럼 성적 충동의 해결방안에 있어서도 남녀차이를 보였다. 남자 청소년의 경우 1순위는 운동 및 취미 활동(27.4%), 2순위는 자위(21.3%)로 나타났으며 반면 여자 청소년의 경우 1순위는 운동 및 취미 활동(11.7%), 2순위는 다른 생각(11.2%)을 하는 것으로 나타났다.

③ '성적 상상의 경험'에 대해서 살펴보면, 남녀 청소년 모두 1순위는 데이트 상상(14.9%)으로 나타났으며, 2순위는 결혼에 대한 상상(11.9%), 3순위는 포옹이나 키스에 대한 상상(5.2%), 4순위는 성관계에 대한 상상(3.4%), 5순위는 타인의 벗은 몸 상상(2.1%) 순으로 나타났다.

④ '자위행위 경험 유무'에 대해서 살펴보면, 남자 청소년의 경우는 71.5%가 경험이 있다고 하였고, 여자 청소년의 경우는 8.2%만 경험이 있다고 하였다. 이는 남자가 여자보다 자위행위를 8배 이상 많이 하는 것으로 조사됐다.

⑤ '자위행위 계기'에 대해서 살펴보면, 남자 청소년의 경우는 야한 것을 볼 때(56.8%) 주로 자위행위를 하는 것으로 나타났고, 여자 청소년의 경우는 자위행위를 해본 경험이 없다(82.5%)로 나타났지만 그 다음은 야한 것을 볼 때(7.4%)로 나타났다. 남녀 모두 야한 것을 볼 때 자위행위를 주로 하는 것으로 판단된다.

⑥ '자위행위 횟수'에 대해서 살펴보면, 남자 청소년의 경우는 주 2~3회(25.9%)가 가장 많고, 월 1~2회(22.4%), 주 1회(14.4%), 매일(9.8%) 순으로 나타났다. 여자 청소년의 경우는 월 1~2회(6.3%)가 가장 많고, 주 2~3회와 매일(4.9%)로 그 다음으로 나타났다.

2) 청소년의 성관계 실태

1996년 서울대학교 보건대학원이 실시한 서울지역 고등학생 3,051명을 대상으로 청소년들의 성관계 경험에 대한 연구(김윤정 · 이창식, 2005)에서 남학생의 16.7%, 여학생의 5.4%가 성관계 경험이 있는 것으로 나타났다. 성경험이 있는 남학생 중 81%와 여학생 중 66%는 두 명 이상의 대상과 성관계를 가진 것으로 나타났다. 이는 일단 성관계를 경험한 청소년들은 다수의 또래 · 친구와 성관계를 가질 가능성이 높음을 시사한다. 또한 강영삼(1998)의 연구에서는 고등학생의 경우 남학생은 17.7%, 여학생은 10.2%가 성관계 경험이 있는 것으로 조사되었고, 성관계 경험이 있는 이들 중 남학생의 82.6%, 여학생의 88.9%는 이성 친구를 성관계 대상으로 나타났다. 성경험이 있는 남학생은 분위기에 휩쓸려서(53%)가 가장 많았고, 다음으로 자신이 원해서(16%) 성관계를 가졌다고 응답했다. 성관계 경험이 있는 여학생의 경우는 분위기에 휩쓸려서(43.4%)가 가장 많았고, 다음으로 상대방이 원해서(31.1%)로 응답하였다. 이는 성에 대한 적극성이 남자가 강하고 여자는 수동적이라는 남녀의 차이를 보여주고 있다. 미혼모를 대상으로 한 1984년 한국여성개발원 자료와 1996년 서울특별시 부녀복지연합회 자료를 비교해 보면, 14세 이하의 성관계 경험비율은 1984년에 0.5%이던 것이 1996년에 3.5% 증가하였다. 이러한 현상은 청소년 성관계 경험의 연령이 낮아지는 것을 의미한다(이주연, 2014).

2000년대 들어서 서울 · 경기 지역 남녀 고등학생 571명을 대상으로 설문조사한 김혜원(2003)의 연구 결과를 보면, 남학생은 11.24%, 여학생은 3.7%로 성관계 경험이 있다고 하였다. 성별에 따른 비율을 보면 여학생에 비해 남학생의 성경험 비율이 약 3배 정도 높은 것을 알 수 있다. 성관계 경험 응답자들은 평균적으로 고등학교 1학년 정도에 첫 성관계를 가지며, 여학생에 비해 남학생의 경험 시기가 빠른 것으로 나타났다. 또한 성관계 대상으로는 남학생의 69.5%, 여학생의 80%가 이성교제 상대를 선택했다.

첫 성관계 이유로는 남학생의 경우 호기심(27.2%)이 가장 많았고 분위기에 휩쓸려서와 성충동이 각각 18.1%로 그 뒤를 이었다. 반면, 여학생의 경우는 분위기에 휩쓸려서와 상대방이 원해서가 각각 40%로 나타났다(이주연, 2014).

2017년 청소년 건강행태(주로 부정적인 의미의 행동) 온라인 조사에서 성관계 경험을 묻는 질문 결과, 남학생은 7.1%, 여학생은 3.1%가 성경험이 있다고 응답하였다. 고등학생은 남(9.7%), 여(4.3%)로 응답하였고, 중학생은 남(3.9%), 여(1.7%)로 응답하였다. 이는 중학생보다 고등학생의 성경험이 높게 나타나 학교급이 올라갈수록 성관계 경험이 많은 것을 알 수 있다. 또한 첫 성관계 시작 연령은 평균 13.1세르 매년 점차적으로 빨라지고 있으며, 임신 경험이 있는 여자 청소년은 21.4%로 나타났으며 이 중 임신중절수술 경험 비율은 81%로 나타났다. 성관계 경험이 있는 학생의 피임 실천 비율은 남학생이 49.7%, 여학생이 50.4%로 조사됐다(오윤선 외, 2020). 이는 분위기에 휩쓸려서와 성충동으로 인해 피임을 제대로 하지 못하는 것으로 판단된다.

청소년들의 성관계 경험은 자의에 의해서 이루어지는 경우도 있지만 강제적으로 이루어지는 경우도 있다. 청소년들의 성추행이나 성폭력에 대한 경험을 살펴보면, 고등학교 여학생의 47.3%가 성추행이나 성폭력의 피해경험이 있는 것으로 나타났다(이주연, 2014). 서울지역 18개 중학교에 재학 중인 남학생 747명, 여학생 789명을 대상으로 한 조사에서 전체 응답 여학생 중 성폭행 피해를 당한 이들은 2.7%로 나타났으며, 9.6%는 대중교통 내에서의 쓰다듬는 행위 같은 신체적 접촉의 성추행을 당한 것으로 조사됐다(이주연, 2014). 또한 전체 성폭력 피해 상담사례의 17.4%가 청소년인 것으로 나타나는데, 청소년들은 다른 연령대에 비해 특수간강 피해율이 비교적 높은 것으로 나타나 성폭력 피해에 청소년들이 더 많이 노출되고 있음을 알 수 있다. 청소년기의 성행동은 신체적 발달에 따른 결과로 나타나기도 하지만 환경적 요인인 성적 내용을 담은 매체의 발달과 그에 대한 접촉에 의해서 유발되기도 한다. 청소년들이 다양한 성적 내용을 담은 다양한 매체들을 접하는 행동은 간접 성행동으로 분류되며, 매체의 발달로 인해 이러한 간접 성행동에 대해 청소년들이 쉽게 노출되고 있다. 따라서 성적 내용을 담은 다양한 매체의 시청을 예방하고 보호하여 간접행동이 청소년들에게 부정적 영향을 미치지 않도록 하는 것이 중요하다.

3) 청소년의 성의식 실태

성의식은 성에 대한 인식으로 태어나면서부터 발달되어 대체적으로 신체적 2차 성징이 나타나는 청소년기를 통해 나타나기 시작한다. 이은영(2009)은 성의식이란 성에 대한 정확한 지식을 토대로 성에 대한 건전한 의식 및 지각을 길러줌으로써 성충동 시 적절히 대처하며 이를 통해 책임 있는 성행동을 실천할 수 있는 자세라고 정의하였다. 청소년기의 성의식이란 청소년기에 갖게 되는 성에 대한 가치관을 의미하는데, 부모, 사회 환경, 개인적 성격 등을 토대로 청소년기의 성지식, 성정체감, 성태도, 성 평등의식 등을 통해 성행동으로 이어질 수 있는 관념이라고 할 수 있다(윤수경, 2016). 혼전 동거와 혼전 성관계 및 성매매에 대해서 살펴보면 다음과 같다(오윤선, 2020).

① **혼전 동거**: 청소년들의 혼전 동거에 대한 긍정적인 응답은 36.4%로 나타났고, 부정적인 응답은 30.9%로 큰 차이가 없는 것으로 나타나 열린 성의식 태도를 추측할 수 있다. 또한 남학생이 여학생보다, 고등학생이 중학생보다, 대도시 청소년이 중소도시 청소년보다, 한부모 및 조손가정의 청소년이 양부모 가정의 청소년보다 유의미한 차이로 약간 높게 나타났다.

② **혼전 성관계**: 청소년들의 결혼 전 성관계에 대해서 긍정적인 응답은 38.7%로 나타났고, 부정적인 응답은 32.1%로 혼전 동거와 유사하게 나타나 혼전 성관계도 열린 성의식 태도를 보여주고 있다. 그렇지만 사랑하지 않는 사람과 결혼 전 성관계에 대해서는 부정적인 응답이 69.7%이고 긍정적인 응답이 13%로 낮게 나타났다.

③ **성매매**: 청소년들은 돈을 주고 성관계를 할 수 있나? 라는 질문에 그렇다 9.5%, 그렇지 않다가 77.8%로 그렇다보다 월등히 많아 부정적으로 나타났다. 이는 사랑하지 않는 사람과 결혼 전 성관계에 대한 질문의 응답 결과에서 알 수 있듯이 청소년들은 성적 쾌락을 위한 단순한 만남에 대해서는 부정적인 태도를 지니고 있다는 것을 알 수 있다.

8.4 청소년의 바람직한 이성문화 정착을 위한 방안

1) 이성교제의 부정적 기능에 대한 대처

건전한 이성교제를 통하여 청소년들이 안정적인 친밀감을 형성하고 자아정체성을 확립한다면 일탈적인 이성문화는 예방할 수 있다. 이성친구와의 교제뿐만 아니라 성적인 문제에 대해서도 편안하고 솔직하게 이야기할 수 있는 분위기를 조성하고, 이성교제가 끝난 후에 겪는 슬픔, 후유증을 수용하고 위로와 정서적인 지지가 필요하다. 무엇보다도 청소년 자녀가 이성교제에 관련된 생각과 갈등을 자유롭게 의논할 수 있도록 부모는 폭넓고 수용적인 자세를 가지는 것이 중요하다. 이러한 부모와의 관계 형성은 자녀가 이성교제로 인해 파생될 수 있는 부정적인 기능을 사전에 예방할 수 있다(오윤선 외, 2020). 즉 학업소홀, 헤어진 후의 부정적인 정서, 임신, 데이트 폭력 및 성폭력, 원조조제 등의 부정적인 요인은 예방할 수 있다. 또한 학교와 사회에서는 이성교제를 위한 상담 및 교육 프로그램을 개발하여 정규수업에서 구체적이고 실제적인 접근이 이루어질 수 있도록 교육하는 것이 중요하다.

2) 청소년 성 상품화의 예방과 근절

성은 거래의 대상이 아니며 범죄라고 인식할 때 근절될 수 있다. 청소년기의 환경은 입시 위주의 경쟁적인 분위기 속에서 신체적 성장이 이루어지며 인터넷 음란물에 노출되고 있다. 이러한 환경에서 청소년 이성문제의 예방과 근절을 위해 무엇보다도 중요한 것은 조기에 성교육을 통해 성 상품화의 예방과 근절이 필요하다. 청소년들의 빠른 성장으로 인해 이른 사춘기의 시작과 이에 따른 이성교제와 성관계 경험은 저연령화되고 있다. 이에 따라 초기 청소년 성교육부터 후기 청소년의 성행동까지 성발달과 주기를 고려한 성교육 프로그램을 개발하여 교육하는 것이 중요하다. 이러한 교육을 통해 어려서부터 성에 대해 긍정적인 사고를 할 수 있도록 환경을 제공하여 건전한 성가치관을 갖는다면 대중매체를 통한 청소년 성상품화를 예방하고 근절할 수 있을 것이다.

또한 인터넷, 스마트폰 등을 통해 유포되는 청소년들을 대상으로 한 성상품화에 대한 대책을 마련하는 것이 중요하다. 청소년들의 성의식과 성가치관을 왜곡시키는 유해물이 대중매체를 통해 수용되고 SNS를 통해 확산되면서 청소년들 사이의 대화 소재가 되고 있다. 일부 청소년들은 스마트폰(랜덤 채팅)을 활용하여 개별적 성매매를 하거나 자신의 누드사진 판매, 키스와 포옹을 파는 등 자신의 성을 상품화하여 판매하는 경우도 있으며, 이를 아무렇지도 않게 자랑삼아 또래 · 친구에게 자랑하는 등 일탈적 성문화를 형성하고 전파하고 있다. 따라서 스마트폰을 이용한 청소년의 성상품화를 근절하기 위한 법과 제도를 정비하여 피해자 보호와 성구매자 처벌을 강화할 필요가 있다(오윤선 외, 2020).

CHAPTER 09

청소년의 대중문화와 팬덤문화

CHAPTER

09 청소년의 대중문화와 팬덤문화

대중문화는 대중의 문화로 대중에 의해서 형성된 문화 또는 대중이 학습하여 형성된 문화이다. 이러한 대중문화는 대중매체를 통해서 대중에게 전달된다. 또한 팬(fan, 열렬한 애호가)은 사전적 의미로 '운동경기나 선수, 연극 · 영화나 배우, 음악이나 가수 등을 열렬히 좋아하는 사람'을 의미한다. 대중은 미디어를 통해 스타를 접하게 되는데 특정한 스타에게 호감을 갖게 될 경우 자발적이고 서로의 취향을 적극적으로 공유하면 팬이 된다. 이러한 청소년의 대중문화와 팬덤문화에 대해서 살펴본다.

9.1 청소년의 대중문화

1) 대중문화의 개념

대중문화(mass culture or popular culture)는 독일어의 '마스(mass)'와 '쿨루트(kultur)'의 합성어다. 마스는 유럽사회에서 귀족이 아니고 교육을 받지 못한 계층으로 현재의 중하위 노동자계층이나 가난한 사람을 의미한다. 쿨루트는 영어의 '하이 컬쳐(high culture)'로 고급문화를 의미하며 유럽사회에서 교육을 잘 받은 엘리트에 의해 향유되는 예술 · 음악 · 문화 · 미술 등 기타 상징적 산물을 의미할 뿐만 아니라 상징적 산물을 즐기는 귀족의 감정이나 사고까지 포함한다(오윤선 외, 2020).

현대사회의 대중문화는 특정 사회나 계층을 넘어 대중이 공통으로 쉽게 접하고 즐길 수 있는 문화로 가요 · 드라마 · 영화 · 유행 등이 있다. 이러한 대중문화는 근대사회에 접어들면서 신분제도가 붕괴되고 산업화 · 도시화가 진행되면서 대중이 중심이 되고, 생활수준의 향상, 교육 기회의 확대, 대중매체의 발달 등을 기반으로 대중이 즐길 수 있는 문화의 폭이 확대되었다. 이러한 대중문화의 특징은 다수의 대중 취향에 맞추어 형성되고, 대중매체를 통해 전달되기 때문에 형성과 확산 속도가 빠르며 공유되는 범위가 넓고, 대량생산과 대량소비를 전제로 하기 때문에 문화의 상품화 · 획일화 · 저속화 경향이 나타날 수 있다.

대중(mass)은 국지적인 성격을 띠지 않고 지구상에 널리 산재해 있는 포괄적인 집단이며 상시적 성격을 띠는 다수인의 집단이다. 또한 공통된 행동 목표도 없고 리더가 없으며 거대 집단 속에서 인간적인 안정성을 잃어 고독과 불안을 느낌으로써 어떤 강한 힘 앞에 쉽게 굴복하는 성격이 있다(강준만, 2002). 또한 개인이나 집단의 구성원이라기보다는 분별없는 군집(群集)으로 공중과 군중을 혼용해서 사용하기도 하는데, 엄밀히

따지면 공중과 군중은 대중과 차이가 있다. 공중(public)은 커뮤니케이션(communication) 기술을 통해 설립되었고 이러한 기술을 통해서 맺어지고 있는 인간들의 비조직적인 집단이라고 할 수 있다. 군중(crowd)은 일정한 장소에 모인 국지적인 집단이자 일시적·일회적으로 모이는 비교적 소수인의 집단이다. 또한 공통된 행동목표를 지니고 리더가 있으며 감정적이고 충동적이며 군중심리에 끌려 무책임한 행동을 하게 된다.

이러한 대중문화의 영향은 긍정적인 측면과 부정적인 측면이 있다. 긍정적인 측면은 다음과 같다.

① **문화의 대중화**: 과거 소수 특권계층이 누리던 문화를 대중들이 큰 부담 없이 누리게 된다는 것이다.

② **삶의 질 향상**: 사람들이 여가시간을 즐겁게 보낼 수 있도록 오락과 휴식을 제공하며 새로운 소식과 다양한 정보를 전달한다.

③ **사회문제의 개선**: 사회문제들에 대해 사람들의 관심을 불러일으켜 문제를 개선하는 데 도움을 준다.

④ **문화적 평등에 기여**: 문화생산 과정에 대중들의 취향과 정서를 반영한다.

반면 대중문화 영향의 부정적인 측면은 다음과 같다.

① **문화의 질 저하**: 상품화된 대중문화에 대중들이 흥미를 갖도록 하기 위하여 자극적이고 폭력적인 내용을 다룰 수 있어 문화의 질적 저하를 초해하기도 한다.

② **사고나 취향의 획일화**: 동일한 정보를 대중들에게 동시에 전달하기 때문에 사람들의 사고나 취향이 획일화될 수 있다. 이는 개인의 독창성을 상실할 수도 있다.

③ **정보의 조작 가능성**: 문화의 생산자가 의도하는 방향으로 정보가 조작될 수도 있다.

2) 대중매체의 개념 및 유형

대중매체(mass media)는 조직화 되지 않은 일반대중을 대상으로 대량의 정보를 전달하는 매체 또는 수단을 의미한다. 여기서 대중은 대중문화에서 언급하였고, 매체(media)의 사전적 의미는 '둘 사이에서 어떤 일을 하도록 하는 물건'으로 정의하고 있다. 즉 송신자와 메시지, 메시지와 수신자 사이의 커뮤니케이션을 활성화시키는 기술적 과정이라고 할 수 있다.

대중매체는 대량의 의사소통 또는 의사전달 수단으로 대량의 정보전달 매체의 뜻을 지미며 어떤 내용을 담은 기호를 기계적인 매체를 통해 무한정한 대중에게 전달한다. 이러한 대중매체의 유형은 전자매체와 인쇄매체로 나눌 수 있다. 전자매체는 청각적으로 들을 수 있는 음성매체(라디오, 음반), 시청각적으로 보고 들을 수 있는 영상매체(TV, 공중파기, 유선방송), 시청각적으로 보고 들을 수 있으면서 쌍방향으로 전송하는 정보매체(인터넷, SNS, 스마트폰 등) 등으로 구분한다. 인쇄매체는 시각적 이미지를 활용한 정보를 전달하는 신문, 잡지, 책, 팸플릿 등이 있다. 이러한 인쇄매체는 전자매체보다 정보전달 속도는 느리다.

3) 청소년과 대중문화의 관계

현대사회의 청소년문화는 대중매체를 통한 대중문화로부터 많은 영향을 받는다. 대중매체의 중요한 역할은 새로운 문화를 창조하고 발전시키는 장을 제공하는 데 있다. 즉 사람들에게 새로운 규범 · 전통 · 예술 · 유행 · 태도 · 생활양식 등을 만들어 내고 전파한다. 이와 같이 대중매체를 통해 청소년들은 그들만의 문화를 만들어가고 그들 속에 새로운 가치관을 형성해가고 있다. 청소년들에게 대중문화의 영향은 그들의 삶의 질 향상 차원에서 여가생활과 밀접한 관련이 있다. 현대사회의 청소년들은 대중매체를 통해 대중문화 속에서 새로운 소식과 다양한 정보를 얻으면서 즐거운 여가시간을 보내고 있다. 그렇지만 성인세대는 청소년들이 즐기고 있는 대중문화에 대한 선입견이 있으며 그들이 왜 그런 문화에 빠져들고 열광하고 있는지 이해하려고 하지 않고 배척하는 경향이 있다. 성인세대는 시대의 흐름에 따라 변하는 청소년 대중문화를 개방적이고 우호적인 시각에서 이해하고 수용하는 것이 필요하다.

또한 현대사회는 계층 · 장소 · 시간에 구애받지 않고 누구나 어디에서든지 스마트폰 및 컴퓨터 인터넷을 통한 문화적 주도행위가 개방되어 있다. 이러한 환경에 따라 청소년들이 인터넷 문화를 선도해 주도행위를 하는 주체가 되면서 청소년 대중문화도 확대되었다. 따라서 성인세대는 청소년 대중문화를 그들의 감수성과 의식을 표출하는 표현방식으로 인정하며 수용하는 자세가 요구된다.

4) 한국 청소년 대중문화의 특징

한국 대중문화의 소비 집단은 주로 경제적 활동이나 능력이 있는 성인세대였다. 그렇지만 1990년대 이후 청소년들은 대중음악에 중요하고 큰 영향력을 주는 소비 주체로 등장하게 된다. 이러한 이유는 경제성장으로 인해 중산층이 증가하고 가정에도 경제적 여유가 생기면서 부모에게 받은 용돈을 대중문화에 소비하기 때문이다. 또한 한국 청소년들은 입시제도에 따른 '공부'라는 압박과 '학교'라는 제도적 공간에서 탈피하려는 경향도 있다.

성인세대의 대중문화는 잠시 휴식을 취하거나 여가를 즐기기 위해 필요한 문화로 일종의 오락으로 생각했다. 그렇지만 청소년 대중문화는 그들에게 일상의 중요한 부분이며 학업과 입시에 대한 부담을 경감시키고 제도교육 내에서 해소할 수 없는 문화적 욕구를 충족시키는 수단으로 대중음악(가수)을 선호하였다. 이때 아이돌의 시초가 될 수 있는 '서태지와 아이들'이 등장하면서 청소년문화의 새로운 변화가 있었다. 이러한 과정에서 한국 청소년 대중문화는 다음과 같은 특성이 있다(오윤선 외, 2020).

① 대중문화는 한국 청소년들의 삶 속에서 큰 비중을 차지하고 있으며 그들의 일상에 많은 영향을 미치고 있다. 즉 학업과 제도교육 틀 속에서 별다른 제약 없이 주변에서 쉽게 접할 수 있는 대중음악을 통해 여가생활을 한다.

② 대중문화는 한국 청소년들의 삶 속에서 각자의 가치관, 성별, 경제적 여건 등에 따라 다양하게 수용된다.

③ 한국 청소년들은 대중문화를 접하면서 얻게 된 지식과 정보에 대해서 자신들만의 의미를 부여하고 이용하며 일상생활을 통해 자연스럽게 나타난다. 즉 대중문화를 통해 집단의 경계를 형성하며 유대감을 강화하는 수단이 되며 경쟁의 대상이 되기도 한다.

9.2 청소년의 팬덤문화

1) 팬의 개념

대중문화의 핵심은 스타와 팬으로 팬이 없으면 스타(star, 인기 배우나 가수)가 존재할 수 없고 스타는 팬의 존재를 기반으로 한다. 이렇듯이 청소년 팬덤문화는 청소년(팬)이 특정한 대상이나 사람에 대해 느끼는 정도와 특성에 따라 팬, 매니아, 폐인, 팬덤, 오타쿠(오덕후 또는 덕후) 등 다양한 용어로 불린다.

팬(fan, 열렬한 애호가)은 fanatic의 준말로 라틴어 'fanaticus'에서 유래하였다. 'fanaticus'라는 단어는 본래 사원에서 일하는 사람이나 신도를 지칭하는 의미로 사용되었으나 이후 종교적 신념이 과도하거나 과장되어 잘못된 열정이라는 의미를 내포하고 이다. 이렇게 변하면서 19세기 후반 언론에서 스포츠 추종자를 가리키는 말로 '팬'이란 용어를 사용하면서 일반화되었다. 팬의 사전적 의미는 '운동경기나 선수, 연극 · 영화나 배우, 음악이나 가수 등을 열렬히 좋아하는 사람'을 의미한다. 대중은 대중매체를 통해 스타를 접하게 되는데, 특정한 스타에게 호감을 갖게 될 경우 자발적이고 서로의 취향을 적극적으로 공유하면 팬이 된다. 매니아(mania)는 사전적 의미로 '어떤 한 가지 일에 열중하는 사람'으로 팬 가운데 좀 더 강한 정보 욕구를 지니고 좀 더 능동적으로 실천하는 열광적인 사람을 의미한다. 폐인(廢人)은 사전적 의미로 '병을 얻어 몸을 망치거나 만사에 실패하여 세상을 등지고 사는 사람'을 의미한다. 그렇지만 최근에는 컴퓨터와 인터넷과 관련된 취미, 통신, 온라인 게임, 일 등에 대해 극단적으로 심취한 사람을 일컫는 말로 사용된다(성열준 외, 2016). 폐인이 이러한 의미로 널리 퍼지게 된 것은 2003년 MBC에서 방영된 드라마 '다모'를 너무나 좋아한 나머지 식음을 전폐하고 다모 게시판에 상주하는 집단이 발생하게 된 것이 계기가 되었다. 당시 청소년 팬들은 다모에 대한 환상, 주변인들에게 다모를 보라는 무의식적인 추천을 넘어 팬픽, 뮤직비디오, 패러디 작품과 서적, 퀴즈, 퍼즐, 컴퓨터 관련 프로그램, 인터넷 방송, DVD, OST 등을 자체적으로 생산하고 공유하게 되었다. 따라서 이러한 과정을 통하여 청소년들은 나름대로 자신들만의 특별한 문화를 형성하며 하나의 문화현상으로 자리 잡게 된 것이다(오윤선 외, 2020).

팬덤(fandom)은 열렬히 좋아하는 팬(fan)이라는 단어에 어떤 권력이나 지위, 어떤 집단의 습성이나 기질 등을 뜻하는 접미사 덤(dom)이 결합한 합성어로, 특정 인물이나 특정 분야를 열렬히 좋아하는 집단의 성격이나 좋아하는 방식 및 사람으로 하나의 문화현상으로 나타난 것을 의미한다. 오타쿠는 일본 청소년 하위문화에서 나타난 용어로 게임 · 아이돌 · 만화 · 애니메이션 등에서 특정 인물이나 분야를 열성적으로 좋아하면서 취미생활을 넘어 준전문가적 지식을 갖춘 사람들을 지칭하는 용어이다. 집에서 혼자만의 취미에 몰두하여 폐쇄적인 사람이라는 부정적인 의미로도 사용되지만, 특정 분야를 광적인 매니아보다 더 좋아해 전문가적 경지에 이른 사람을 지칭하기도 한다(오윤선 외, 2020). 한국에서는 하나의 콘텐츠를 매우 좋아하는 사람을 지칭하는 용어로 오덕후 또는 덕후라는 인터넷 신조어가 생겨났다.

2) 팬클럽의 개념

청소년들은 TV, 영화, 라디오, 모바일, 인터넷, 스마트폰 등의 다양한 대중매체가 발달된 사회를 살아가고 있다. 이들은 일상생활을 하는 동안 개인의 선택과 의지를 넘어 대중매체를 통해 생산되는 무수히 많은 정보와 사회에 대한 이야기를 접하게 된다. 주변의 친척이나 이웃, 학교 등의 이야기보다 대중매체를 통한 미디어 속의 인물이나 사건에 대해 더 많이 알게 되며 익숙하다. 청소년들은 대중매체를 통해 가수, 영화배우, 스포츠인, 정치인 등의 많은 소식을 일상적으로 접하게 되며 자신의 관심에 따라 좋아하거나 싫어하는 사람을 발견한다. 즉 좋아하는 사람과 자신을 동일시하여 행동이나 모습을 모방하여 흉내를 내기도 하며 자신을 특정인에 대한 팬으로 설정하고 많은 시간을 들여 특정인에 대한 자료를 모으거나 이야기를 나누며 특별한 관심과 열정을 발산하기도 한다(성열준 외, 2016). 이렇듯이 현대사회를 살아가는 청소년들은 일상생활을 하는 가운데 스타에 열광하는 대중문화의 수용자이면서 동시에 자신이 좋아하는 스타에 대해 이야기를 나누며 팬문화의 참여자로 자신을 만들어 간다.

이러한 과정에서 청소년들은 개별적인 팬으로 만족하지 않고 하나의 모임을 형성하는 팬클럽에 참여하게 된다. 팬클럽은 한 사회 내에서 특별한 가치나 지위를 가지는 일종의 우상이라고 할 수 있는 사람이나 사물에 대한 존경이나 숭배를 조직적으로 행하고 관계를 유지하는 모임이다. 또한 이러한 사람이나 사물에 대한 지원을 위해 팬들이 자발적으로 형성된 집단으로 자유로운 의사소통과 정서적 교감을 통해 집단정체성을 형성하는 단체이다. 팬클럽 구성원들은 함께 모여 서로의 취향을 나누고 자기가 좋아하는 스타에 관한 정보를 공유하며 하나의 조직체로 활동한다.

3) 대중매체와 팬덤문화의 변화

(1) 대중매체의 변화

팬문화는 대중매체를 통해 생산되는 대중문화를 통해 형성되어 왔다. 대중매체는 근대화로 인한 사회 환경의 확대와 정보량의 증가, 신속한 정보 입수를 통해 급속하게 변화하는 사회 환경에 적응하고자 하는 사회적 필요에 따라 발전해 왔다. 신문, TV, 라디오 등의 대중매체는 대규모 자본을 필요로 하기 때문에 주로 국가나 대자본에 의해 만들어진 콘텐츠가 주로 일방적인 공급방식으로 유통되어졌다. 이러한 대중매체는 문화의 전승과 보급, 새로운 문화 창출과 통합, 문화의 간접적 체험의 긍정적 기능을 갖는 반면, 일방적인 공급으로 인해 수용자의 자세를 획일화하거나 가치관의 혼란을 야기하고 물질주의를 조장하는 부정적 기능도 있다(박진규, 2010). 자본논리에 의한 대중매체는 더 많은 부를 창출하기 위해 충동성과 폭력성으로 대중의 왜곡된 욕망을 자극하여 송출하기도 한다. 따라서 대중문화는 교육받지 못한 다수의 대중이 즐기는 문화라고 인식하고 저속하고 획일적이라는 부정적인 입장을 취하게 되었다.

현대사회는 과학 및 정보통신기술의 발달로 인한 디지털 대중매체의 확산으로 생산자에 의해 일방적으로 제공되던 대중문화에서 소비자들의 반응이 즉각적으로 반영되고 그들이 능동적으로 참여가 가능한 대중문화로 변화하고 있다(성열준 외, 2016). 디지털 환경에서 소비자는 문자, 이미지, 소리, 영상 등과 같은 다양한 구성체계의 복합적인 표현이 용이해졌다. 스스로 매체 텍스트를 생산할 수 있는 디지털 기반의 디지털카메라, 디지털캠코더, 동영상 제작기 등의 하드웨어는 디지털 자료를 변형·가공·편집·출판 등을 할 수 있도록 멀티미디어 제작 소프트웨어의 사용이 간단해지고 있다. 따라서 대중은 자신이 표현하고 싶은 의미를 쉽게 구성하여 생산할 수 있다. 이렇게 생산할 수 있는 것 중에 하나로 SNS는 개인이 매체의 소비자에서 생산자나 유통의 중심으로 변화하도록 하는 매체이다. 즉 SNS는 사람들이 자신의 생각과 의견, 경험, 관점 등을 서로 공유하고 참여하기 위해 사용하는 개방화된 온라인 플랫폼이다.

(2) 팬덤문화의 변화

대중매체가 변화하면서 청소년 팬덤문화는 청소년문화가 대중문화 시장의 주류가 되는 1990년대 들어서면서 나타나기 시작하였다. 1990년대 이전에는 청소년들이 좋아하는 스타가 출연하는 영화를 보기 위해 영화관을 찾거나, 스타가 부르는 노래를 듣기 위해 음반을 사는 등의 행동으로 나타났다. 이러한 현상은 초기 팬덤 형태로 1970년대 남진, 나훈아 같은 가수나 신성일, 엄앵란 배우 등에 열광하는 것에서부터 1980년대 조용필 가수를 따르던 '오빠부대' 등이 존재하였다. 그때까지는 스타를 동경하고 음악을 즐기는 수동적인 팬클럽의 모습이 일반적이었다. 또한 일부 맹목적으로 스타를 좇는 몰지각한 청소년의 문제가 사회문제로 대두되곤 하였다.

그러나 1990년대 '서태지와 아이들'이 등장하면서 팬덤은 수동적인 소비자에서 스스로 선택하고 참여하는 적극적이고 능동적인 생산자로서의 역할로 변화하기 시작하였다. 즉 스타를 동경하고 음악을 즐기는 수동적인 팬클럽문화는 집단적이고 조직적이며 팬문화의 주체적 성격을 갖는 팬덤문화로 변화하기 시작했다(천정웅 외, 2017; 정재민, 2010). 팬의 주체적 참여 성향이 뚜렷해지면서 자신들의 문화지대를 창조하고 확장하고 있다는 것이다. 청소년의 팬덤문화는 오프라인에서 조직적인 행동을 하는 것뿐만 아니라 인터넷의 보급이 확대되면서 온라인 사이버 공간에서도 그 영향력이 거대해지고 조직화되어 가고 있다.

4) 팬덤문화의 특성

피스크(Fiske)에 의하면, 팬덤은 지배적인 가치를 공격하는 문화적 형태이며 사람들이 갖는 하위적 형태의 문화적 취향과 관련된다고 주장하면서 팬덤의 특성을 차별과 구별, 생산성과 참여, 자본축적 등 세 가지로 설명하고 있다(성열준 외, 2016; Fiske, 1987).

① 차별성(discrimination)과 구별(distinction)이다. 팬들은 팬클럽(팬덤) 안과 바깥 사이의 경계선을 확실하게 구분하려고 한다. 경계선을 확실히 해서 자신들이 선호하는 문화영역이 다른 영역과 다르다는 차별성을 강조하면서 일반대중과 구별하고자 하는 특성이 있다. 다른 팬클럽과 차별성과 구별을 나타내기 위해 자신들만의 정체성을 의미하는 소품(슬로건, 복장, 색깔, 머리띠 등)을 상징적인 도구로 사용하는 경우도 있다.

② 생산성(production)과 참여(participation)이다. 팬들은 문화산업의 생산물을 단순히 수용하기만 하는 것이 아니라 적극적으로 참여함으로써 새로운 대중문화를 생산한다. 직접적으로 팬클럽에 사용하는 팬픽 · 플래쉬 · 서적 · 퍼즐 · DVD · 인터넷 방송 등 스타와 관련된 다양한 생산물을 생산할 수도 있고, 스타에 대해 팬클럽 구성원들의 대화나 이야기를 통해 새로운 유행에 따른 대화가 만들어질 수도 있으며, 스타들의 문화상품이 팬들에게 정체성 체험의 의미를 만들어 낼 수도 있다. 여기서 팬픽은 팬이 직접 쓰는 소설로 자신이 좋아하는 드라마나 연예

인, 스포츠 스타 등을 본 따거나 주인공으로 내세워 소설을 창작하는 것이다.

③ 자본축적(capital accumulation)이다. 팬들은 스타와 관련된 정보나 문화상품(사진, 화보, 영상, 예술품, 책, 음반, 중요한 기사 등)을 수집하고 소유함으로써 그들만의 자본을 축적한다는 것이다. 청소년 팬들은 자신이 좋아하는 스타의 정보나 문화상품을 다른 회원들보다 많이 가지고 있을 때 심리적으로 높은 행복감을 느낀다. 또한 정보나 문화상품을 가지지 못한 팬들과 구별하려고 하는데 스타의 정보나 문화상품 축적은 팬덤문화에서 중요한 역할을 한다.

5) 팬덤문화의 영향

스타를 동경하고 음악을 즐기는 수동적인 소비자 팬클럽의 모습은 스스로 선택하고 참여하는 적극적이고 능동적인 생산자로서의 역할을 하는 팬덤문화로 변화하였다. 이러한 과정에서 청소년 팬덤문화 활동은 그들 나름대로의 독특한 문화를 형성하며 활동을 통해서 스스로의 존재감을 찾아가고 있다. 이러한 청소년 팬덤문화의 영향은 긍정적인 측면과 부정적인 측면이 있을 수 있다(오윤선 외, 2020). 긍정적인 측면은 다음과 같다.

① 청소년 팬덤문화 활동은 그들에게 일상의 탈출구가 되거나 활력소를 제공하면서 스트레스 해소 및 심리적 안정, 정신적 건강에 긍정적인 영향을 미친다.

② 청소년 팬덤문화 활동은 그들에게 학업 스트레스나 가정에서 오는 갈등을 해소하거나 즐거움과 행복감을 줄 수 있다.

③ 청소년 팬덤문화 활동을 하는 과정에서 다양한 또래 · 친구들을 사귈 수 있고 서로 공감하며 친밀감을 형성할 수 있으며, 집단 속에서 소속감과 공동체 의식을 형성하며 사회성발달에 도움이 된다.

④ 청소년 팬덤문화 활동은 그들이 문화 주체로서 수동적 소비자이자 능동적 생산자로서 다양한 경험을 할 수 있게 한다.

반면 청소년 팬덤문화 영향의 부정적인 측면은 다음과 같다.

① 스타에 대한 맹목적 사랑이 너무 집착하여 빗나간 형태로 극단적 상황이 나타날 수 있다. 예를 들면, 스타에 열광하는 각 팬클럽끼리의 충돌, 스타를 위협하는 SNS의 댓글, 스타의 사생활 침해, 스타에 대한 협박, 팬끼리의 폭력 등이 나타날 수 있다.

② 문화의 생산과 소비가 맹목적인 소비로 이어져 과소비 현상이 나타날 수 있다. 팬들이 소비하는 금전적 이익은 그들이 좋아하는 스타에게 돌아간다는 마음이 있으므로 자신들의 필요와 상관없이 맹목적인 소비를 할 수 있기 때문에 문화산업의 희생자가 될 수 있다.

③ 스타에 대한 지나친 수용과 의존적인 경향은 어느 한 곳에 몰두하는 편집증적 성향이 나타날 수 있다. 이로 인해 청소년기의 발달과업을 수행하는 데 부정적일 수 있다.

④ 팬덤문화 활동을 하면서 스타에게 몰두하는 시간이 많아지고 인터넷이나 스마트폰 사용시간이 많아짐에 따라 학업에 지장을 받거나 부모와의 갈등이 있을 수 있다.

6) 팬덤문화의 유형 및 참여자의 특성

(1) 팬덤문화의 유형

청소년 팬덤문화의 유형은 공식성을 기준으로 비공식 팬클럽과 공식 팬클럽, 매체

(인터넷)를 기준으로 온라인 팬클럽과 오프라인 팬클럽, 스타의 국적을 기준으로 국내 팬클럽과 국외 팬클럽 등으로 구분한다(성열준 외, 2016).

비공식 팬클럽은 1990년도 이전에 미국 또는 영국의 가수나 그룹을 대상으로 스타와 직접적인 관계를 맺지 않고 팬들이 자발적인 모임을 통해 정기적으로 모여 음악을 듣거나 정보를 교환하는 자발적인 집단으로 조직되어 활동하였다. 이러한 활동은 스타의 활동이 회원들의 활동에 크게 영향을 미치지 않으며 구성원들의 활동에 따라 영향이 있다. 또한 일반 소통 창구 안에서 많은 사람들이 소통하기 때문에 사이트에 가입한 사람이면 누구나 스타와 관계없이 자유롭게 소통활동을 할 수 있다.

공식 팬클럽은 1990년도에 접어들면서 스타가 소속된 기획사에서 좀 더 다양한 활동을 추구하는 10대 청소년들을 대상으로 공식적으로 다양한 활동을 전개하면서 활동을 하였다. 공식적 팬클럽은 스타의 활동이 팬덤문화 활동에 영향을 축소하거나 이야기의 주제가 구성원들에게 집중되도록 하는 등 구성원 중심의 소통을 하고 있다. 이러한 활동은 스타의 활동에 따른 경향을 보이고 있어 스타의 활동량이 많아지면 온라인 공간에서도 게시판의 글이 증가하고 오프라인 공간에서도 만남의 횟수가 증가한다. 비공식 팬클럽과 공식 팬클럽 유형별 소통 형태는 〈표 9-1〉과 같다.

〈표 9-1〉 비공식 팬클럽과 공식 팬클럽 유형별 소통 형태

유형	특징
비공식 팬클럽	스타가 회원으로 미등록됨, 구성원 중심, 스타 활동의 영향이 적음, 비공식적인 모임 중심, 기존 회원이 중심
공식 팬클럽	스타가 회원으로 등록됨, 스타 중심, 스타 활동의 영향이 큼, 공식적 팬클럽 행사 중심, 기존 회원과 신규 회원이 공존

오프라인 팬클럽은 중앙집권적 정보원에 의해 정보가 제한적으로 제공되며 스타에 대한 무조건적인 협조와 정보를 많이 가진 팬에 의해서 영향을 받는다. 이러한 활동은

스타의 활동에 따라 제한이 있으며 장소의 제약이 있을 수 있고 비용적인 면에서 효과적이지 못하다. 그러나 온라인 팬클럽은 스타의 활동이나 장소에 제한 없이 쉽게 소통할 수 있다는 점에서 증가하고 있다. 이러한 활동은 팬들이 다양한 경로로 정보를 접근할 수 있고 스타에 대한 무조건적인 협조가 아닌 비판적 태도를 취할 수 있다. 또한 기획사의 운영방침에 따라 운영되기도 하며 스타의 이미지 관리, 언론 대처 등에 직접적인 영향을 미치며 대중문화의 영향을 미치는 주요한 주체로 활동한다. 온라인 오프라인의 팬덤문화 차이는 〈표 9-2〉와 같다.

〈표 9-2〉 온라인, 오프라인의 팬덤문화 차이

유형	정보	팬의 태도	권력층
온라인	다양한 정보 접근	비판적 태도 가능	인터넷 운영자
오프라인	중앙집권적 정보원에 의해 제공	무조건적인 협조	정보를 많이 소유한 자

(2) 팬덤문화 참여자의 특성

팬클럽에 가입해서 참여하는 청소년들은 부모의 반대, 학업시간 및 용돈의 부족 등으로 인해 활동을 지속하는 데 어려움을 경험하는 경우도 있다. 그렇지만 팬클럽 회원들이 비슷한 연령대이기 때문에 만나서 스타에 대한 이야기뿐만 아니라 개인적인 고민이나 어려움에 대해 이야기하며 해소하거나 해결할 수도 있다. 청소년들은 팬클럽 활동을 하면서 집단구성원들과 스스로를 하나라고 생각하며 적극적으로 집단의 특성을 수용하면서 자기정체성을 형성한다. 또한 대중매체를 통해 전파되는 스타의 외형적 이미지보다는 이상화된 가치를 자기 가치관으로 받아들이고 스스로의 삶을 성찰하고 선택과 결정의 권리를 실현한다(성열준 외, 2016). 팬클럽 활동을 하는 팬들의 특성을 살펴보면 다음과 같다.

① 적극적이다. 팬들은 자신들이 좋아하는 스타와 관련된 정보나 자료를 나누고 수집하는 일에 적극적이다.
② 비판적이다. 팬들은 스타와 관련된 글을 읽는 데 즐거움을 느끼며 방해되는 상황에서는 비판적인 자세를 취한다.
③ 생산자의 역할을 한다. 팬들은 스타와 관련된 창작물을 해체하고 변용함으로써 그들만의 새로운 창작물을 생산한다.
④ 조직적인 활동을 한다. 팬들은 소비자운동의 관점에서 그들의 뜻을 관철하기 위하여 조직적인 힘을 바탕으로 활동한다.
⑤ 대안적 사회공동체를 형성한다. 팬들은 규칙이나 위계질서에 따라 활동하면서 나름대로 대안적 사회공동체를 형성한다.

현대사회의 청소년 팬클럽 참여자의 경향은 다음과 같다(성열준 외, 2016).

① 청소년 팬클럽은 소수, 여성, 청소년을 중심으로 하는 활동에서 점차 대다수, 남성 청소년들의 참여가 많아지고 있으며, 실제 성인세대들의 팬클럽 참여도 증가하고 있는 추세이다.
② 청소년 팬클럽은 가수나 연예인을 중심으로 활동하였으나 최근에는 스포츠, 정치인 등으로 팬클럽이 확대대고 있다.
③ 청소년은 소극적인 수용자로서 소비자의 역할을 하였다면 점차적으로 능동적이며 적극적인 수용자로서 생산과 소비에 참여하는 생산자와 소비자의 역할을 동시에 하고 있다.
④ 청소년 팬클럽 활동은 오프라 팬클럽 활동에서 능동적이며 자발적인 운영의 온라인 팬클럽 활동 중심으로 다양하게 이루어지고 있다. 또한 자신이 좋아하는 스타에 대한 정보를 수집하거나 이야기를 나누는 수준에서 정보를 능동적이며 종합적으로 해석하고 이를 사회적으로 생산하는 형태로 확대되어 활동한다.

9.3 청소년의 바람직한 팬덤문화 정착을 위한 개선방안

청소년 팬덤문화는 대중매체의 발달로 온라인을 통해 쌍방향 소통작용과 적극적이며 능동적인 생산자와 소비자의 역할을 동시에 하면서 전개되고 있다. 이러한 과정에서 바람직한 팬덤문화 정착의 과제를 살펴보면 다음과 같다(성열준 외, 2016; 오윤선 외, 2020).

① 청소년 팬덤문화 활동에 대해서 있는 그대로 긍정적 인식으로 전환되어야 한다. 팬덤문화를 청소년들의 일탈 현상으로 억제하거나 극복해야 할 문제로 인식하지 않고 다수의 청소년들이 능동적이며 주체적으로 즐기는 생활의 일부이거나 삶의 방식으로 바라보고 이해하려는 노력이 필요하다.

② 바람직한 팬덤문화 형성과 정착을 위해 청소년문화의 주체인 그들 스스로의 노력과 함께 이를 지원하는 부모나 학교, 사회적 지원이 필요하다. 팬덤문화 활동으로 인한 부모와의 갈등, 학교생활 및 일생생활의 어려움, 같은 회원 간의 갈등이나 다른 팬클럽 간의 충돌이 나타날 수 있는데, 청소년 자신들 스스로 절제하며 개선하려는 노력이 필요하고 부모나 교사 등은 지속적으로 이야기를 나누며 바람직한 팬덤문화가 형성 및 정착될 수 있도록 이끌어 주어야 한다.

③ 청소년 팬덤문화에 숨겨진 현실적인 억압을 이해하고 그들의 능동적인 에너지를 발산할 수 있는 사회적 환경을 촉진해 나가야 한다. 팬덤문화에 대한 고도한 활동은 현실에서 억압된 욕구를 발산하는 과정으로 이해하고 삶의 에너지를 능동적으로 발산할 수 있도록 청소년 프로그램이나 시설을 확대하는 것이 필요하다.

④ 청소년들은 자본주의 대중문화 속에서 상업성을 띠며 팬덤문화가 이르어진다는 것을 인식하고 비판적 사고를 함양할 수 있도록 노력해야 한다. 스타는 자본주의 원리에 따라 많은 자본투자와 계획을 통해 만들어지기 때문에 기획사의 영리 목

적이 있다는 것을 인식하고, 지나친 과소비나 집착을 하지 않도록 비판적 사고를 하는 것이 필요하다.

CHAPTER 10

청소년의 인터넷 문화와 소셜미디어 문화

CHAPTER 10

청소년의 인터넷 문화와 소셜미디어 문화

현대사회의 인터넷 사용은 선택이 아니라 필수가 되었다. 오프라인 공간에서만 가능하던 타인과의 만남, 지식교환, 정보공유, 관계 형성, 쇼핑 등의 일상생활은 시간과 공간의 제약을 받지 않고 인터넷을 통한 온라인 사이버 공간(cyber space)에서 이루어지고 있다. 또한 SNS(Social Network Service or Social Network Site, 사회적 관계망 서비스 또는 사이트)는 사용자 간의 자유로운 의사소통, 정보공유, 사회적 관계 형성 등을 강화시켜주는 온라인 플랫폼을 의미한다. 특히 청소년들은 SNS와 인터넷을 활용하여 다양한 커뮤니케이션을 통해 관계 형성, 여가, 게임, 쇼핑, 대중문화, 팬덤 등의 활동을 할 수 있는데, 이러한 청소년의 인터넷 문화와 소셜미디어 문화에 대해서 살펴본다.

10.1 인터넷 문화

1) 인터넷 문화의 개념

인터넷 문화는 사이버문화라고도 하며 컴퓨터 통신이나 인터넷을 통해 게임산업 등에 널리 활용되고 있는 가상현실기술을 구성요소로 형성된 문화이다. 즉 컴퓨터나 스마트폰 등 정보통신기기를 통한 정보통신기술의 개발 및 발달로 새로운 기술 환경에서 나타나는 문화적 현상으로 사이버 공간을 통해 형성된 문화를 의미한다(오윤선 외, 2020). 이러한 인터넷 문화는 컴퓨터, 스마트폰, 각종 휴대용 기기 등을 통해 인터넷에 접속하여 시간과 공간을 초월한 사이버 공간에서 지역, 연령, 직종, 동호회 등 다양한 영역에서 문화를 만들어 가고 있다.

2) 사이버 공간의 특징

모든 사람들은 자신의 환경에 적응하며 자신의 행동양식에 따라 삶을 영위(일을 꾸려 나감)해 가며 자신들만의 문화를 만들어 간다. 이렇듯이 사이버 공간(가상공간)도 인터넷을 통해 이루어지는데 다음과 같은 특성이 있다(천정웅 외, 2017).

(1) 시간과 공간의 초월

사이버 공간(cyber space)은 공간이라는 은유법을 사용한 것이지 실제적인 공간은 아니다. 즉 인터넷 정보통신망을 통해 나타나는 이미지를 '공간'인 것처럼 사람들이 만들어낸 공간이다. 사이버 공간은 일반 공간에 존재하는 중력이나 물리적인 규칙도 없으며 시간에도 제약받지 않는다. 인터넷에 접속하면 접속자가 어디에 있든지 상관없이 실시간으로 대화를 하고 자료를 교환하며 그 외의 다양한 상호작용을 할 수 있다. 또한 저장된 정보는 무한정 복제가 가능하고 특별한 사항이 없으면 영구보존된다.

사이버 공간에서는 지구 반대편에서 일어나는 일을 실시간으로 전달받으며 동시에 그 상대방에게 내 정보를 전달할 수 있다. 이러한 것은 모든 사회적 상호작용의 속도가 사이버 공간에서는 급속히 빨라질 수 있다는 것을 의미한다. 일반 공간에서는 수개월에 걸려 알 수 있었던 사항들을 사이버 공간에서는 일주일이나 하루만에도 알 수 있다. 즉 정보역병(info-demic)처럼 모든 정보가 순식간에 모든 이용자들에게 전달될 수 있다. 여기서 정보역병은 정보(information)와 급성전염병(pandemic)의 합성어로 특정한 맥락(사물이 서로 이어져 있는 관계나 연관된 것)에서 특정한 정보가 검열이나 통제망을 뚫고 급속하게 확산되는 현상을 의미한다. 대개의 경우 사실을 오도하는 잘못된 정보의 확산에 대해서 언급할 때 사용된다.

(2) 양방향 소통

사이버 공간에서 모든 사용자들은 동등한 권한을 가질 수 있다. 정보를 생산하는 자와 그것을 소비하는 자로 구분되던 일반 공간과는 달리 사이버 공간에서는 모두가 정보를 생산하고 유통시키고 소비하는 특성이 있다. 일반적으로 정보의 생산과 유통은 기술 · 비용 · 인프라(생산이나 생활의 기반이 되는 중요한 시설)를 필요로 하는 활동이라 산업사회에서는 대중매체나 정부기관 또는 대규모 집단의 전유물이었다. 그러나 인터넷을 통한 사이버 공간에서는 모든 이용자들이 최소한의 비용으로 정보를 생산하고 블로그, 미니홈피, 게시판, 댓글란 등을 통해 유통할 수 있다. 즉 자신이 찍은 사진이나 쓴 글을 인터넷에 올리는 순간 그 사진이나 글은 사이버 공간에 접속한 모든 사람들이 볼 수 있으며 자신 또한 상대방의 사진이나 글을 볼 수 있는데, 이렇게 이루어지는 사항들이 양방향 소통이다. 사이버 공간에서는 모든 개개인이 원인이자 동시에 결과로서 작동하는 양방향 소통 현상이 나타난다. 단방향 소통과 양방향 소통의 특징은 〈표 10-1〉과 같다(천정웅 외, 2017).

〈표 10-1〉 단방향 소통과 양방향 소통의 특징

구분	단방향 소통	양방향 소통
대상	산업사회를 포함한 전통적인 공간	사이버 공간
정보생산의 주체	생산자와 소비자의 구분이 명확	생산자=소지자
정보의 유통양상	단방향적 흐름	양방향적 흐름
대중의 역할	수동적인 존재	능동적인 존재
권력의 기준	정보의 독점적 소유	정보 유통의 허브
소통의 속도	느림	빠름

(3) 기술의 일상화

산업사회에서는 전문가와 일반인의 구분이 명확하게 구분되어, 전문가는 전문적인 지식과 기술을 가진 사람으로 필요한 장비나 도구를 갖추고 있었다. 예를 들어, 영화를 찍으려면 고가의 무비카메라와 편집 장비를 갖추고 그러한 장비를 다루는 전문적 기술이 필요하였다. 그러나 현대사회는 일반인도 휴대폰 카메라를 사용하여 사진을 찍고 동영상을 촬영하는 시대가 되었다. 이렇듯이 전문가와 일반인이 사용할 수 있는 기술이나 장비 등이 일상화되고 언제 어디에서든 촬영하여 인터넷이나 유튜브(YouTube)에 업로드할 수 있게 되었다.

인터넷이 제공하는 무한한 정보 공유의 통로는 전문가와 아마추어의 구분을 무의미하게 만들었다. 예를 들어 환자가 인터넷 정보검색을 통해 의사보다 자기 병에 대해 더 많은 정보를 얻을 수 있으며 대처할 수도 있고, 법학을 전공하지 않고서도 필요한 법률지식을 얻을 수도 있다. 이러한 현상은 과거에는 기술적인 장벽에 막혀서 드러나지 않았던 개개인의 욕구가 사이버 공간에서는 훨씬 자유롭게 표현할 수 있음을 의미한다. 개개인의 욕구 중에는 흥미롭고 즐거운 것도 있지만 그렇지 않고 추악하거나 위험한 것도 있을 수 있다. 산업사회의 기술 특성과 사이버 공간의 기술 특성은 〈표 10-2〉와 같다(천정웅 외, 2017).

〈표 10-2〉 산업사회의 기술 특성과 사이버 공간의 기술 특성

구분	산업사회	사이버 공간
위험성	기술의 위험성이 높음	기술의 위험성이 낮음
진입장벽	습득하려면 많은 시간과 비용이 필요	시간은 많이 필요하나 비용은 매우 낮음
이용 가능성	소수의 전문가들만 접근 가능	전문가와 비전문가의 구분이 모호함
습득방법	원리를 이해한 후에 체험을 통해 단계적으로 기술을 습득	체험 우선적인 기술을 습득
양상	생활과 기술의 분리	생활과 기술의 융합

(4) 정보의 홍수

사이버 공간을 구성하는 정보는 생산자이면서 소비자인 사용자들이 업로드한 데이터들이다. 인터넷을 통해 홈페이지나 블로그, 트위터에 업로드된 정보들은 무한적으로 복사될 수 있고 개개인에 의해서 자유롭게 조합되어 가공할 수 있다. 더욱이 양방향 소통을 하는 인터넷 정보는 현재도 추가되고 있으며 그 양이 범람하여 더 방대해지고 있다. 이렇듯이 방대해지는 정보는 소비자가 개개인의 특성에 맞게 가공하여 데이터화하는 것이 필요하다. 산업사회와 사이버 공간의 정보 양상 특성은 〈표 10-3〉과 같다(천정웅 외, 2017).

〈표 10-3〉 산업사회와 사이버 공간의 정보 양상 특성

구분	산업사회	사이버 공간
기본 특성	정보결핍 환경	정보의 홍수, 정보의 바다
정보유통 비용	정보의 저장과 전달이 어려움	정보저장과 전달 비용이 매우 낮음
정보의 이용권	정보를 습득하거나 사용할 수 있는 권한은 배타적이고 제한적임	정보접근 제한이 약화됨
개개인의 대응방식	주어진 정보는 최대한 숙지하고 활용	정보가 끊임없이 주어지므로 오히려 폐쇄적으로 대응
직업의 양상	논리와 추론으로 정보의 빈틈을 메꾸는 작업	직관과 통찰로 정보를 선별하고 가공하는 작업

3) 인터넷의 이용 현황

사람들은 인터넷을 얼마나 이용하고 있는지를 살펴보면 다음과 같다(한국지능정보사회진흥원, 2020).

① 우리나라 인구 1,984만 가구 중 1,980만 가구(99.7%)가 인터넷 접속이 가능하다.

② 우리나라 인터넷 이용자 수(단위: 천 명) 및 이용률(단위: %)은 만 3세 이상 국민 5,097만 명 중 이용자 수는 약 46,815,750명(91.9%)이 인터넷을 이용하고 있다. 연령별로 살펴보면, 3~9세 2,959천 명(91.2%), 10대 4,730천 명(100%), 20대 6,968천 명(99.9%), 30대 7,199천 명(99.9%), 40대 8,274천 명(99.8%), 50대 8,567천 명(99.8%), 60대 5,920천 명(91.5%), 70대 이상 2,201천 명(40.3%)로 10대에서 50대까지 많이 이용하고 있어 전 연령대에서 이용하고 있는 것으로 나타났다. 특히 10대 20대 청소년들은 인터넷 이용률은 100%에 가깝다.

③ 성별로 살펴보면 남성이 94%, 여성이 89.7%로 남성이 여성보다 4.3% 정도 더 많이 이용하는 것으로 나타났다.

④ 인터넷 이용빈도 및 시간에 있어서는 만 3세 이상 인터넷 이용자의 94.9%는 하루에 1회 이상 이용하고 주 평균 시간은 20.1시간으로 조사되었다. 또한 63.2%가 주 평균 14시간 이상 이용하고 있으며, 16~21시간 미만 17.6%, 21~35시간 미만 27.0%, 35시간 이상 이용도 18.6%에 해당된다.

⑤ 인터넷 이용의 목적에 있어서 만 3세 이상 인터넷 이용자는 주로 커뮤니케이션(96.2%), 여가활동(95.5%), 자료 및 정보 획득(94.8%), 홈페이지 등 운영(60.7%), 교육 · 학습(51.0%), 직업 · 직장(27.9%) 순으로 조사되었다(복수응답).

또한 인터넷 이용자가 어떤 서비스를 이용하고 있는지를 살펴보면 다음과 같다(한국지능정보사회진흥원, 2020).

① 만 6세 이상 전 국민의 97.1%가 인스턴트 메신저 이용자로 대화하기 100%, 사진 · 동영상 · 일정 등 공유(보내고 받기) 83.8%, 음성 및 영상 통화 63.1%, 택배 배송정보 확인(카카오알림 톡 등) 42.6%, 지도 및 위치 공유 42.0%, 구매하기 38.9%, 게임 37.5%, 송금 서비스 33.5%, 제휴서비스(플러스 친구, 할인정보 등) 30.5%, 투표하기 20.7% 등으로 조사되었다(복수 응답).

② 만 12세 이상 인터넷 쇼핑 이용자는 해마다 증가하고 있는데, 2016년 57.4%, 2017년 59.6%, 2018년 62.0%, 2019년 64.1%, 2020년 69.9%로 증가하고 있으며, 2019년도에는 월 평균 이용빈도가 3.3회였으나 2020년은 5.0회로 증가하였다.

③ 만 12세 이상 인터넷 뱅킹 이용률도 증가하고 있는데, 2016년 57.5%, 2017년 63.1%, 2018년 63.1%, 2019년 64.9%, 2020년 76.5%로 2020년에는 2019년보다 11.6%가 증가하였다. 이는 50대(2019년 55.9%, 2020년 79.1%)와 60대(2019년 26.9%, 2020년 50.5%)의 이용률이 증가하였기 때문이다.

④ 이외 만 3세 이상 인터넷 이용자의 화상회의, 원격근무, 온라인 교육 등도 꾸준히 증가하고 있는 현상이다.

4) 인터넷 문화의 특징

사이버 공간(가상공간)에서 이루어지고 있는 인터넷 문화의 특징은 사이버 공간의 특징에 따라 다음과 같다(성열준 외, 2016).

① **익명성의 문화**: 인터넷을 통한 가상공간은 개인의 신상을 공개하지 않고 누구나 언제 어디서든 제약을 받지 않고 들어가 자유롭게 서핑하며 정보를 교환하며 의사소통을 하는 공간이다. 접속되는 컴퓨터에 고유 IP(Information Provider) 주소가 할당되어 익명성이 확보되는 특징이 있다. 청소년들은 컴퓨터의 고유 IP가 있다는 것을 인식하고 인터넷 문화에 적응해야 한다.

② **개방성과 비대면의 문화**: 가상공간은 성별, 나이, 개인적 지위 등에 관계없이 누구나 동등한 입장에서 평등하게 활동이 가능한 개방적인 공간이면서 비대면으로 이루어지고 있다. 정보의 자유로운 공유는 인터넷의 사용 목적이므로 누구나 언제 어디서든 자유롭게 들어와 정보를 공유할 수 있도록 개방성의 특성과 비대면의 특성이 있다. 청소년들은 현실세계에서 개성 있는 주체로 대우받기는 많은 제약이 있으나 가상공간에서는 동등한 주체로 비대면적으로 활동할 수 있다.

③ **자율성의 문화**: 가상공간은 물리적 장소가 갖는 제한성과 소속성에서 벗어나 공간적 · 시간적 제약을 받지 않고 자유롭게 접속할 수 있는 자율성이 있다. 청소년들은 이러한 공간에서 비대면성이 있는 상대방을 위해 현실세계와 동일하게 이용자 스스로가 자율성을 갖고 윤리적으로 통제해야 하며 상대방을 존중하는 윤리적인 자세가 필요하다.

④ **다양성의 문화**: 현실세계에서 규정하고 있는 개인의 정체성은 가상공간에서 익명성을 바탕으로 다른 자기 자신으로 새롭게 태어날 수 있는데, 이렇게 가상공간에서 이루어지는 다양한 자아의 발현으로 인하여 인터넷 문화는 다양성의 문화로

나타날 수 있다. 청소년들은 가상공간에서 다양한 자아를 발견하고 다양한 경험을 시도하며 보다 큰 세상을 이해하고 적응할 수 있는 방법을 배울 수 있다.

이러한 인터넷 문화의 특징에 따라 청소년들이 이용하는 인터넷 문화의 특징은 다음과 같다(오윤선 외, 2020).

① **놀이문화**: 한국의 청소년들은 학습동기와 욕구 수준에 관계없이 시험과 입시에 대한 중압감을 받고 있다. 이러한 이유로 청소년들은 물리적 놀이 공간과 시간을 박탈당했으며, 그들의 문화 또한 유보된 상태에서 사이버 공간은 그들만의 놀이 공간이 되었다. 놀이 공간에서 청소년들은 시·공간 및 비용의 부담 없이 학업과 일상생활로 인한 스트레스를 해소한다. 또한 뜻이 맞는 또래·친구들과 관심사를 함께 나누며 온라인 게임, 블로그 및 홈페이지 관리, 웹 서핑, 웹툰, 온라인 팬클럽 활동, 스포츠나 연예 기사 읽기 등을 하며 즐거움의 욕구를 충족시키고 있다. 그리고 현실세계에서 성격이 소심하거나 대인관계가 원만하지 못한 청소년들도 사이버 공간에서는 자신을 자유롭게 표현하며 주체적으로 하고 싶은 활동을 할 수 있다. 이러한 점은 청소년들이 놀이문화에 인터넷 문화를 적극적으로 활용하고 있다는 것을 알 수 있다.

② **정체성 및 자기 표현문화**: 사이버 공간은 현실세계에서 표현하기 어려운 다양한 이야기를 하며 자기 세계를 구현할 수 있다. 청소년들은 자신들의 주요 발달과업인 자아정체성을 확립하기 위해 프로필이나 배경에 아바타나 사진, 포스터 등을 활용하여 자신의 성격, 관심사, 활동 내용, 기분 등을 다양하게 표현한다. 이러한 자기표현은 그들의 실제 모습일 수도 있고 자신의 이상이나 상상에 따라 지어낸 모습일 수도 있다. 그렇지만 이러한 과정은 자신들의 사회적 역할을 탐색하고 자아정체성을 모색하는 과정이라고 할 수 있다. 청소년들은 현실세계에서 스스로 다양한 방식으로 자신을 표현하고 그에 따른 결과를 직접 경험할 수 있는

기회가 많지 않으며 표현하려는 용기도 필요하다. 그렇지만 사이버 공간은 청소년들이 자신의 다양한 역할과 모습을 실험할 수 있으며 현실세계에서 살아가는 그들에게 자신의 정체성을 실험하고 새로운 정체성을 탐색할 수 있는 기회를 제공한다.

③ **소통문화**: 현대사회는 거의 모든 청소년들이 스마트폰을 이용하고 있는 만큼 인터넷과 스마트폰은 청소년들의 중요한 일부가 되었다(정보통신정책연구원, 2018). 청소년들이 이용하는 인터넷 서비스는 카카오톡, 페이스북 메신저, 라인 등의 인스턴트 메신저를 가장 많이 이용하고 있고, 그 다음은 페이스북, 카카오스토리, 인스타그램 등의 SNS를 이용하는 것으로 나타났다(청소년통계, 2019). 이는 청소년들이 소셜미디어를 통해 또래 · 친구들과의 관계를 유지 · 강화하고 있음을 알 수 있다. 청소년들은 소셜미디어를 통해 서로의 생각이나 감정을 스스럼없이 표현하고 공감하면서 자신들의 존재감과 소속감을 확인한다. 또한 사이버 공간에서 소중한 또래 · 친구들과 소통하며 친목과 유대감을 형성하고 있으며 동시에 다양한 또래 · 친구관계 형성을 추구하고 있다.

④ **정보 획득 및 공유문화**: 청소년들은 사이버 공간을 통해 학업 관련 자료나 다양하고 유익한 정보를 생성 · 공유하고 있다. 사이버 공간에는 집단지성 사이트를 제공하고 있다. 여기서 집단지성 사이트는 인터넷과 웹 2.0을 기반으로 '위키피디아(www.wikipedia.com)' 또는 '네이버 지식iN'이 있는데, '위키피디아'는 누구나 자유롭게 글을 쓸 수 있는 사용자 참여의 온라인 백과사전으로 2001년 1월 15일 시작되었다. 비영리 단체인 위키미디어재단이 운영하며 설립자는 지미 웨일스(Jimmy Wales)이다. 전 세계적으로 200여 개 언어로 만들어 가고 있으며 한국의 경우 2002년 10월부터 시작되었다. 또한 집단지성은 어디에서나 분포하며 지속적으로 가치가 부여되고 실시간으로 조정되며 실제 역량으로 동원되는 지성을 의미한다(오윤선 외, 2020; Levy, 2001). 집단지성은 인터넷 사이버 공간을 통해 불특

정 다수의 사람들이 참여, 개방, 공유함으로써 집단의 문제를 해결하는 기능을 한다. 청소년들의 집단지성은 참여 유형에 따라 학습 욕구를 충족시키는 학습형, 필요한 정보를 공유하는 정보 공유형, 집단지성을 조작 및 기여하는 창조형으로 구분할 수 있는데, 그들은 스마트폰을 활용하여 즉각적으로 정보를 습득하는 동시에 빠른 속도로 공유 및 확산시키고 있다(오윤선 외, 2020).

⑤ **사회참여 문화**: 청소년들은 소셜미디어를 통해 사회문제에 대해서 포스팅하고 댓글을 달며 사회구성원으로 참여하고 있다. 또한 그들은 온라인 서명운동을 통해 정치에 참여하거나 전국 또는 전 세계를 대상으로 사회적 기부에 동참하기도 한다. 청소년들이 기획한 대표적인 기부운동 사례는 성남시청소년재단의 '크라우드 펀딩(crowd funding) 프로그램'이다. 청소년들은 크라우드(대중) 펀딩(자금조달)을 통해 자신들이 인식한 사회문제에 대하여 주도적으로 기부 프로젝트를 기획하였다. 성공적인 펀딩을 위해서는 자신들의 아이디어를 대중에게 효과적으로 전달하고 대중을 설득하는 과정이 중요한데, 청소년들은 이러한 과정에 SNS를 활용하였다. SNS는 홍보의 방법 및 범위를 무한대로 확장할 수 있기 때문이다. 이 밖에도 청소년들은 SNS를 활용한 동아리 활동을 통해 환경, 동물 보호, 문화 캠페인 등 학교 및 지역사회에서 느끼는 다양한 문제들을 찾아 다양한 주제를 선정하고 해결 방안을 논의하며 실천해 나가는 '청소년사회참여팀프로젝트'를 실시하고 있다. 이러한 활동은 청소년들의 잠재적 역량을 개발하는 좋은 계기가 될 수 있으며, 그들의 진로개발과 가치실현에 있어 건강한 사회참여 문화를 형성하는 청소년 인터넷 문화의 모범이라고 할 수 있다(오윤선 외, 2020).

10.2 소셜미디어 문화

1) 소셜미디어의 개념

소셜미디어(social media)는 1997년 티나 샤키(Tina Sharkey)에 의해 처음으로 사용된 언어로 커뮤니티(community)와 같이 사람들의 관계를 연결해 주는 서비스를 가리키는 의미였다. 그 후 2004년 뉴미디어 회사인 가이드와이어(Guidewire) 그룹의 창시자인 크리스 쉬플리(Chris Shipley)가 한 컨퍼런스에서 소셜미디어가 원활한 상호교류를 통해 참여를 촉진시켜주는 역할을 한 것이라고 언급하면서 대중들에게 알려지게 되었다(오윤선 외, 2020). 소셜미디어란 용어를 많이 사용하고 있지만 한마디로 정의하기는 쉽지 않다. 그렇지만 소셜미디어는 정보통신기술을 기반으로 자신의 생각과 의견, 경험, 관점, 활동 등을 개방하고 공유하는 사람들 사이의 사회적 연결망 또는 사회적 관계를 구축할 수 있도록 초점을 맞추는 매체 · 사이트 · 플랫폼 등으로 구성된 공간이라고 할 수 있다. 여기서 플랫폼(platform)은 역이나 정거장의 승강장을 의미하는 것에서 확대되어 공급자와 수요자 등 복수 그룹이 얻고자 하는 가치를 공정한 거래를 통해 교환할 수 있도록 구축된 환경을 의미한다.

소셜미디어와 매스미디어(mass media)의 차이점은 기존에 사용했던 TV, 신문, 잡지, 라디오와 같은 매스미디어가 생산과 소비의 개념으로 일대다(one-to-many)의 일방적 관계 형성에 기초하여 작동하였다면, 소셜미디어는 양방향성을 활용하여 사람들이 참여하고 정보를 공유하면서 이용자들이 직접 만들어나가는 다대다(many-to-many)의 쌍방향적 관계를 갖는다는 것이다(김정준, 2019; 오윤선 외, 2020).

소셜미디어의 기능은 ① 맥락적인 사고와 결합하여 사회적 이슈를 생성하고 전파하는 기능, ② 미디어 간의 상호매개를 통한 사회적 의미를 재창조하는 기능, ③ 네트워크 객체 간의 관계를 무한적으로 확장하여 사회를 움직이는 기능, ④ 인적 네트워크 확장을 통해 경험 공유 기반을 확대하는 기능, ⑤ 집단의 힘으로 성과의 양적 · 질적 성장을 가능하게 하는 기능 등이 있다. 이와 같은 소셜미디어의 기능을 활용하여 청소년들은 새로운 공간을 형성하며 수많은 사람들과 의사소통 및 정보를 공유하고 자기를 표현하며 상호작용을 하고 있다. 소셜미디어의 유형은 〈표 10-4〉와 같다(배상률, 2015; 오윤선 외, 2020).

〈표 10-4〉 소셜미디어의 유형

구분	내용
SNS	페이스북, 카카오스토리, 싸이월드 등 사용자들이 자신의 개인 웹페이지를 만들어 친구들과 네트워크로 연결하여 콘텐츠를 공유하는 서비스 또는 사이트
블로그	웹(web)과 로그(log, 일지)의 합성어로 사용자가 웹에 기록하는 일지로 온라인 저널을 의미하는데 올리는 글들은 짧으며 연대기 순으로 구성됨
마이크로 블로그	트위터와 같이 간단한 콘텐츠를 배포하는 SNS
위키스	사용자들이 내용을 덧붙이거나 편집하면서 공동으로 백과사전 등의 정보를 완성해 가는 웹사이트
팟캐스트	iPod(아이팟) Broadcasting(방송)의 합성어로 이용자가 오디오 파일 등을 MP3 형식으로 올려 공유하는 서비스 또는 사이트
콘텐츠 커뮤니티	유튜브(YouTube)와 인스타그램(instagram)처럼 동영상이나 사진 등 특정한 종류의 콘텐츠를 만들고 공유하는 커뮤니티

2) SNS의 개념

SNS(Social Network Service or Social Network Site, 사회적 관계망 서비스 또는 사이트)는 사용자 간의 자유로운 의사소통, 정보공유, 사회적 관계 형성 등을 강화시켜주는 온라인 플랫폼을 의미한다. 보이드와 엘리슨(Boyd & Ellison)에 의하면, SNS는 개인들로 하여금 특정 시스템 내에서 자신들의 신상정보를 공개 또는 준공개적으로 구축하게 하고 자신들이 연계를 맺고 있는 연계망의 리스트 또는 그 시스템 내의 다른 사람들이 맺고 있는 연계망 리스트를 둘러볼 수 있게 해 주는 웹 기반의 서비스이다. 라고 정의하였다(오윤선 외, 2020). 즉 온라인에서 여러 사람들과 소통할 수 있는 웹사이트나 어플리케이션을 총칭하는 것이다. 이러한 SNS는 스마트폰을 사용하면서 청소년들 사이에서 가장 널리 사용되는 소통 도구이다. SNS는 물리적인 제약이 없는 공간에서 또래 · 친구들끼리 모여 편리하게 사용하고 어울릴 수 있는 청소년들의 문화가 탄생한 것이다.

국내에서 주로 사용하는 SNS(소셜네트워킹사이트)는 페이스북, 인스타그램, 카카오스토리, 트위터, 싸이월드 등이 있다. 페이스북(facebook)은 2004년 마크 저커버그(Mark Zuckerberg)가 하버드대학교 학생들을 위해 만든 SNS로 2006년 대중에게 공개된 이후 지금까지 전 세계적으로 널리 사용되고 있다. 페이스북은 자신의 메일 계정에 등록된 주소록을 이용하여 친구들을 찾거나 초대장을 보내 친구관계를 맺을 수 있으며 가입자들끼리 인맥정보를 공유할 수 있다. 친구맺기 방식은 친구를 선택한 후 그 친구의 승인을 받아야 하며 중간에 공통적으로 연결하는 사람이 있다면 동의 없이 게시물 열람이 가능하다.

인스타그램(instagram)은 사진이나 동영상을 업로드해서 공유하여 온라인상에서 다른 사람들과 공유할 수 있다. 해시태크(hashtag) 기능을 통해 원하는 관심 분야를 찾아볼 수 있으며 다양한 필터(filter) 효과를 사진에 적용할 수 있어 청소년들은 물론 많은 사람들이 이용하는 소셜미디어이다(오윤선 외, 2020). 카카오스토리(kakaostory)는 카카오톡 서비스를 기반으로 사용자 자신의 사진이나 일상을 공유할 수 있도록 개발된 사이트이다. 개인정보 프로필은 카카오스토리에 연결된 친구에게 전체 공개 또는 비밀공개 여부를 설정할 수 있으며 게시물에 댓글을 달기도 하고 대화를 나눌 수도 있다.

트위터(twitter)는 사용자들이 실시간으로 글을 올릴 수 있는 웹사이트이다. 상대방의 승인이 없이도 관계를 구성하고 인맥을 형성할 수 있다. 트위터는 모든 사람들에게 열려 있으며 누구나 손쉽게 연결될 수 있다. 싸이월드(cyworld)는 인터넷 웹브라우저로 많이 사용되었으나 스마트폰 환경에 적절히 대응하지 못하여 이용자가 많지 않다.

3) 스마트폰의 개념

스마트폰(smart phone)은 휴대폰과 컴퓨터가 결합된 상태의 전자장치이다. 일반적인 휴대폰의 기능뿐만 아니라 컴퓨터로 할 수 있는 대부분의 기능과 휴대하기 편한 장점을 살린 기기이다. 청소년들은 스마트폰을 통해서 휴대폰의 기능인 전화나 문자메시지 등을 주고받으며 컴퓨터 기능인 인터넷 서핑(인터넷에서 이곳저곳 사이트를 접속해 들여다보는 행위)을 하거나 메일을 보내고 받고, 유튜브(YouTube)를 통해서 스마트폰으로 제작한 동영상을 올리거나 다른 동영상을 감상할 수 있다. 또한 촬영한 동영상이나 찍은 사진을 편집하여 SNS를 통해 공유할 수도 있으며, 사용하고자 하는 다양한 모바일 어플리케이션(mobile application, 어플 또는 앱)을 직접 다운로드 받아 설치·운영해서 다양한 기능을 할 수 있다. 이러한 스마트폰은 이동통신망과 와이파이(Wi-Fi, 무선랜) 발달로 언제 어디서나 자유롭게 인터넷 접속과 사용자가 필요한 어플리케이션을 다운받아 직접 설치해 다양한 용도로 사용할 수 있다. 이렇듯이 다양한 용도로 사용할 수 있기 때문에 청소년들은 거의 다 휴대폰을 사용하며 그들만의 문화를 만들어가고 있다. 청소년들이 많이 사용하고 있는 문자 메시지와 인스턴트 메신저, 유튜브 등에 대해서 살펴본다.

(1) 문자 메시지와 인스턴트 메신저

현대사회의 사람들은 직접 만나서 이야기를 하거나 대화의 소음으로 인해 전화통화를 하는 것보다 문자 메시지나 인스턴트 메시지(카카오톡)를 보내 상대방과 이야기하는 것을 자연스럽고 편하게 생각한다. 스마트폰이 대중화되면서 카카오톡과 같은 모바일 인스턴트 메신저가 문자 메시지를 대신하고 있다. 최근 조사에 따르면, 초등학생은 69.4%, 중학생은 97.9%, 고등학생은 98.8%가 인스턴트 메신저를 이용하고 있는데, 이는 SNS나 이메일 등 다른 인터넷 서비스에 비해 높은 비율을 차지하고 있어(인터넷이용실태조사, 2018; 오윤선 외, 2020) 인스턴트 메신저는 청소년들에게 중요한 의사소통의 창구역할을 하고 있다.

인스턴트 메신저는 1996년 이스라엘의 소규모 벤처기업 미라빌리스(Mirabilis)사에서 개발한 ICQ(I seek you) 서비스가 대중화되면서 이후 비슷한 여러 서비스들이 등장하기 시작하여 대중에게 널리 사용되었다. 인스턴트 메신저는 컴퓨터나 스마트폰에 이용자가 동일한 어플리케이션을 설치하여 문자, 사진, 동영상, 파일 등을 보내고 받을 수 있는 서비스이다. 즉 인터넷상에서 통화, 채팅 등의 기능을 포함한 것이다. 문자 메시지나 이메일은 받는 사람이 확인하기 전까지 전달 사항을 알 수 없지만 인스턴트 메신저는 보내는 즉시 상대방이 확인했는지 알 수 있어 실시간으로 의사소통이 가능하다. 대표적인 인스턴트 메신저에는 카카오톡이 있는데, 청소년들은 카카오톡을 사용하여 1:1 대화 또는 그룹으로 또래·친구들과 정보를 주고받으며 활용하고 있다.

(2) 유튜브

유튜브(YouTube)는 동영상이나 사진 등 특정한 종류의 콘텐츠를 만들고 공유하는 커뮤니티 사이트이다. 유튜브는 2005년 2월 페이팔(PayPal)의 직원이었던 채드 헐리(Chad Hurley), 스티브 첸(Steve Chen), 조드 카림(Jawed Karim) 등이 친구들에게 파티

비디오를 배포하기 위해 '모두가 쉽게 비디오 영상을 공유할 수 있는 기술'을 생각해 낸 것이 유튜브의 시초가 되었다. 한국에서는 2008년 1월에 서비스가 시작되었는데(오윤선 외, 2020), 청소년들은 이러한 사이트를 통해 자신들이 촬영한 동영상이나 찍은 사진을 업로드하며 소통하고 있으며, 연예인이나 스타들의 활동 동영상을 감상하고 댓글을 달아 소통하고 있다.

4) 스마트폰의 이용 현황

한국 사람들은 스마트폰을 얼마나 이용하고 있는지를 살펴보면 다음과 같다(한국지능정보사회진흥원, 2020).

① 만 6세 이상 인구의 93.1%가 스마트폰을 보유하고 있는 것으로 조사되었다. 보유율은 남자(94.8%), 여자(91.3%)로 남자가 3.5%정도 높게 나타났다. 연령별로 살펴보면, 6~19세 94.7%, 20대 99.6%, 30대 99.5%, 40대 99.5%, 50대 99.9%, 60대 93.1%, 70세 이상 53.8%로 조사되었다.

② 만 3세 이상 인구 중 스마트폰 이용자(스마트폰을 통한 무선인터넷 이용자)의 비율은 91.1%, 남자가 93.2%, 여자가 89.0%로 조사되었다. 남자가 4.2% 더 많이 사용하는 것으로 조사되었는데, 연령별로 살펴보면, 3~9세 88.2%, 10대 99.3%, 20대 99.6%, 30대 99.7%, 40대 99.2%, 50대 99.0%, 60대 90.8%, 70대 이상 39.4%로 조사되었다. 조사에서 알 수 있듯이 10대부터 60대까지 전 국민이 스마트폰을 이용하고 있다는 것을 알 수 있다.

③ 만 3세 이상 스마트폰 이용자 중 93.2%가 하루에 1회 이상 스마트폰을 이용하고 있으며 주 평균 스마트폰 인터넷 이용시간은 11.9시간(하루 평균 1.7시간)으로 조사되었다. 이용자 가운데 주 평균 7~14시간을 이용하는 비율은 35.2%로 가장

높고, 다음으로 14~21시간 미만(21.2%), 3~7시간 미만(14.3%), 21~35시간 미만(13.5%), 35시간 이상(4.3%) 등의 순으로 나타났다. 또한 남자(12.3시간), 여자(11.5시간)으로 남자가 여자보다 0.8시간 더 많이 이용하고 있다. 연령대별로 살펴보면, 3~9세 7.1시간(2019년 5.8시간), 10대 13.6시간(2019년 11.7시간), 20대 16.2시간(2019년 14.9시간), 30대 14.2시간(2019년 13.1시간), 40대 13.1시간(2019년 12.2시간), 50대 10.8시간(2019년 10.2시간), 60대 7.9시간(2019년 7.2시간), 70대 이상 4.5시간(2019년 5.6시간)으로 조사되었다. 이는 해마다 70대 이상을 제외하고 전 연령대에서 이용시간이 증가하고 있음을 알 수 있다.

④ 만 12세 이상 스마트폰 이용자가 주로 이용하는 어플리케이션은 채팅 · SNS 등 커뮤니케이션(70.5%), 사진 및 동영상(53.2%), 뉴스 · 날씨 · 미세먼지 등 기상정보 포함(49.0%), 음악 · 미디어 · 전자책 · 독서 · 웹툰(43.9%), 게임(17.4%), 내비게이션 및 지도(14.4%), 금융(12.6%), 쇼핑 및 예약(9.0%), 건강 · 스포츠(5.4%), 버스 · 철도 · 항공 등 공공 교통수단(4.6%), 사전 · 백과사전 등 지식(4.4%), 메모 · 달력 · 문서관리 등 생산성(4.2%) 순으로 나타났다(중복응답).

10.3 청소년 인터넷 문화의 문제점과 개선방안

1) 청소년 인터넷 문화의 문제점

청소년들은 컴퓨터와 스마트폰으로 인터넷에 접속하여 많은 활동을 하고 있는데, 온라인 게임, 사이버 불링, 사이버 범죄, 언어폭력, 사이버 음란물 등의 문제에 노출될 수 있다(오윤선 외, 2020).

(1) 온라인 게임

청소년들은 컴퓨터나 스마트폰을 사용한 인터넷을 통해 폭력적이거나 선정적인 콘텐츠에 쉽게 접근할 수 있다. 청소년들의 스마트폰 과의존 수준과 게임 의존도는 심각하여 대책이 필요한 사항이다. 여기서 과의존은 스마트폰을 과도하게 사용함으로써 스마트폰의 이용 조절능력이 감소하여 일상생활에 문제적 결과를 경험하거나 반사회성이 나타나는 상태를 의미한다. 보건복지부 아동종합실태조사에 따르면, 9~17세 아동의 스마트폰 과의존위험군 비율은 2015년 31.6%, 2018년 29.3%로 조사되었다(보건복지부 아동종합실태조사, 2018). 3년 전보다 2.3%가 줄었지만 심각한 수준이라고 할 수 있다. 학령별로는 중학생이 34,0%로 가장 높고, 그 다음은 고등학생이 28.3%, 초등학생이 22.8% 순으로 조사되어 중학생이 가장 취약한 것으로 나타났다. 이렇게 과의존위험군에 속하는 대부분의 청소년들은 주로 게임(95.8%)을 많이 한다는 것이다. 또한 특성별로 살펴보면, 여자 아동보다 남자 아동일수록, 다른 연령대보다 12~17세 아동일수록, 소득이 높은 가정의 아동보다 소득이 낮은 가정의 아동일수록, 일반가정 아동보다 수급자가정 아동이나 한부모 및 조손가정의 아동일수록 과의존위험군의 비율이 높다는 것이다.

청소년들이 지나치게 인터넷 게임에 몰두할 경우 가장 큰 문제는 가상현실에 접하는 시간이 많아지면서 현실세계의 공감 능력이 떨어지며 반사회적 행동이 나타날 수 있고 일생생활의 어려움을 겪게 된다. 또한 인터넷 게임의 폭력성 · 선정성 등은 현실세계까지 영향을 미쳐 묻지마 범죄의 원인이 될 수도 있다.

(2) 사이버 불링

사이버 불링(cyber bullying)은 가상공간을 뜻하는 사이버(cyber)와 집단 따돌림을 뜻하는 불링(bullying)에서 생겨난 신조어로 사이버상에서 특정인을 집단적으로 따돌리거나 집요하게 괴롭히는 행위를 의미한다. 즉 이메일, 스마트폰, SNS 등 디지털 서비스를 활용하여 악성댓글이나 굴욕스러운 사진을 올림으로써 이루어지는 개인에 대한 괴롭힘 현상을 의미한다. 사이버 불링은 직접 만나서 대면하고 이루어지는 괴롭힘이 아니라 여러 가지 복합적인 커뮤니케이션 방식에 의해 다양하게 이루어질 수 있고, 확산이 빠르며, 가해자를 파악하기 힘들기 때문에 처벌조차 어렵다는 점에서 과거의 집단 따돌림과 차이가 있다.

사이버 불링의 예를 들면, 단톡방 등을 만들어 특정인을 불러 단체로 조롱하는 행위, SNS 커뮤니티에 피해학생을 초대한 뒤 한꺼번에 나가 피해학생만 채팅방에 남게 하는 행위, 피해학생의 페이스북 계정 등에 무단 로그인하여 악성 댓글이나 혐오스런 게시글을 올려 피해를 주는 행위 등이 있을 수 있다. 이 외에 피해학생의 스마트폰 와이파이를 공유기처럼 사용하며 무선데이터를 갈취하여 금전적 피해를 주는 와이파이 셔틀, 게임을 하기 위해 필요한 아이템을 피해학생에게 상납 받는 게임 아이템 셔틀 등의 사례가 청소년들 사이에서 이루어지고 있다.

(3) 사이버 범죄

인터넷 서비스는 전 세계적으로 연결된 네트워크망을 구축하고 있으며 그 속성상 개인정보를 바탕으로 이루어지기 때문에 개인정보 도용이나 범죄에 이용될 가능성과 위험성이 높다. 특히 소셜네트워크 사이트에서는 개인의 사생활이 지나치게 노출되는 데에 따른 사이버 스토킹 등의 문제나 경우에 따라 페이스북 사용자의 쿠키와 프로필을 사용자의 동의 없이 저장하는 등의 불법적인 행위도 이루어지고 있는 현실이다.

또한 모바일 인스턴트 메신저를 통해 다양한 사진, 동영상 등을 전송할 수 있는 특징은 사이버 범죄를 부추기는 역할을 하고 있다. 이 밖에도 게임을 모방한 청소년 범죄는 한국뿐만 아니라 세계적으로 빈번하게 발생하고 있다(오윤선 외, 2020).

(4) 언어폭력

한국청소년정책연구원의 2015년도 청소년 소셜미디어 이용실태에 관한 연구에 의하면, 청소년들은 소셜미디어가 유행어, 욕설, 속어, 은어 등에 대한 학습의 장이 되고 있다는 것이다. 소셜미디어를 통해 유언비어의 생산 및 확산이 쉽게 이루어진다고 응답하였다. 즉 청소년들은 SNS에서 욕설, 협박, 비방, 조롱, 저주 등의 공격적인 언어를 아무런 비판 없이 많이 사용하고 있다는 것이다. 청소년들이 사이버 공간에서 사용하는 언어는 성인들에게 암호처럼 느껴지기도 하며 지나치게 비난적이고 폭력적인 의미를 내포하고 있어 언어폭력으로 나타날 수 있어 주의가 필요한 사항이다.

(5) 사이버 음란물

청소년들은 스마트폰을 이용하여 야한 동영상, 야한 소설, 야한 사진, 야한 게임 등의 음란물을 쉽게 접하고 또래 · 친구들과 공유하는 수단으로 사용하고 있다. 사이버 음란물은 청소년들에게 성에 대한 관점을 왜곡시키고 성 행동에 대한 태도에 부정적인 영향을 미친다. 또한 청소년들의 음란물 노출은 사이버 성의 문제, 성에 대한 집착, 성 중독의 문제 등을 야기할 수 있으며 폭력적인 음란물에 노출된 경우는 현실세계에도 관련 행동이 나타날 수 있는 위험성이 있다(오윤선 외, 2010; Gossett & Byrne, 2002). 청소년기는 신체발달과 성에 대한 호기심이 증가하는 시기이므로 청소년들은 사이버 음란물에 접근하는 경우가 많으며 야한 사진이나 동영상을 돈을 받고 파는 경우도 발생하며, 심지어 여자 청소년의 경우는 음란 채팅을 통해 만난 남성과 성관계를 맺거나 성매매를 하는 행위도 발생한다.

2) 청소년 인터넷 문화의 개선방안

현대사회 청소년들의 인터넷 사용은 당연한 사회적 환경이다. 이로 인해 나타날 수 있는 인터넷 및 게임 중독, 사이버 불링, 성 범죄, 언어폭력, 주의집중력 감소, 무모한 개인 정보 공개 등 여러 가지 제반되는 문제가 나타날 수 있다. 그렇지만 청소년들에게 인터넷 사용을 무조건 통제하는 것은 바람직하지 못하다. 현대사회 청소년들은 인터넷을 사용하는 것은 그들이 속한 사회에서 다른 사람들과 소통하는 하나의 문화이다. 이러한 사항에서 인터넷 문화의 과제를 살펴보면 다음과 같다(오윤선 외, 2020).

① 유익한 디지털 콘텐츠 개발 및 보급이 필요하다. 콘텐츠(contents)는 문화적 소재가 구체적으로 가공되어 매체에 체화한 무형의 결과물을 의미한다. 여기서 문화적 소재란 우리 일상에 존재하는 모든 것을 의미하며, 구체적 가공은 기획자의 창의력과 상상력을 통해 제시되는 일련의 스토리텔링 방법을 뜻한다. 디지털 콘텐츠는 정보기술을 이용하여 인터넷이나 컴퓨터 통신 등을 통하여 제공되는 각종 정보나 그 내용물을 디지털화한 것으로 통신망에서 사용하기 위하여 문자 · 부호 · 음성 · 음향 · 이미지 · 영상 등을 디지털 방식으로 제작해 처리 · 유통하는 것이다. 이러한 콘텐츠는 구입 · 결제 · 이용에 이르기까지 모두 네트워크와 PC를 통해 이루어지기 때문에 기존의 통신판매 범위를 훨씬 뛰어넘어 전자상거래의 새로운 형태로 확고한 자리를 잡았고, 갈수록 시장 수요도 확대되고 있다. 따라서 청소년들에게 유익한 학습 분야, 진로탐색, 여가 등 청소년문화 전반에 걸쳐 자기를 표현하고 정보를 획득하며 건전하고 유익하게 사용할 수 있는 콘텐츠 개발 및 보급이 필요하다.

② 청소년들이 인터넷을 잘 활용할 수 있는 환경 조성이 필요하다. 인터넷을 통해 유익한 정보를 찾을 수 있는 능력을 함양해 주고 스스로 인터넷 사용을 통제할 수 있도록 절제력을 기르기 위한 교육을 강화할 필요가 있다. 즉 청소년들이 인터

넷에 내재되어 있는 문화의 의미와 가치를 찾을 수 있고 자신의 삶과 연결할 수 있도록 역량을 강화해야 한다. 따라서 이러한 활동을 지원할 수 있는 교육이나 정책의 개발과 운영을 보강하는 것이 필요하다.

③ 사이버폭력 피해에 대한 대처능력을 길러주는 것이 필요하다. 청소년들은 시 · 공간을 초월하는 사이버 공간에서 심각한 사이버 폭력이 발생할 수 있으므로 예방과 함께 피해를 당했을 때 즉각적으로 대처할 수 있는 능력을 함양시키는 것이 필요하다. 즉 피해를 당했을 경우 분명한 거부의사와 표현하기, 보복하지 않고 벗어나기, 무시하거나 차단하기, 증거자료 확보하기, 부모에게 알리기, 관련 기관에 도움 요청하기, 신고 및 삭제 요청하기, 경찰에 신고하기 등의 조치 요령을 숙지하여 실천하는 것이 필요하다.

④ 인터넷을 활용하여 학교폭력, 가출, 성매매 유입 등의 문제를 예방하고 보호할 수 있는 웹을 개발하여 보급 및 홍보하여 위기 청소년들의 보호 및 지원을 하는 것이 필요하다. 예를 들어 가출 청소년들을 위한 지원기관이나 쉼터 정보를 제공하는 '꿈꾸는 별' 사이트나 다양한 고민을 상담하는 '홀딩파이브' 사이트 등이 대표적인 경우이다(오윤선 외, 2020).

CHAPTER 11

청소년의 인터넷 게임문화와 중독

CHAPTER 11

청소년의 인터넷 게임문화와 중독

게임은 하나의 흥미를 유발하기 위한 도구로써 사람들은 많은 게임놀이를 한다. 그렇지만 많은 시간을 인터넷 게임에 너무 몰두하면 일상생활에 지장을 줄 수도 있다. 인터넷 중독은 임상적으로 과다하게 인터넷을 사용하거나 게임에 몰두하여 일상생활에 심각한 장애가 발생하는 것을 의미한다(성열준 외, 2016). 즉 임상적으로 심각한 손상이나 고통을 일으키고 있는 부적응적인 질병적 진단명의 하나라고 할 수 있다. 이러한 청소년의 인터넷 게임문화와 인터넷 중독에 대해서 살펴본다.

11.1 인터넷 게임문화

청소년들은 소셜미디어를 통해 폭력적이거나 선정적인 콘텐츠에 매우 쉽게 접근할 수 있다. 특히 스마트폰 과의존과 인터넷 게임 의존도는 심각하다고 할 수 있다. 여기서 과의존은 과도한 스마트폰 이용으로 인해 스마트폰에 대한 의존성이 증가함으로 인해 이용 조절능력이 감소하여 문제적 결과를 경험하는 상태를 의미한다. 청소년들은 부모나 교사의 간섭으로부터 벗어나 또래 · 친구들과 자유롭게 행동할 수 있는 PC방 공간에서 여가활동으로 인터넷 게임을 즐긴다. 이렇게 인터넷 게임에 중독된 청소년은 집에서도 게임을 하면서 밤을 지새우는 경우가 많은데, 청소년들이 인터넷 게임을 과다하게 하는 동기는 다음과 같다(성열준 외, 2016; 성윤숙, 2003).

① 게임은 청소년문화 공동의 관심사로서 우정을 확인해 주는 촉매자의 역할을 한다.

② 현실세계에서 이루지 못한 꿈들을 게임을 통해서 가상세계로 도피하려고 한다.

③ 한탕주의 욕구로 가상의 돈이나 아이템으로 현실세계에서 경제적 이득을 추구하려고 한다.

④ 폭력욕구를 해소하려고 한다. 청소년기는 신체적으로 발달이 왕성한 시기로 게임 폭력을 통해서 욕구를 분출하려고 한다.

⑤ 인터넷 게임을 하는 청소년들의 심리는 소비를 충족시키고자 하는 욕구가 있다. 인터넷 게임을 통해 비싸게 거래되는 좋은 아이템을 얻고자 하고 그 아이템을 얻게 되며 그 아이템을 다시 팔아 자신이 갖고 싶은 것을 사고자 한다.

⑥ 현실도피 현상이다. 사이버 공간은 청소년들이 현실세계에서 부딪히게 되는 입시, 성공 등의 과중한 업무로부터 탈출구가 될 수 있다.

1) 인터넷 게임의 유형

청소년들이 많이 사용하는 인터넷 게임은 사용자 인터페이스의 관점에 따라 크게 다음과 같은 게임이 있다(천정웅 외, 2017).

(1) 싱글플레이 게임

싱글플레이 게임(single play game or stand-alone game, 스탠드얼론 게임)은 플레이어(player)가 혼자서 컴퓨터에 의해 운영되는 프로그램에 따라 게임을 하는 것이다. 예를 들어 '슈퍼마리오', '갤러그'와 같은 고전적인 아케이드(arcade, 게임센터) 게임부터 '프린세스메이커'와 같은 육성시뮬레이션 게임, '삼국지'와 같은 전략시뮬레이션 게임, '로그스피어', '하프라이프'와 같은 액션게임에 이르기까지 그 장르에 상관없이 플레이어가 혼자서 게임을 하는 모든 게임들을 의미하며 스탠드얼론 게임이라고도 한다(천정웅 외, 2017).

싱글플레이 게임은 일종의 1인칭 소설이라고도 할 수 있는데, 소설의 기본 틀은 게임 개발자가 만들어 놓은 시나리오를 구성으로 이루어지며 플레이어는 그 틀을 따라가면서 게임을 한다. 이러한 게임은 개발자의 역할이 중요한데, 실감나고 흥미로우며 재미있는 게임의 스토리(시나리오), 각 레벨에 따른 난이도의 조절, 시청각적인 그래픽 효과 등의 요소는 개발자에 의해 만들어진다. 싱글플레이어 게임은 반복적인 프로그램에 의해 매번 플레이가 반복적으로 진행되는 특성이 있다. 따라서 플레이어는 같은 상황을 여러 번 반복할수록 기술이 습득되고 다음 상황을 예측하여 더 잘할 수 있다. 또한 플레이어 마음대로 멈출 수 있는 리셋(reset) 기능이 있다. 여기서 리셋은 게임을 중단하는 것으로 다시 시작하는 기능이다. 즉 자신에게 불리한 상황이나 만족스럽지 못한 선택을 돌이키려는 것으로 게임에서 '무르다'라는 의미가 된다.

사람들은 어려서부터 놀이게임을 하면서 사회화 과정을 학습한다. 학습의 기본은 시행착오를 겪으면서 반복해서 배우는 것이다. 특히 인터넷 게임은 안전하면서 무제한적으로 반복이 가능하고 비용이 적게 들기 때문에 군사훈련과 같은 위험한 대상에 대한 시뮬레이션 게임을 반복적으로 실시한다. 이러한 인터넷 게임은 장점도 있지만 가상세계에 대한 동경으로 비현실적이며 너무 인터넷 게임에 몰두하면 현실세계에 대한 교류가 약화될 수 있다는 단점도 있다.

(2) 멀티플레이 게임

멀티플레이 게임(multi play game)은 서로 다른 컴퓨터로 인터넷에 접속하거나 인터넷 서버의 중개를 통해 2인 이상의 플레이어가 서로 경쟁하거나 협력하여 게임을 하도록 하는 것이다. 이러한 게임은 컴퓨터의 프로그램에 의해 운영되는 것이 아니고 실제로 플레이어들을 상대로 하기 때문에 언제나 새로운 반응과 결과를 기대할 수 있다는 점에서 오랫동안 깊이 몰입하여 게임을 할 수 있다는 특징이 있다.

멀티플레이 게임의 대표적인 것은 '스타크래프트'가 있는데, 게임을 할 때 상대방의 전략과 전술이 어떻게 나올지 심리적으로 마음을 읽고 예측하며 게임을 하게 되는 장기, 바둑, 포커 등의 게임과 유사하다. 이러한 게임은 플레이어가 컴퓨터 프로그램이 아니라 실제 사람과 사람들끼리 게임을 하기 때문에 게임에 대한 규칙이나 매너를 지키면서 게임을 하므로 청소년들의 사회성발달에 도움이 된다. 또한 게임을 하면서 상대방의 마음을 읽는 능력이나 협력하는 능력도 알아 가면서 성장할 수 있다. 따라서 멀티플레이 게임을 하면서 규칙이나 매너를 지키며 즐기는 청소년들은 또래 · 친구관계도 다양하고 사교성도 좋은 경우가 많다. 그렇지만 규칙이나 매너를 지키지 않고 상대방을 괴롭히거나 너무 많은 시간을 활용하여 집착하게 되면 일상생활에 어려움이 있을 수 있고 게임중독에 빠질 수도 있다.

모든 멀티플레이 게임은 반드시 끝나면 끝났을 때 누가 이기고 졌는지 승패를 가리게 된다는 특성이 있다. 이러한 특성은 청소년들이 멀티플레이 게임을 하면서 근면성 대 열등감, 정체감 대 정체감 혼미를 경험하면서 발달한다. 멀티플레이 게임을 하면서 상대방을 이겼을 경우는 우월감이나 근면성, 긍정적 정체감 형성을 경험하지만 반대로 졌을 경우는 열등감이나 정체감 혼미를 경험하면서 발달하게 된다. 즉 규칙과 매너를 지키며 열심히 노력해서 여러 가지 방법을 사용해서 정당하게 상대방을 이겼을 경우 자기 효능감을 통한 근면성을 경험한다. 그렇지만 졌을 경우는 열등감이나 정체감 혼미 등의 발달과업을 다음에 더 열심히 해서 극복하면 다음 단계의 발달에 긍정적인 과업을 수행할 수 있다(천정웅 외, 2017).

(3) 여러 명의 다중사용자 온라인 게임

여러 명의 다중사용자 온라인 게임(Massively Multi player Online Game(MMOG) or Massively Multi player Online Role Playing Game(MMRPG))은 멀티플레이 게임과는 또 다른 형태의 게임으로 '무한한 지속성'을 갖고 '무한한 참여자'가 참여하여 게임을 하는 것이다. 멀티플레이 게임은 반드시 끝나면 끝났을 때 누가 이기고 졌는지 승패를 가리게 되어 있지만 여러 명의 다중사용자 온라인 게임은 끝나지 않고 무한히 지속적으로 할 수 있다. 한국에서 여러 명의 다중사용자 온라인 게임은 1997년 12월에 사용서비스를 시작한 '리니지' 게임으로 지금까지 지속되고 있다. 이후 'WOW(World of War craft)', '리니지2', '마비노기', '아이온', '배틀 그라운드' 등이 상용화되어 서비스되고 있다. 여러 종류의 여러 명의 다중사용자 온라인 게임은 'Massively(대량으로)'라는 이름에 걸맞게 참여하는 플레이어의 규모는 상상을 초월하고 있다. 'WOW' 게임은 현재 가장 많은 플레이어가 참여하고 있는데, 제작사인 '블리자드'에 따르면 2010년 10월 기준 세계적으로 이용자가 약 1천 2백만 명으로 추정한다. 이러한 사실은 서비스되는 국가와 프로그램이 운영되는 서버별로 사용자들이 구분되어 있지만 무한한 지속성과 무한한 범위의 참여가 가능한 것은 게임이라기보다는 사이버 공간 속에서 구현되는 새로운 사회의 특성을 더 많이 내포하고 있다는 것이다.

여러 명의 다중사용자 온라인 게임은 현재도 게임이 끝나지 않았기 때문에 사용자들은 정기적으로 자기가 가능한 시간에 게임을 하고 그 속에서 자신의 캐릭터를 지속적으로 성장시키며 동료 및 공동체를 구성해서 안정적인 사회관계를 유지한다. 또한 게임 속의 아이템들은 지속적으로 가지고 있으며 교환가치와 효용가치를 발휘하기 때문에 자연스럽게 재화로서 기능이 가능하다. 즉 게임 속에서 통용되는 '린든달러' 화폐를 현금으로 교환하는 경우도 있고 아이템을 현금으로 거래하는 경우도 있다(천정웅 외, 2017).

무한한 지속성과 무한한 범위의 참여가 가능한 여러 명의 다중사용자 온라인 게임은 게임의 몰입 결과가 다른 싱글플레이 게임이나 멀티플레이 게임의 경우와 다르게 나타난다. 여러 명의 다중사용자 온라인 게임에 참여하는 플레이어들은 게임 수준이 어느 정도 이상이 되면 단순히 게임이 아니라 자신들에게 또 다른 하나의 중요한 삶의 공간이다. 즉 그 게임 세계 속에서 믿고 의지할 수 있는 동료나 연인, 스승이나 선후배, 상사나 부하 등이 있으며 주변사람들로부터 인정받는 직업이나 명성도 있고, 경제적인 수입원도 그곳에 있을 수도 있다. 반면에 게임 속에서도 현실세계처럼 오해와 갈등, 분노와 질투, 배신과 보복, 범죄 등도 나타날 수 있다. 여러 명의 다중사용자 온라인 게임의 세계는 현실세계와 유사한 점이 있는데, 게임 속에서 알게 된 사람과 실제로 데이트를 하거나 동업을 맺기도 하며 현실세계와 유사한 행동을 한다. 이러한 게임 속에서 행동하는 대부분의 사람들은 현실세계에서 별로 인정받지 못하고 고통과 스트레스만을 경험한 사람으로 게임 속에서는 현실세계보다 만족스러운 삶을 찾고 있는 경우가 많다. 이러한 경우는 극단적으로 심각한 게임중독 현상이 나타날 수 있는데, 여러 명의 다중사용자 온라인 게임 속의 세계는 현실이 아니라 가상의 세계라는 인식을 심어주는 것이 중요하다. 게임의 유형별 특징은 〈표 11-1〉과 같다.

〈표 11-1〉 게임의 유형별 특징

구분	싱글플레이 게임	멀티플레이 게임	다중 사용자 온라인 게임
상대	사용자 대 프로그램	사용자 대 사용자	사용자 대 사호
특징	무한반복, 승패 없음	동일 반복 불가, 승패 중요	반복 불가, 성공/실패
활동내용	시나리오 탐색활동	전략적 활동	새로운 삶의 창조
유사환경	상호작용이 강조된 소설	일상적인 규범과 경쟁	가상사회
형태	자폐적 자기만족	우월감/열등감, 자기검증	공동체의식, 정체감
공통문제	게임에 지나친 시간을 투자함으로써 발생하는 업무, 학업, 대인관계의 문제		
특수한 문제	사회적 부적응, 고립감, 우울감 등	반칙, 일탈, 공격성 등	사이버 공간에서의 사회관계와 부적응, 온라인과 오프라인의 중첩

(4) 그 외의 게임

현대사회는 스마트폰이 부각되면서 스마트폰을 이용한 게임들이 늘어나고 있다. 스마트폰 게임은 게임의 세 가지 유형에 속하면서 스마트폰을 기반으로 한 SNG(Social Network Game)이다. SNG는 여러 명의 다중사용자 온라인 게임으로 사용자들이 지속적으로 게임에 참여하고 그 결과도 지속적으로 유지하면서 사용자들이 틈틈이 시간될 때 짧은 조작으로 게임을 지속할 수 있도록 만들어졌다. 이러한 게임은 '페이스북'이나 '싸이월드'와 같은 SNS를 사용하는 고객을 대상으로 제공되는데, SNS를 통해 서로의 근황을 고유하는 활동에 머무는 사용자들에게 이탈을 방지하고 흥미를 유발할 수 있도록 만들어졌다. 즉 SNS에서 친구들끼리 함께 공유할 수 있는 활동거리를 제공하여 SNS의 지속적인 확장을 추구하려는 SNS 회사들의 비즈니스 활동이다.

2) 인터넷 게임의 이용 현황

한국 사람들이 인터넷을 사용하는 주된 목적은 커뮤니케이션하기 위해 96.2%, 여가활동하기 위해 95.5%, 자료 및 정보 획득을 위해 94.8%, 홈페이지 등을 운영하기 위해 60.7%, 교육 및 학습하기 위해 51.0%, 직업 및 직장 관련 업무를 위해 27.9%로 조사되었는데, 여가활동으로 오락 · 휴식 · 스트레스 완화 등으로 인해 게임을 하게 된다. 게임 이용에 대한 전반적인 내용을 살펴보면 다음과 같다(한국지능정보사회진흥원, 2020; 한국콘텐츠진흥원, 2021).

① 전체 응답자(n=3,000명, 남자 1,533명, 여자 1,467명)에게 게임 이용 여부를 조사한 결과 71.3%가 게임을 이용한 것으로 나타났다. 2017년 70.3%, 2018년 67.2%, 2019년 65.7%, 2020년 70.5%, 2021년 71.3%로 조사되었는데, 2019년까지 줄어들다가 2020년과 2021년은 증가현상이 나타났다. 이는 코로나19 팬데믹 상황으로 야외활동을 하지 못하면서 증가된 요인으로 판단된다. 응답자 특성별 게임 이용률은 남자가 74.0%, 여자가 68.5%로 남자가 여자보다 5.5% 더 많이 게임을 하는 것으로 조사됐다. 연령대별로 살펴보면, 10대 93.7%, 20대 85.9%, 30대 71.6%, 40대 80.4%, 50대 57.1%, 60~65세 37.5%로 조사되었는데 10대 청소년이 게임을 가장 많이 하는 것으로 나타났다.

② 게임 이용시간에 대해서는 평균 주 1회 이상 PC방을 이용한다고 응답하였는데, 응답한 게임 이용자(n=232명)는 PC방 1회 평균 이용시간은 155분이며, 이용시간은 2~3시간 미만(39.7%)이 가장 많고, 다음으로 3~4시간 미만(23.7%), 2시간 미만(22.4%), 5시간 이상(10.9%), 4~5시간 미만(3.3%) 순으로 조사되었다.

③ 게임을 하는 이유는 주로 재미있어서가 76.5%로 가장 높게 나타났으며, 스트레스 해소 58.8%, 시간을 때우기 위해서와 할 일이 없어서 18.0%, 사람들과 교류할

수 있어서 15.4%, 습관적으로 15.2%, 목표치(고레벨) 달성을 위해서 8.7% 순으로 나타났다.

3) 청소년 유해성에 대한 인터넷 게임

청소년기는 생리적으로 자극에 대한 추구 성향이 최고조에 달하고 심리적으로 자신의 한계를 실험하면서 자아정체감 형성에 중요한 시기이다. 즉 청소년기의 발달단계 특성이 모험을 추구하게 된다. 인류는 지금까지 청소년들의 모험추구 성향을 적절히 활용해서 성장의 계기로 삼아 왔다. 많은 문화권에서 성인으로 인정받기 위해 완수해야 하는 모험과 도전과제들이 '성인식'이라는 이름으로 만들어졌다. 예를 들어 번지점프는 남태평양 지역의 성인식에서 시작된 것으로 원래는 잘못 떨어지면 목뼈가 부러질 수도 있는 위험한 게임이다. 비교적 오래전에 도시화된 문화권에서도 나름의 거친 관문들이 준비되어 있었다. 즉 모두 적당한 수준의 위험한 도전거리와 그에 따르는 공동체의 인증을 제공하는 관습이었다. 이러한 관습을 통해 청소년들은 스스로 자신의 능력과 가치를 확인할 수 있게 되는 것이다. 그러나 현대사회에서 청소년들은 물리적 위험과는 거리가 먼 생활을 하고 있다. 그 결과 도시의 청소년들은 스스로 모험과 자극을 찾아 나서게 된다. 청소년들은 온갖 모험과 자극을 찾아다니면서 그것이 여의치 않을 때는 약물이나 향정신성 물질, 또는 인터넷 게임에 몰입하게 되는 이유이다(천정웅 외, 2017).

그렇다면 한국의 청소년들의 모험추구 욕구는 어떻게 해결하고 있을까? 제도적으로 제공되는 모험의 기회는 얼마나 될까? 등의 질문에 대한 답은 별로 만족스럽지 못한 것이 현실이다. 원칙적으로 청소년 수련시설에서 제공되는 여러 가지 활동프로그램이나 동아리 프로그램은 그들에게 모험과 자극을 제공해야 하지만 그렇지 못하고 그들의 연령이 높아질수록 활동프로그램의 이용률은 낮아지고 있다. 실제로 청소년들에게 가장 중요한 일은 매 학기마다 보는 시험이나 대입준비일 것이다. 시험이나 대입준비는 그들의 인생을 결정짓는 관문일 것이다. 그래서 한국의 청소년들은 전 세계에서 가장 오랜 시간을 공부에 전념한다. 그렇다보니 운동시간이나 문화 활동시간, 잠자는 시간까지 포기하는 경우가 많다. 공부 이외의 다른 활동을 할 시간적 여유를 낼 수 없는 상황에서 한국의 청소년들은 그나마 의존하는 가상의 모험활동이 게임이다. 게임 세계에서 제공하는 가상의 모험과 도전과제가 아니었다면 청소년들은 과연 어디에서 어떻게 자신들의 모험추구욕구를 충족시킬 수 있을까 하는 문제에 당면하게 된다.

문화체육부는 청소년들의 본드와 부탄가스 흡입 문제가 사회적으로 심각한 문제가 되자 1997년 7월 1일자로 18세 미만 청소년들에게 판매를 금지하는 「청소년보호법 시행령」을 공포하였다. 또한 부탄가스에 구토제를 첨가하여 함부로 흡입할 수 없도록 하는 부가조치도 시행되었다. 정부의 이런 조치는 그 당시 청소년들의 본드와 부탄가스 흡입이 얼마나 심각한 사회문제였는지를 보여주는 것이다. 청소년 관련 범죄와 사고의 배후에는 대부분 본드 중독과 부탄가스 중독이었다. 청소년들의 습관적인 가스 흡입으로 인해 치아와 호흡기가 손상되는 부작용은 의학계에도 이슈가 될 만큼 광범위한 사회문제가 되었다. 그러나 그렇게 심각한 사회문제였던 본드와 부탄가스는 1998년 이후 청소년문제 목록에서 거의 나타나지 않았다. 이러한 이유는 「청소년보호법 시행령」도 중요한 계기가 되었지만 가장 큰 요인은 PC방과 함께 확산된 '스타크래프트' 게임의 열풍이었다. 즉 본드와 부탄가스를 흡입하던 청소년들이 '스타크래프트' 게임에 몰두했기 때문이다(천정웅 외, 2017).

현재 한국에서는 청소년들의 지나친 인터넷 이용과 게임 이용을 가장 큰 문제로 인식하고 있다. 현실적으로 심각하게 인터넷이나 게임에 의존하는 중독자들이 있다는 것은 사실이다. 그렇지만 그들에게 인터넷이나 게임이 없었다면 과연 건강하게 일상생활을 할 수 있었을까 와는 다른 문제이다. 왜냐하면 대부분의 인터넷이나 게임 중독자들은 충동조절을 잘 하지 못하고 원래부터 친구가 없거나 따돌림을 당해왔으며, 우울증 경향도 있는 경우가 많기 때문이다. 즉 이들은 자기가 소속해야 할 집단으로부터 따돌림을 당하고 외로움에 시달렸으며 그 결과 자기만의 세계에 빠져서 망상에 이를 때까지 이상한 상상을 하게 된다. 물론 인터넷에 의존하게 되면 이런 문제는 더욱 극단적이지만 인터넷이 없었다면 더 심각한 문제로 나타났을지도 모르는 사항이다. 즉 그들의 문제가 인터넷이나 게임이 아니라 실제로 부족한 자신감과 사회적 기술에 초점을 두어야 한다는 것이다. 모든 청소년 문제의 원인을 게임에 돌리고 게임회사만 공격하기보다는 그들의 문제를 발견하고 치료하며 그들의 생활환경이나 주변 환경을 개선하는 것이 필요하다. 또한 부모들은 어느 정도의 게임을 직접 해 봄으로써 유해한지를 확인하고 청소년과 같이 게임을 하면서 공감하며 그들이 너무 많은 시간을 할애하지 않도록 이해시키는 것이 필요하다.

11.2 인터넷 중독

1) 인터넷 중독의 개념

현대사회는 컴퓨터와 스마트폰, 정보통신기기의 발달로 언제 어디서든 시간의 제약을 받지 않고 인터넷에 접속할 수 있다. 따라서 인터넷의 과다의존이나 과다사용, 인터넷의 남용 등에 따른 알코올이나 약물중독과 같은 인터넷 중독이라는 용어가 등장했다. 인터넷 중독(internet addiction)은 임상적으로 과다하게 인터넷을 사용하거나 게임에 몰두하여 일상생활에 심각한 장애가 발생하는 것을 의미한다(성열준 외, 2016). 즉 임상적으로 심각한 손상이나 고통을 일으키고 있는 부적응적인 질병적 진단명의 하나라고 할 수 있다.

인터넷 중독은 정신과 의사인 이반 골드버그(I. Goldberg)에 의해 하나의 진단명으로 제안되었다(성열준 외, 2016; Goldberg, 1996). 그렇지만 이 제안은 학술적으로 제안된 것이 아니고 이후에 임상상담사인 킴벌리 영(K. Young)은 인터넷 중독이 흡연, 알코올, 약물과 강박적 도박, 쇼핑 등의 중독적 문제행동과 유사함을 언급하면서 인터넷 중독도 그러한 중독적인 행동 양상을 보인다고 하였다. 따라서 인터넷의 중독은 병리적 도박이나 섭식장애와 알코올 중독 등과 같이 중독자의 학문적 · 사회적 · 재정적 · 직업적 생활을 명백하게 방해할 수 있다고 하였다(성열준 외, 2016; Young, 1998).

2) 인터넷 중독의 기준

킴벌리 영은 인터넷 중독의 기준으로 강박적 집착과 사용, 통제력의 상실 등을 제시하면서 그러한 특성을 감안하여 다음과 같은 8개의 기준을 제시하였다. 8개의 기준에서 5개 항목 이상에 해당하는 사람은 인터넷 중독자로 분류하고 있다(성열준 외, 2016; Young, 1998).

① 점점 오랜 시간을 온라인에 접속해야만 만족감을 느끼게 된다.

② 온라인을 접속하지 않으면 금단 증상을 호소한다. 즉 우울증 증가, 침울감, 초조함, 짜증남, 안절부절못함, 불안, 강박적 사고, 환상이나 꿈, 손놀림 등이 학교와 사회생활에 지장을 줄 정도이며, 이러한 증상 때문에 다시 인터넷에 접속하게 된다.

③ 의도했던 것보다 자주 또는 오랫동안 접속하며 인터넷상에서 많은 시간을 소모한다.

④ 인터넷(게임, 쇼핑, 서핑 등) 접속을 줄이려 했으나 자주 실패한다.

⑤ 인터넷 접속시간을 늘리기 위한 시도(수업을 듣지 않음, 인터넷 접속을 위해 늦잠

을 자거나 일찍 일어남)를 한다.

⑥ 사회생활, 직장생활, 여가활동(취미, 남들과 어울리는 것, 친구와 전화 연락하는 것 등)에 흥미를 느끼지 못한다.

⑦ 인터넷 사용 때문에 여러 가지 문제(직장, 학교, 재정, 가족 문제 등)가 생겼거나 더 나빠졌어도 인터넷을 계속 사용한다.

⑧ 인터넷을 사용하지 않을 때에도 빨리 접속해 보고 싶은 마음이 생긴다.

3) 인터넷 중독과 관련된 심리적 특성

인터넷 중독과 관련된 심리적 요인은 여러 가지 요인이 있을 수 있으나 크게 충동성 및 자기통제 능력, 사회성발달, 자아존중감 등을 중심으로 살펴보면 다음과 같다(성열준 외, 2016).

(1) 충동성 및 자기통제 능력

충동성(impulsiveness)은 생각 없이 행위의 결과를 고려하지 않고 내적 충동에 대해 갑작스럽게 행동하는 성향을 의미한다. 자기통제(self-control) 능력은 어떤 목표를 위해 충동이나 욕구를 자제하고 즐거움과 만족을 지연시키는 능력이다. 청소년들은 충동성이 높거나 자기통제 능력이 낮으면 자신의 생각이나 욕구를 조절하기 어려울 뿐만 아니라 자신의 생활에 대해서도 구체적인 계획을 세우기 어렵다. 또한 인터넷 사용으로 인해 어려움이 발생하더라도 상황에 민감하게 반응하지 못하며 자신의 인터넷 사용 시간 조절이 힘들어지고 결국 인터넷 중독에 빠지게 되는 심리적 특성이 있다.

(2) 사회성발달

사회성은 사회생활을 하려고 하는 인간의 근본 성질로 사람이 타인과 얼마나 함께 어울리는지를 의미한다. 사회성발달이 부족하여 현실세계의 사회생활에서 잘 적응하지 못하는 사람은 사이버 공간에서 실제적인 자신의 모습을 숨기고 자신이 되고자 하는 이상적인 모습으로 표현하기도 한다. 또한 현실세계에서 다른 사람으로부터 인정을 받지 못해 자존감에 상처를 입은 사람은 사이버 공간에서 만난 사람들에게 많은 사회적 지지를 얻으려 하고 친밀하게 느끼며 자신의 자존감을 회복하기 위하여 인터넷상의 대인관계에 더욱 쉽게 빠져드는 경우가 많다(황상민 외, 2004).

(3) 자아존중감

자아존중감(self-esteem)은 자신의 존재에 대해 긍정적 또는 부정적으로 나타나는 감정으로, 자신의 존재에 대해 인지적으로 형성된 것이 자아(self)이고 자기 존재에 대한 감정(느낌)이 자아존중감이다(Simmons & Blyth, 1987).

자아존중감은 매슬로우(Maslow)의 인본주의 이론에서 인간의 기본욕구 5단계(생리적, 안전, 소속감과 사랑, 자아존중감, 자아실현) 중 4단계에 해당되며 충족 여부는 중요하다는 필요성이 강조된다. 모든 사람들은 자아존중감에 대한 욕구가 있으며, 이 욕구를 충족시킨 사람은 자신감이 있고 자신을 가치 있고 유용한 사람이라고 생각한다. 그러나 자아존중감 욕구를 충족시키지 못한 사람은 열등감을 갖고 자신이 보잘 것 없는 사람이라고 생각한다(Maslow, 1965). 이렇듯이 사람들은 본능적으로 일정 수준의 자아존중감을 유지하려는 욕구가 있는데, 일상생활에서 자신의 자아존중감이 위협을 받는 상황에서는 현실을 왜곡하거나 합리화하는 방법으로 자신의 자아존중감을 유지하려는 경향이 있다.

따라서 현실세계에서 낮은 자아존중감을 회복하기 어려운 청소년들에게 사이버 공간은 새로운 자신을 개발하고 자아존중감을 회복할 수 있는 공간이 된다. 인터넷을 과도하게 사용하는 청소년의 경우 인터넷을 하고 있는 동안은 자신의 문제나 불만스러운 부분에 대해 회피하고 일시적으로 심리적 안정감을 느낄 수 있으나 현실세계에서는 자신의 문제가 해결되지 않았음을 더 큰 심리적 어려움으로 빠져들게 된다. 또한 이러한 어려움을 회피하고자 인터넷 사용에 더욱 몰입하게 되는 악순환을 경험하게 될 수 있다(성열준 외, 2016).

4) 인터넷 · 스마트폰 중독의 실태

여성가족부는 2009년부터 교육부, 시 · 도 교육청 등과 협력하여 각급 학교를 통해 매년 인터넷 · 스마트폰 과의존 실태를 조사하여 정책방안을 수립하고 있다. 조사기간은 2021년 3월 29일부터 4월 30일까지 전국 학령 전환기(초 4학년, 중 1학년, 고 1학년) 청소년을 대상으로, 6,064개의 초등학교가 참여하여 4학년 438,813명, 3,261개의 중학교가 참여하여 1학년 439,792명, 그리고 2,364개의 고등학교가 참여하여 1학년 394,376명이 참여해서 전체 1,272,981명의 온라인 설문조사를 실시한 결과를 살펴보면 다음과 같다. 여기서 위험사용자군은 일상생활에서 심각한 장애를 겪고 금단 현상을 보여 전문기관의 도움이 필요한 수준이고, 주의사용자군은 사용시간이 점점 늘어나고 자기조절에 어려움이 있어 주의가 필요한 단계이다. 과의존 위험군은 '위험사용자군'과 '주의사용자군' 합계에서 중복위험군을 제외한 것이고, 중복위험군은 위험사용자군과 주의사용자군의 두 가지 문제를 모두 갖고 있는 청소년이다(여성가족부, 2021).

① 유형별 인터넷과 스마트폰 중 하나 이상에서 과의존 위험군(A+B−C)으로 진단된 청소년은 127만 2,981명 중 22만 8,891명(17.98%)으로 나타났으며, 위험사용자군(A)과 주의사용자군(B) 두 가지 문제를 모두 갖고 있는 중복위험군(C)은 8만

3,880명(6.59%)으로 조사되었다. 연도별 과의존 위험군의 청소년 수는 〈표 11-2〉와 같다.

〈표 11-2〉 연도별 과의존 위험군의 청소년 수 (단위: 명)

구분	2019년	2020년	2021년
과의존 위험군(A+B–C)	206,102	228,120	228,891
위험사용자군(A)	29,246	28,671	30,452
주의사용자군(B)	248,768	283,363	282,319
중복위험군(C)	71,912	83,914	83,880

② 과의존 위험군의 증가 수는 해마다 증가하고 있는데, 2021년은 2020년보다 771명(0.34%)이 증가했다.

③ 인터넷 과의존 위험군은 127만 2,981명 중 12만 9,543명(14.62%)으로 조사되었다. 또한 스마트폰 과의존 위험군은 127만 2,981명 중 12만 9,543명으로 조사되었다. 연도별 인터넷과 스마트폰 과의존 위험군의 청소년 수는 〈표 11-3〉과 같다.

〈표 11-3〉 연도별 인터넷과 스마트폰 과의존 위험군의 청소년 수 (단위: 명)

구분		2019년	2020년	2021년
인터넷 과의존 위험군	합계	154,407	175,496	183,228
	위험사용자군	14,790	14,770	16,723
	주의사용자군	139,617	160,726	166,505
스마트폰 과의존 위험군	합계	123,607	136,538	129,543
	위험사용자군	14,456	13,901	13,729
	주의사용자군	109,151	122,637	115,814

④ 연령별로 초등학교 4학년과 중학교 1학년의 청소년은 과의존 위험군이 증가하였고, 고등학교 1학년 청소년의 과위존 위험군은 감소하였다. 또한 학급별로 중학

생(85,731명), 고등학생(75,880명), 초등학생(67,280명) 순으로 과의존 위험군이 높게 나타났다. 학년별 과의존 위험군의 청소년 수는 〈표 11-4〉와 같다.

〈표 11-4〉 학년별 과의존 위험군의 청소년 수 (단위: 명)

구분	2019년	2020년	2021년	전년대비 증감
초4	56,344	65,774	67,280	(+1,506)
중1	76,706	84,462	85,731	(+1,269)
고1	73,052	77,884	75,880	(−2,004)
합계	206,102	228,120	228,891	(+771)

⑤ 성별로 초등학교 4학년의 경우, 남녀 청소년 모두 인터넷·스마트폰 과의존 위험군이 증가하였고, 고등학교 1학년은 남녀 청소년 모두 인터넷·스마트폰 과의존 위험군이 감소하였다. 또한 중학교 1학년 남자 청소년의 인터넷·스마트폰 과의존 위험군이 증가한 반면, 여자 청소년은 감소하였다. 초등학교 4학년과 중학교 1학년 청소년의 경우 과의존 위험군이 남자가 더 많으나 고등학교 1학년의 경우 여자 청소년이 과의존 위험군이 더 많이 나타났다. 성별 과의존 위험군의 청소년 수는 〈표 11-5〉와 같다.

〈표 11-5〉 성별 과의존 위험군의 청소년 수 (단위: 명)

구분		2019년	2020년	2021년	전년대비 증감
초4	남	35,312	39,529	40,173	(+644)
	여	21,032	26,245	27,107	(+862)
중1	남	36,544	41,453	43,058	(+1,605)
	여	40,162	43,009	42,673	(−336)
고1	남	31,296	35,749	34,309	(−1,440)
	여	41,756	42,135	41,571	(−564)

11.3 인터넷 게임문화의 문제점과 중독예방을 위한 과제

1) 인터넷 게임문화의 문제점

현대사회는 청소년들뿐만 아니라 아동, 성인, 노인 등에 이르기까지 전 세대별로 인터넷이 생활화되고 삶의 일부가 되어 정보를 얻을 수 있는 무한대의 공간이 되었다. 이러한 환경으로 인한 청소년 인터넷 게임문화의 문제점을 살펴보면 다음과 같다(성열준 외, 2016).

(1) 일상생활의 문제

인터넷 게임이나 인터넷을 과다하게 사용하는 청소년들은 수면을 충분히 취하지 못해 만성 피로를 호소하기도 하며 학교생활에 지장을 초래할 수 있다. 주로 청소년들은 밤 시간에 게임이나 인터넷을 하기 때문에 학교의 수업시간에는 잠을 자게 되어 학업에 열중하기 어렵고 집중력이 떨어져 수업에 지장을 준다. 또한 수업을 끝내고 집에 가서는 과제나 부족한 학업을 보충하는 것이 아니라 게임이나 인터넷을 하기 때문에 학교 성적이 떨어지고 경우에 따라 학업을 포기하거나 중단하는 문제도 발생한다.

(2) 대인관계의 문제

인터넷 게임이나 인터넷을 과다하게 사용하는 청소년은 또래 · 친구관계, 가족관계 등의 대인관계에 악영향을 미칠 수 있다. 게임이나 인터넷을 오래함으로써 또래 · 친구들과의 관계가 점점 멀어지고 그들과 같이 할 수 있는 취미생활을 함께 하지 못하면서 친밀한 관계 형성이 어려워진다. 또한 대인관계 기피현상을 초래하기도 하며 세상과의 단절로 심리적 · 정서적 고통을 겪는 문제도 발생한다.

(3) 정신건강 장애

인터넷의 비대면성 갖는 사이버 공간은 여러 명의 다중사용자 온라인 게임(MMOG) 처럼 현실세계와는 다른 별도의 자아가 활동할 수 있는 환경 속에 쉽게 빠져들 수 있다. 가상세계에서 빠져나오지 못할 경우 병리적 상태가 나타날 수 있는데, 게임이나 인터넷을 과다하게 사용하면 사회적 고립이나 우울증과 같은 증상이 나타난다. 또한 심하면 사회공포증, 과잉행동장애, 충동조절장애, 현실기피증 등과 같은 정신건강상의 문제가 발생한다.

(4) 비행문제

사이버 공간에서 나타날 수 있는 청소년 비행은 주로 성 관련 문제나 자살, 개인정보 침해 등이 있을 수 있다. 인터넷 게임 관련 범죄의 대부분은 주로 10~20대 청소년들에 의해서 발생하는데, 이러한 비행문제는 인터넷 중독의 정도가 심할수록 그 정도가 높게 나타난다(성열준 외, 2016; 홍봉선 외, 2007).

2) 인터넷 중독예방을 위한 과제

청소년들의 인터넷 중독예방을 위한 대책은 다음과 같은 방법이 있다(성열준 외, 2016; 홍봉선 외, 2007).

① 가족이나 또래·친구와 함께하는 시간을 늘린다. 혼자만의 세계에서 몰두하는 게임은 남과 어울리는 것을 점점 더 어렵게 할 수 있다. 즉 대인관계 형성을 강화하는 시간이 필요하다.

② 1주일에 2회 이상 운동을 한다. 청소년들이 많이 하는 풋살, 거리 농구 등과 같은

육체적 운동은 오랜 시간 컴퓨터 사용으로 인한 자세의 불균형을 예방하므로 현실세계에 대한 흥미를 유발할 수 있는 동기가 필요하다.

③ 청소년문화복지 확대이다. 사이버 공간은 청소년들에게 다양한 여가활동과 오락, 대인관계 및 교제, 상대방과의 대화와 토론 등의 기회를 제공해 주고 있다. 청소년 공간이 부족한 환경에서 사이버 공간은 그들에게 매력적인 활동과 놀이의 공간이 될 수 있도록 확대하고 건전한 사이버 공간의 사용에 대한 매너나 교육이 필요하다.

④ 정부 차원에서 제도적 지원이다. 정부는 인터넷 과다 사용의 심각성을 알리고 건전한 인터넷 문화가 정착될 수 있도록 홍보 및 계몽해야 한다. 또한 불건전한 유해 사이트에 대해서는 청소년들을 보호하고, 그들에게 재미와 흥미를 유발할 수 있는 건전한 사이트를 개발 및 보급하여 그들의 삶에 긍정적인 영향을 미칠 수 있도록 인터넷 환경을 개선하는 노력이 필요하다.

정부 차원에서 진행하는 내용을 살펴보면 다음과 같다. 여성가족부에서는 해마다 청소년 인터넷 · 스마트폰 이용습관 진단조사를 통하여 청소년들의 과의존(위험사용자군, 주의사용자군) 정도에 따라 한국청소년상담복지개발원과 전국 청소년상담복지센터(238개소)를 통하여 상담(청소년상담 1388, www.cyber1388.kr), 병원치료, 기숙치유프로그램 등 맞춤형 서비스를 제공하고 있다. 과의존 정도가 상대적으로 경미한 주의사용자군 청소년은 학교별 집단상담 참여를 통해 올바른 이용습관과 사용조절 능력을 기를 수 있도록 돕고 있으며, 위험사용자군에게는 개인별 상담을 제공하고 추가적인 검사를 실시해 우울증 · 주의력결핍 과잉행동장애(ADHD) 등의 공존질환이 있는 경우 병원치료(일반계층 최대 40만 원, 저소득계층 최대 60만 원 지원)를 받을 수 있게 정서적 안정을 통해 과의존 문제를 해소할 수 있도록 지원하고 있다. 또한 가정에서 자녀의 미디어 이용을 효과적으로 지도할 수 있도록 부모대상 교육을 진행하고 있다. 그리고 인터넷 차단 환경에서의 치유가 필요한 청소년에게는 인터넷 · 스마트폰 과의존 치유캠프(11박12일), 가족치유캠프(2박3일) 등 기숙형 치유서비스를 지원하며, 학기 중 치유가 필요한 청소년을 위해 국립청소년인터넷드림마을(전북 무주)에서 상담, 체험활동 등 통합치유 프로그램을 상시적으로 운영하고 있다.

CHAPTER 12

청소년의 다문화

CHAPTER 12

청소년의 다문화

다문화(multi culture)는 각 나라와 민족의 문화를 연결, 반영, 적용하여 각 문화의 다양성을 추구하며 서로의 차이를 존중하는 다양한 나라의 생활양식이 공존하는 것을 의미한다. 즉 다양한 나라의 인종이나 민족에 따른 다양한 문화라고 할 수 있다. 또한 다문화가정 청소년은 다문화가정에서 태어나 생활하는 청소년을 의미한다. 즉 다양한 인종의 다양한 문화가 공존하는 가정에서 생활하는 청소년이다. 이러한 다문화가정에서 성장하는 청소년의 다문화에 대해서 살펴본다.

12.1 다문화의 이해

1) 다문화의 개념

다문화(multi culture)는 다양한 나라의 생활양식으로 정의되는데, 다양한 인종의 다양한 문화가 공존하는 것이라고 할 수 있다. 여기서 문화는 인간의 사고, 의사소통, 행동, 관습, 신념과 가치 그리고 인종적, 민족적, 종교적 또는 사회적인 집단을 포함하는 인간 행동의 통합된 형태를 의미한다. 이러한 문화는 사회화과정을 통해 한 세대에서 다음 세대로 전수되는데, 한 개인의 행동과 경험이 모든 측면에 영향을 미쳐 문화로 이어진다. 따라서 인간은 삶의 문제를 인식하고 경험하고 해결하는 방식도 그 사람이 속한 특정 문화적 맥락의 영향을 받으면 성장하게 된다(엄명용 외, 2013).

21세기는 다문화시대라고 할 수 있는데, 문화는 사회구성원들 간에 공유되고 사람이 사회 속에서 성장하면서 학습을 통해 습득되는 모든 영역에 걸쳐 전체적으로 영향을 미치며 정체되어 있지 않고 계속해서 변화하는 특성이 있다. 지금까지 인류는 국가별, 인종별, 성별, 집단별 등 다양한 문화유형이 만들어지고 축적되어 왔다. 이러한 문화적 맥락에 따라 다문화는 다문화주의라고도 할 수 있는데, 다문화주의(multi-culturalism)는 한 사회 내에 존재하는 다양한 인종이나 민족 집단이 하나의 문화에 동요되지 않고 서로 존중하며 공존하는 생활공동체라 할 수 있다.

이러한 용어는 1965년 "The Canadian Commission on Bilingualism and Biculturalism" 보고서에서 캐나다 사회 내의 다양한 사람들을 대표하기 위해 처음 사용되었으며(최혜지 외, 2013), 캐나다는 1971년에 서구 국가들 중에서 처음으로 채택하여 소수인종집단의 문화보호와 평등한 기회를 확장하는 방향으로 전개되었다(엄명용 외, 2013). 미국의 경우는 1991년 이후에 다문화주의라는 용어가 활발히 사용하기 시작하였으며, 한국에서는 2000년대 들어 본격적으로 논의되기 시작하였다(최혜지 외, 2013). 먼저 다문화주의를 채택하고 있는 캐나다, 미국, 인도, 중국, 싱가포르와 같은 나라는 실제로 단일 민족이 아니라 여러 민족과 여러 인종, 다양한 언어들이 섞여 있는 나라이기 때문에 다문화를 인정하고 또한 교육을 시키지 않으면 안 되었다.

한국의 경우는 경제성장에 따라 유입되고 있는 외국인 근로자나 국제결혼을 통해 유입되고 있는 이주여성들에 대한 배타적 차별과 편견을 없애자는 뜻으로 사용되고 있는 사회적 운동이기도 하다. 따라서 한국에서는 다문화주의를 다문화사회와 다문화가정이란 용어로 혼용되어 사용하기도 한다. 여기서 다문화사회(multi-cultural society)는 한 사회 내에서 여러 인종 또는 민족이 함께 어울려 사는 사회를 의미한다. 즉 국민으로써 누릴 수 있는 사회 · 경제 · 정치 · 문화적 권리를 취득하고 향유하는 데 인종과 민족이 차별이 없는 사회를 의미한다. 또한 다문화가정(multi-cultural family)은 우리 사회에 거주하고 있는 외국인 근로자나 외국인들이 국제결혼 등을 통하여 서로 다른 인종의 상대를 만나 결혼한 가정을 의미한다. 다문화가정은 그 가족 내 구성원의 인종 간 차별성과 한 가정 내 두 개 이상의 서로 다른 문화가 만난다는 특징이 있다.

2) 다문화가정의 형성

한국사회는 1990년대 중 · 후반을 기점으로 다문화사회로 접어들기 시작했다. 이는 세계화에 따라 인구의 국가 간 이동이 활발해지면서 나타나는 현상이지만, 한국에서는 주로 혼인 적령기를 놓친 농촌지역의 미혼 남성 위주로 국제결혼이 이루어지면서 시작됐다(이현주, 2013). 한국에서 여성 결혼 이민자의 증가는 세 단계를 거쳐 확산되었다. 1990년대 초 중국과 수교 이후 조선족 여성들이 대거 유입한 것이 첫 단계이며, 일본과 필리핀, 한족 등 특정 종교의 신도로, 또는 더 나은 삶의 조건을 찾아 한국 남성과 결혼한 것이 두 번째 단계이며, 2000년 이후 필리핀, 베트남 등을 중심으로 한 동남아 여성들이 사설 결혼 중개업체를 통해 대거 입국하고 있는 것이 세 번째 단계이다(설동훈 외, 2005). 결혼 이주여성의 한국 체류 목적은 한국인과의 혼인을 통해 한국사회에 편입하여 구성원이 되는 것이다. 또한 한 가정의 아내이자 2세를 출산하여 한국인 남편과 함께 아동을 양육해야 하는 모성의 역할도 수행해야 하는 것이다(이현주, 2013). 그래서 그들의 결혼생활은 언어 소통의 어려움뿐만 아니라 사회적 편견, 문화의 차이에서 오는 혼란, 육아 및 자녀 교육에서 겪는 곤란, 부부 갈등 등의 문제를 겪게 된다.

3) 다문화가정의 문제

다문화가정이나 다문화사회의 문제는 개인 적응의 문제로 언어적 소통의 문제, 문화적 적응의 문제, 가족 적응의 문제로 가족관계 및 생활의 문제, 자녀 양육 및 교육의 문제, 그리고 사회 적응의 문제로 편견과 차별의 문제, 소외와 갈등의 문제 등이 있을 수 있다. 다문화가정이나 다문화사회의 문제를 해결하기 위해 다문화사회복지실천이 필요하다. 럼(Lum)은 다문화사회복지실천을 사람들 사이에 존재하는 다양성과 차이점을 존중하고 원조관계에서 작용하는 문화적 요소를 인식하는 사회복지실천이라고 정의하였다(최혜지 외, 2013; Lum, 2003). 그는 다문화사회복지실천의 목표는 민족적 정체성과 사회경제적 지위로 인해 차별받아 온 개인, 가족, 지역사회를 대상으로 이들과 사회 환경과의 상호작용을 촉진하여 심리사회적 기능을 향상시키는 것이라고 하였다. 또한 수(Sue)는 다문화사회복지실천을 클라이언트의 문화적 가치관과 삶의 경험에 일치되는 원조 목표를 세우고 원조방식을 활용하는 것이라고 하였다(최혜지 외, 2013; Sue, 2006). 따라서 다문화복지실천은 클라이언트의 개인 경험과 문화적 가치를 고려한 사정을 통해 개입목표를 설정하고, 그의 정체성을 보편적 차원에서 인식하고 문화 특수적인 전략의 사용과 원조과정을 옹호하는 것을 포함한다고 할 수 있다. 결혼 이주여성들이 겪는 부부 관계, 부모 역할 및 부모자녀 관계 등의 문제를 살펴보면 다음과 같다.

(1) 다문화가정의 부부 관계

국제결혼을 통해 한국에 거주하고 있는 여성 결혼 이민자는 자국 문화와 한국 문화의 차이, 언어 소통의 어려움, 생활습관 및 사고방식의 차이를 경험하게 된다. 결혼 초기에는 한국어를 잘 구사하기 어렵기 때문에 부부간, 가족 간에 오해가 생기기 쉽다. 또한 전통적으로 남편 중심적인 생활문화를 가지고 있는 한국에서 가족 내 문화 충돌을 일으키기도 한다. 또한 이 여성들은 대부분 가정주부로 지내거나 남편과 함께 농사일을 하므로 한국사회에 참여할 기회가 거의 없는데, 주위의 다른 사람들과 어울리거나 사회활동을 하지 못한 채 주로 남편이나 시집 식구와만 지내기 때문에 한국 문화와 사회에 적응하는 것이 더욱 어려워진다(김이선 외, 2006; 송미경 외, 2008) 또한 결혼 이주여성들은 시부모와 의사소통하기 어렵고 시부모의 간섭을 받을 수 있다.

특히 결혼 이주여성의 출신 국가가 한국 사회보다 경제적 수준이 낮을 경우, 이에 대한 편견으로 상처를 받기도 한다(설동훈 외, 2005). 또한 이들의 국제결혼 동기 중 큰 요인이 본국 가족들에게 경제적으로 도움을 주고 싶은 것도 있으나, 기대했던 것과 달리 한국에서의 가정 내 경제 수준은 낮은 편으로 이로 인해 부부 갈등이 발생할 가능성도 있다(이혜경, 2005). 결혼 이주여성들은 이와 같은 어려움을 해결하기 위해 모국에 있는 친구나 가족들에게 하소연하는 경우가 많았으나(김갑성, 2006), 배우자와 보내는 시간이 가장 많고 가까이에서 도움을 줄 수 있는 대상이 배우자이기 때문에 배우자와의 만족도가 다문화 가족에게 매우 중요한 요인으로 작용한다(김현수 외, 2012). 또한 남편의 지지와 이해뿐만 아니라 시집 식구들의 이해와 노력도 이주여성들이 한국

생활에 적응하며 겪는 스트레스를 경감시킬 수 있는 것으로 나타났다(노하나, 2007). 그래서 다문화 가정 이주여성이 한국 사회의 구성원으로서 가정을 꾸리고 사회에 통합되기 위해서는 그 가정의 정서, 심리, 문화적 적응에 대한 관심과 노력이 지속적으로 필요하다(노하나, 2007).

다문화가정 부부가 문화적 차이와 가족 내 갈등을 겪는 것은 사실이나, 부부가 다문화 가정의 정체성을 확립하고 긍정적인 미래 계획을 세우면서 지역사회에 참여하면 안정적으로 적응할 수도 있다. 이러한 성공적인 적응을 위해서는 다문화주의에 대한 이해를 함께 하며 서로 맞춰가는 것이 필요하다. 다문화가정 부부의 성공적인 적응 과정은 〈표 12-1〉과 같다(강유미 외, 2010).

〈표 12-1〉 다문화가정 부부의 성공적인 적응 과정

적응 과정	내용
문화 차이와 갈등 단계	국제결혼 이후 결혼생활을 시작하면서 현실을 알게 되는 단계이다. 결혼 전 한국에 대해 가졌던 막연한 동경과 달리 언어가 통하지 않아 생활에서 어려움을 느끼고 외국인이라는 편견적인 시선과 차별을 당하고 남편의 환경과 성격도 결혼 전 생각과 달라 갈등을 겪는 단계이다. 결혼 전 정보가 얼마나 충분하고 배우자와 얼마나 동질성을 가지고 있었는가에 따라 문화 차이와 갈등의 양이 다르다.
이해하고 노력하는 단계	문화 차이를 줄이기 위해 외국인으로 느끼는 고충을 이해하고 서로 다름을 인정하며 개방적인 자세를 갖고 천천히 적응해 갈 수 있도록 배려해 주며 서로 다른 문화를 배우고 노력하는 단계이다.
서로 맞추어가는 단계	부부간에 문제나 오해가 발생하면 적극적인 대화를 시도함으로써 문제를 해결하고 긍정적으로 행동을 바꾸며 서로 맞추어가는 단계이다. 배우자의 지지, 가족의 지지, 사회적 지지가 매우 중요한 요소로 작용한다.
안정된 적응 단계	부부가 결속력이 강해지며 가족 정체성이 강화되는 단계로, 부부는 함께 긍정적인 미래를 설계하고 가족과 사회의 공동체 구성원으로 사회에 참여하는 모습을 보인다.

(2) 다문화가정의 부모 역할 및 부모자녀 관계

다문화가정의 외국인 여성들은 한국사회에 적응하는 시기와 자녀 육아의 시기가 겹치는 경우가 많다. 특히 중매업체를 통해 교제 기간 없이 결혼한 후 바로 한국에 입국한 경우에는 배우자와의 문화 차이와 언어 이해의 어려움으로 자녀 양육에도 이중적으로 어려움을 겪게 된다(조미영, 2010). 게다가 육아에 대한 준비가 충분치 않은 결혼 초기에 아이를 가질 경우, 자녀 육아 시기와 문화 적응 시기가 겹쳐 혼란이 가중될 수 있다. 또한 한국사회는 자녀 양육 문제에서 아버지의 역할보다는 어머니의 역할에 더 많은 비중을 두기 때문에 결혼 이주여성은 육아의 고충도 함께 경험하게 된다(이현주, 2013). 이러한 어려움은 자녀의 성장 과정에 필요한 발달과업을 이해하고 지원하는 것에 대한 어려움으로도 이어질 수 있다. 예를 들어 자녀의 발달 단계에 적합한 장난감이나 책을 구입하는 것에 대한 정보가 부족할 수 있다(노미향, 2009). 또한 자녀의 발달과업이 이주여성의 출신국에서 나타나는 모습과 달라 자녀와 갈등이 생기기도 한다. 따라서 다문화가정의 자녀들은 아동기에서 청소년기로 성장하는 과정에서 학업, 또래 · 친구관계, 정체성 등의 발달 과제와 더불어 부모에게조차 이해받지 못하는 이중부담을 갖기도 한다(조미영, 2010).

한편으로 다문화가정 여성은 자녀에 대한 애착은 높은 편인데, 결혼 후 한국에 와서 자신에게 일어난 가장 좋은 일을 자녀의 출생이라 꼽는 여성이 많았고, 한국 생활을 하는 데 자녀가 심리적 거점이자 희망이 되는 것으로 나타났다(송미경 외, 2008). 또한 자녀 관련 문제를 의논하는 상대로 남편이나 시집 식구, 친정 부모나 친구를 이용하고 있어 다문화가정 여성들에게 사회적 지지가 중요함을 알 수 있다.

다문화가정에서 부모 역할에 대해 다문화가정 여성들은 '한국에서의 적응 돕기'와 '좋은 부모 되기'라고 생각하고 있는 것으로 나타났다. 자신이 자라온 문화권에 대해 교육하는 것도 필요하지만 자녀가 한국 사회에 적응하고 교육에 잘 따라가도록 돕는 것을 우선시하는 것을 볼 수 있다(송미경 외, 2008). 자녀들이 초등학교에 입학하면 다문화가정에 위기가 올 수 있는데, 자녀들이 혼혈인에 대한 차별적 문화를 맞닥뜨릴 가능성이 높기 때문이다. 이로 인해 다문화가정 자녀는 외모에 예민한 반응을 보이게 되고, 부모가 이에 적절하게 대처할 수 있는지, 사회적 지지망을 활용할 수 있는지 여부가 다문화 가정 자녀의 학교 및 사회 적응에 영향을 줄 수 있다. 다문화가정 여성의 자녀 및 가족의 양육 경험에 나타난 현상은 [그림 12-1]과 같다(한상영, 2011).

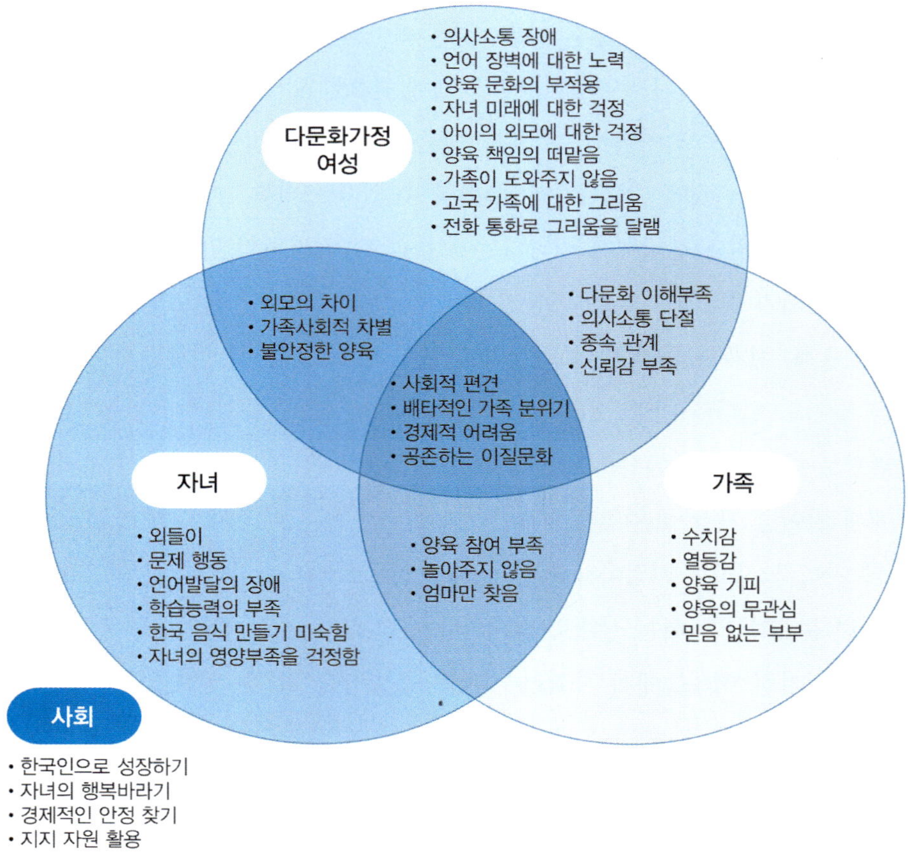

[그림 12-1] 다문화가정 여성의 자녀 및 가족의 양육 경험에 나타난 현상

4) 다문화가정의 지원 및 전달체계

한국의 경우 위기를 겪고 있는 다문화가정을 위해 「다문화가족지원법」(2008년 3월 제정)에 따라 여성가족부가 주관하여 다문화가족지원센터가 시 · 군 · 구에 설치 · 운영되고 있다. 또한 「다문화가족지원법」 제2조의2(다문화가족 지원을 위한 기본계획의 수립)에 따라 여성가족부장관은 5년마다 다문화가족정책에 관한 기본계획을 수립하여 다문화가족에 대한 지원을 하고 있다. 제3차 다문화가족정책 기본계획(2018~2022년)의 비전, 3대 목표, 정책과제(대과제 5개, 중과제 17개)는 [그림 12-2]와 같다(여성가족부, 2018).

비전	참여와 공존의 열린 다문화 사회	
목표	▪ 모두가 존중받는 차별 없는 다문화 사회 구현 ▪ 다문화가족의 사회 · 경제적 참여 확대 ▪ 다문화가족 자녀의 건강한 성장 도모	
정책과제	다문화가족 장기정착 지원	① 결혼이주여성 인권보호 강화(가정폭력예방 및 대응체계 구축) ② 국제결혼 피해예방 지원 ③ 안정된 가족생활 지원 ④ 서비스 연계 활성화
	결혼이민자 다양한 사회참여 확대	① 자립역량 강화 ② 취 · 창업 지원 서비스 내실화 ③ 사회참여 기회 확대
	다문화가족 자녀의 안정적 성장지원과 역량 강화	① 안정적 성장을 위한 환경조성 ② 학업 및 글로벌 역량 강화 ③ 진로준비 및 사회진출 지원 ④ 중도입국자녀 맞춤형 지원
	상호존중에 기반한 다문화 수용성 제고	① 정책환경에 대한 주기적 모니터링 실시 ② 다문화 이해교육 활성화 ③ 다문화수용성 제고를 위한 미디어 환경 조성 ④ 지역 환경 조성 및 참여 · 교류 프로그램 활성화
	협력적 다문화가족 정책 운영을 위한 추진체계 강화	① 정책추진체계간 협력 강화 ② 다문화가족 지원체계 내실화

[그림 12-2] 제3차 다문화가족정책의 기본계획(2018~2022년)

제3차 다문화가족정책 기본계획의 특징은 '도입 및 성장기'에서 '정착기'로 패러다임(paradigm, 한 시대 사람들의 사고나 인식을 근본적으로 규정하는 이론적 틀이나 체계)이 변화하는 추세를 고려한 기본계획의 수립이다. 제3차 다문화가족정책 기본계획의 특징은 〈표 12-2〉와 같다.

〈표 12-2〉 제3차 다문화가족정책 기본계획의 특징

구분	도입 및 성장기	정착기
국제결혼	증가 후 안정화	감소 추세
다문화가족	지속 증가	안정화 및 장기정착 비율 증가
결혼이민자	초기적응 및 사회진출 활성화	사회진출 욕구증대 및 경제·사회적 참여 강화
다문화가족 자녀	출생 및 초기 성장	학령기(청소년기) 비율 상승
가족유형	가족생활 갈등 발생 및 해체증대 가능성 증가	한부모 등 가족형태 다양화
사회적 수용성	관심형성 및 부정적 태도 확산 우려	다소 개선되고 있으나 지속적 개선 노력 필요

〈표 12-2〉의 기본계획의 특징에서 알 수 있듯이 결혼이민자의 정착주기가 장기화되고 다양한 가족유형이 발생함에 따라 안정된 가족생활을 도모할 수 있도록 지원을 강화하는 방향으로 정책이 추진된 것이다. 즉 가족폭력 관련 긴급상담 및 전문상담, 주거시설 확대 운영, 가족관계 증진을 위한 다양한 프로그램, 한부모가족과 관련된 제도(근로장려금 자격 부여) 개선, 자녀의 학업·글로벌 역량 강화, 사회진출 지원 강화, 중도입국자녀에 대한 지원, 취업지원 서비스 내실화 등의 사업을 추진하고 있다. 이전의 정책과 제3차 기본계획의 비교는 〈표 12-3〉과 같다(여성가족부, 2018).

〈표 12-3〉 이전의 정책과 제3차 기본계획의 비교

구분	이전의 정책	3차 기본계획(2018~2022년)
국제결혼	• 결혼이민관 파견 후 중지	• 결혼이민관 파견 추진
	• (女현지사전교육) 대면	• 교육방식 다변화(전화, 우편 등)
	• (男국제결혼 안내프로그램)	• 시수 확대 및 인권 · 상호 존중교육 추가
가정폭력피해이주 여성 지원	• (상담소) 없음	• 종합상담소(상담, 법률, 의료, 치유, 통역 등) 신규 설치 추진
	• (보호시설) 운영-외국인등록 해야 입소 가능	• 확대추진, 외국인 등록 여부 무관하게 입소 가능
	• (퇴소 후) 임대주택 지원	• 확대 추진
	• (자립지원금) 없음	• 신설추진
다문화가족	• 가족관계 프로그램 운영	• 가족관계 증진 프로그램 다양화, 사례관리 사업 및 정착단계별 지원 패키지 확대
	• 다문화가족이 직접 정책과정에 참여하는 다문화가족 참여회의 운영(5개 권역 대표)	• 다문화가족 참여회의 지역 대표성 확대(16개 시 · 도 대표)
	• 한국국적 배우자가 있어야 근로 · 자녀 장려금 신청	• 한국국적 자녀를 양육하는 한부모 외국인에 대해서도 근로 · 자녀 장려금 지원 가능
다문화가족 자녀	• 한국어 능력 향상, 학교생활 초기적응 지원(예비학교 확대, 기초학력 향상 지원 등) 중심	• 청소년 성장지원 사업(자녀성장지원 프로그램, 이중언어 인재 양성 사업, 글로벌브릿지 사업 등) 중점 추진 • 성장배경이 특수한 중도입국자녀 지원 강화(레인보우스쿨 확대 및 운영 방식 다양화, 취업사관학교 훈련과정 확대 등)
다문화 수용성	• 대상별(공무원, 경찰, 종사자 등) 다문화 교육 실시 중점	• 일반국민 대상 찾아가는 다문화 이해교육 활성화 및 부처 간 이해교육 협업체계 강화 • 지역사회 다문화 우수프로그램 발굴 및 포상, 사회적 공감대 형성 프로그램 확산

구분	이전의 정책	3차 기본계획(2018~2022년)
정책 추진체계	• 다문화가족정책위원회를 통한 총괄 · 조정 가능 강화	• 위원회 간(다문화가족정책위원회, 외국인정책위원회) 연계 강화 • 다문화가족지원센터 내실화(처우개선, 지역여건별 통합 추진, 서비스 역량 제고)

* 글로벌브릿지 사업: 다문화학생들의 잠재능력을 개발하고 글로벌 인재로 육성하기 위한 특별 교육 프로그램
* 레인보우스쿨: 한국어, 특기적성교육, 문화체험, 교유관계 개선 등의 프로그램을 제공하여 한국사회에 조기적응 지원

다문화가족정책의 기본계획에 따라 각 시 · 군 · 구의 다문화가족지원센터의 기본사업은 한국어교육, 다문화가족통합교육, 다문화가족취업연계 지원 및 교육, 다문화가족 자조모임, 개인 · 가족상담, 다문화 인식개선 및 지역홍보 등 다문화가족을 대상으로 운영된다. 또한 지역사회 특성에 맞게 특성화 사업으로 방문교육사업, 언어발달지원사업, 통 · 번역 서비스사업, 언어영재 교실사업, 유아정보나눔터 운영, 다문화가족 나눔 봉사단, 지역사회 협력네트워크 강화 등이 있다. 다문화가족지원센터의 서비스 전달 체계도는 [그림 12-3]과 같다.

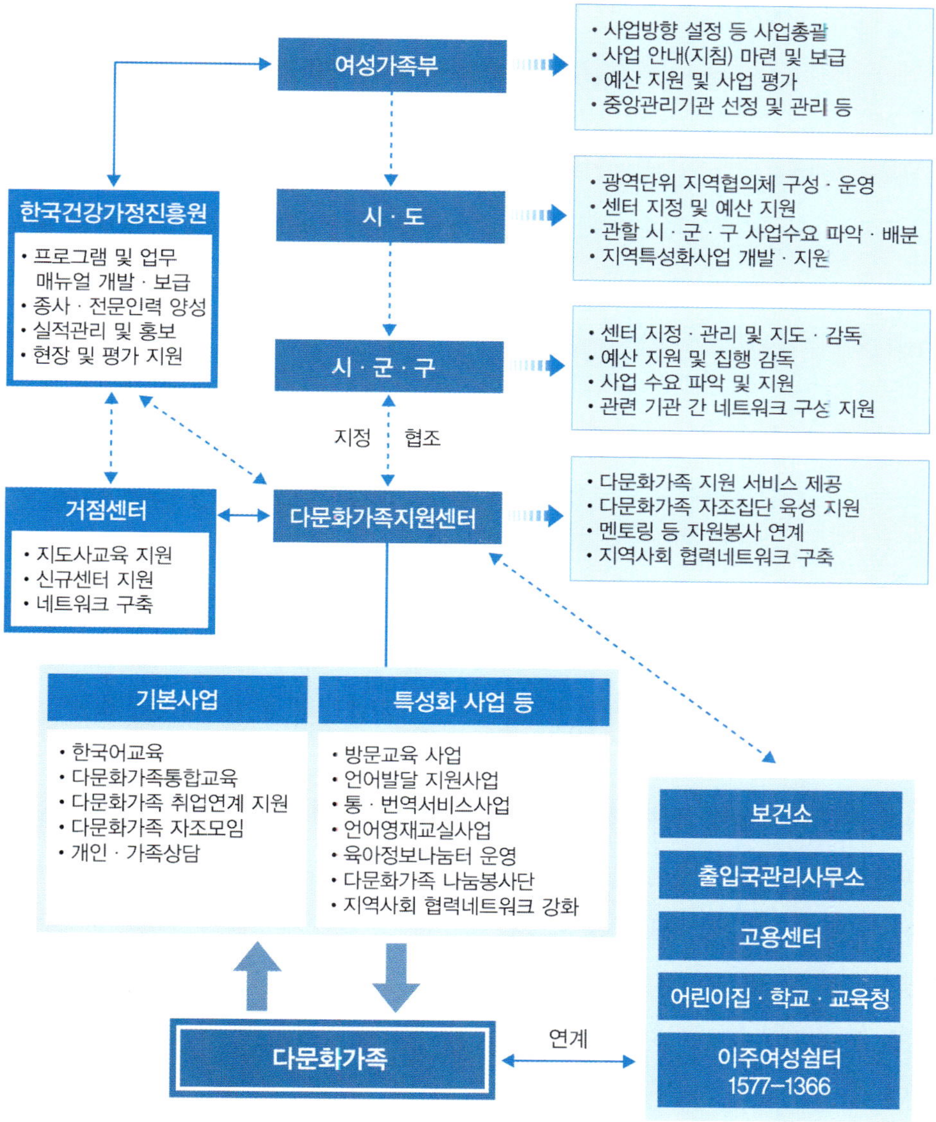

[그림 12-3] 다문화가족지원센터의 서비스 전달 체계도

5) 국내 외국인 현황

현대의 한국사회는 교통 및 인터넷의 발달로 인해 국가 간의 경계가 약화되고 서로 다른 문화적 배경을 가진 시민들의 정치, 경제, 문화교류가 활발하게 이루어지고 있다. 또한 국가 간의 활발한 교류는 지식, 정보, 문화뿐만 아니라 민족 구성의 다양화가 이루어지고 있다. 즉 외국인근로자, 국제결혼이민자, 귀화 외국인, 북한이탈주민(새터민), 유학생 등 다양한 외국인이 유입되고 있다. 한국의 경우, 외국인 유입은 자본시장과 노동시장이 개방되면서 세계화의 흐름 속에 산업연수생(1993년), 고용허가제 정책(2004년) 등이 시행되면서 외국인 근로자가 들어오면서 시작되었다. 또한 고령화로 인해 노동인구가 감소하면서 외국인 근로자의 유입은 계속 증가하고 있으며, 도・농의 양극화로 인한 농어촌의 청년들이 결혼을 하지 못하는 현상을 예방하기 위해 국제결혼이 증가하고 있는 현실이다.

이러한 현상에서 국내 거주 외국인 수는 2020년 12월 기준 국내 체류외국인은 2,036,075명으로 조사되었다. 전체인구 대비 체류외국인 비율은 2016년 4.0%에서 2017년 4.2%, 2018년 4.6%, 그리고 2019년 4.9%로 매년 증가하고 있다. 그러나 2020년은 오히려 2019년 대비 1.0%가 감소하였다. 이는 코로나19 상황으로 국제적 이동의 제약에 따른 일시적인 현상으로 판단된다. 외국인 증가 현상은 향후에도 저출산・고령사회로 인한 노동인구의 부족에 따른 외국인 근로자 증가, 국제결혼 증가로 인한 결혼이민자 증가, 외국국적동포 유입, 유학생 증가 등으로 국내 체류외국인 수는 지속적으로 증가할 것으로 예측된다. 연도별 체류외국인 수 및 비율은 〈표 12-4〉와 같다(출입국외국인정책 통계연보, 2020).

〈표 12-4〉 연도별 체류외국인 수 및 비율

구분	2016	2017	2018	2019	2020
주민등록인구(명)	51,696,216	51,779,892	51,826,059	51,849,861	51,829,023
비율(%)	3.96	4.21	4.57	4.87	3.93
체류 외국인(명)	2,049,441	2,180,498	2,367,607	2,524,656	2,036,075
장기체류 외국인(명)	1,530,539	1,583,099	1,687,733	1,731,803	1,610,323
단기체류 외국인(명)	518,902	597,399	679,874	792,853	425,752
불법체류 외국인(명)	208,971	251,041	355,126	390,281	392,196

외국인은 체류자격과 체류기간의 범위 내에서 체류할 수 있으며, 장기체류 외국인은 체류지 관할 출입국관리사무소장 또는 출입국관리사무소출장소장에게 외국인 등록 및 거소신고를 하고 장기체류하는 자이다. 단기체류 외국인은 외국인 등록 및 거소신고를 하지 않은 외국인을 의미한다. 또한 불법체류 외국인은 체류외국인 중 체류기간 연장 허가 등을 받지 않고 체류기간이 경과했는데도 체류하는 외국인을 의미한다. 여기서 외국인 등록은 외국인이 입국한 날부터 90일을 초과하여 대한민국에 체류하려면 대통령령으로 정하는 바에 따라 입국한 날부터 90일 이내에 그의 체류지를 관할하는 사무소장 또는 출장소장에게 외국인등록을 하여야 한다(「출입국관리법」 제31조). 외국국적동포는 재외동포 중 대한민국의 국적을 보유하였던 자(대한민국 정부 수립 전에 국외로 이주한 동포를 포함) 또는 그 직계비속으로서 외국국적을 취득한 자 중 대통령령으로 정하는 자이며, 국내 거소신고를 통해 국내 출입국, 체류, 취업 등 제반활동에 대해서 일반 외국인보다 나은 편의를 제공받고 있다(「재외동포의 출입국과 법적 지위에 관한 법률」 제2조 및 제6조). '재외국민'과 '재외동포(F-4)체류자격으로 입국한 외국국적동포'는 「재외동포의 출입국과 법적 지위에 관한 법률」을 적용받기 위하여 국내 거소신고가 필요하며 대한민국 안에 거소(居所)를 정하여 그 거소를 관할하는 출입국관리사무소장 또는 출입국관리사무소출장소장에게 국내 거소신고를 할 수 있다.

2020년 12월 기준 연도별 국적에 따른 체류 외국인 현황을 살펴보면, 한국계 중국인을 포함한 중국이 43.95%(894,906명)를 차지하고 있으며, 베트남은 10.38%(211,243명), 태국은 8.91%(181,386명), 미국은 7.15%(145,580명), 우즈베키스탄은 3.20%(65,205명), 러시아(연방)는 2.48%(50,410명), 필리핀은 2.45%(49,800명) 등의 순이다. 일본은 2019년(3.41%(86,196명)) 대비 2020년(1.30%(26,515명))에는 현저히 줄어든 것으로 나타났다. 이는 한일관계의 대립으로 인해 체류가 감소한 것으로 판단된다. 연도별 국적에 따른 체류 외국인 현황은 〈표 12-5〉와 같다(출입국외국인정책 통계연보, 2020).

〈표 12-5〉 연도별 국적에 따른 체류 외국인 현황 (단위: 명)

구분	2016년	2017년	2018년	2019년	2020년
총계	2,049,441	2,180,498	2,367,607	2,524,656	2,036,075
중국 (한국계)	1,016,607 (627,004)	1,018,074 (679,729)	1,070,566 (708,082)	1,101,782 (701,098)	894,906 (647,576)
베트남	149,384	169,738	196,633	224,518	211,243
태국	100,860	153,259	197,764	209,909	181,386
미국	140,222	143,568	151,018	156,982	145,580
우즈베키스탄	54,490	62,870	68,433	75,320	65,205
러시아(연방)	32,372	44,851	54,064	61,427	50,410
필리핀	56,980	58,480	60,139	62,398	49,800
몽골	35,206	45,744	46,286	48,185	42,511
캄보디아	45,832	47,105	47,012	47,565	41,405
네팔	34,108	36,627	40,456	42,781	39,743
인도네시아	47,606	45,328	47,366	48,854	36,858
카자흐스탄	11,895	22,322	30,717	34,638	29,278
미얀마	22,455	24,902	28,074	29,294	26,412
일본	51,297	53,670	60,878	86,196	26,515
스리랑카	27,650	26,916	25,828	25,064	22,466

구분	2016년	2017년	2018년	2019년	2020년
캐나다	26,107	25,692	25,934	26,789	21,794
(타이완)	34,003	36,168	41,306	42,767	19,444
방글라데시	15,482	16,066	16,641	18,340	16,823
파키스탄	12,639	12,697	13,275	13,990	12,842
인도	10,515	11,244	11,945	12,929	10,892
오스트레일리아	13,870	13,008	14,279	15,222	7,913
영국	7,180	6,727	6,972	7,550	5,871
키르기즈	5,005	5,790	6,385	6,618	5,710
기타	97,676	99,652	105,636	125,538	71,068

12.2 다문화가정 청소년

다문화가정 청소년은 다문화가정에서 태어나 생활하는 청소년을 의미한다. 즉 다양한 인종의 다양한 문화가 공존하는 가정에서 생활하는 청소년이다. 한국 사람과 다른 민족의 문화적 배경을 가진 사람들이 포함된 가정에서 태어나 생활하는 청소년으로 모든 사람을 지칭할 경우에는 '다문화인'이라는 용어를 사용한다. 한국의 경우는 국제결혼가정 자녀, 외국인근로자 가정의 자녀, 북한이탈가족의 자녀 등이 성장하면 다문화청소년이라고 할 수 있다. 다문화가정 청소년의 유형과 현황에 대해서 살펴보면 다음과 같다(오윤선 외, 2020).

1) 다문화가정 청소년의 유형

한국의 경우 다문화가정 청소년의 유형은 중도입국(한민족)가정 청소년, 새터민가정 청소년, 국제결혼가정 청소년, 외국인근로자가정 청소년, 재외동포가정 청소년, 기지촌 외국여성가정 청소년 등으로 분류할 수 있다(성열준 외, 2016; 오윤선 외, 2020).

① **중도입국(한민족)가정 청소년**: 한국이 아닌 국가에서 태어나 도중에 부모와 함께 한국으로 입국한 청소년을 의미한다(부모가 본국에서 결혼하거나 재혼하여 한국으로 이주한 경우, 부모가 한국 국적을 취득하여 한국으로 이주한 경우). 이러한 경우 국내 입국 시 외국 국적이나 특별귀화를 통해 한국 국적으로 전환이 가능하다. 특히 중국의 조선족 청소년이나 중앙아시아와 러시아의 고려인 청소년들이 대표적이다. 본래 뿌리는 한민족이지만 구한말 이후 선조들의 이주로 중국과 러시아 지역에서 태어나 한민족 문화권에서 생활한 청소년들이다. 한민족 청소년들은 부모의 이주, 취업 등의 이유로 다시 한국에 정착하게 된 경우이며, 중국어나 러시아어, 한국어를 잘하고 양 문화에 유연하게 적응할 수 있는 경우가 많다. 이러한 청소년들은 국내에 정착한 부모의 경제 · 사회적 상황에 따라 안정적으로 정착할 수도 있지만 그렇지 않고 적응에 어려움을 겪을 수도 있다.

② **새터민가정 청소년**: 북한에서 한국으로 이주한 가정의 청소년이나 북한에서 넘어온 탈북청소년을 의미한다(아버지와 어머니가 한국으로 이주한 경우, 북한에서 한국으로 이주한 여성이나 남성이 한국인 배우자와 결혼한 경우). 남북한이 분단된 이후 70년간 형성된 문화적 차이로 북한식 언어와 생각, 행동양식이 나타나고 있다. 그래서 학교에서 수업하는 것, 또래 · 친구 사귀는 것, 진로 선택하는 것 등에서 남한사회에서 적응하는 데 많은 어려움을 겪고 있다. 그러나 새터민가정 청소년들이 남한사회에 잘 적응하여 건강하게 사회구성원이 되는 것은 후에 통일이 되면 이념적 사상을 줄이고 평화롭게 공존하는 사회를 형성하는 데 중요한

역할을 할 것이다.

③ **국제결혼가정 청소년**: 한국인과 외국인이 결혼한 가정에서 자란 청소년을 의미한다(아버지가 한국인이고 어머니가 외국인인 경우, 어머니가 한국인이고 아버지가 외국인인 경우). 이러한 경우 「국제법」 제2조 제1항에 따라 국내 출생과 동시에 한국 국민이 된다. 한국의 경우 한국인 아버지와 외국인 어머니로 구성된 국제결혼가정이 전체의 90%를 차지하고 있다(오윤선 외, 2020). 국제결혼가정의 청소년들은 '아메라시안', '라이따이한', '코시안' 등의 경우가 있었다. 여기서 아메라시안(amerasia)은 1950년 한국전쟁 이후 미군 아버지와 한국인 어머니 사이에서 태어난 청소년이고, 라이따이한(lai daihan)은 1960~1970년대 베트남 전쟁 때 한국군인 아버지와 베트남 어머니 사이에 태어난 청소년이고, 코시안(kosian)은 한국인 아버지와 아시아인(asian) 어머니 사이에서 태어난 청소년을 의미한다. 그리고 코피노(kopino)는 국제결혼가정 청소년은 아니지만 한국인을 뜻하는 코리안(Korean)과 필리핀인을 뜻하는 필리피노(Filipino)의 합성어로, 한국 남성과 필리핀 여성 사이에서 태어난 청소년을 필리핀 현지에서 일컫는 말이다. 어학연수나 해외 출장, 여행 등으로 필리핀 현지에 체류하는 한국 남성과 필리핀 여성의 동거나 성매매 등을 통하여 태어나는 경우가 많으며, 대부분의 코피노가 편모 가정에서 극심한 가난과 사회적 냉대 속에 자라고 있어 필리핀의 사회문제로 대두되기도 하였다. 코피노가 급증한 데에는 필리핀에서 영어를 공용어로 사용하고 물가가 저렴해서 어학 연수생이나 여행객이 크게 늘어난 점, 필리핀 국민의 80% 이상이 피임과 낙태를 허용하지 않는 가톨릭 신자라는 점 등이 원인으로 꼽힌다. 그러나 이러한 용어는 오히려 인종차별적 이미지가 있어 다문화청소년에 대한 부정적 인식이 부각되어 2004년 건강가정시민연대에서 '다문화가정'이라는 용어의 사용을 제안 · 사용하게 되었다(오윤선 외, 2020). 국제결혼가정의 자녀는 아버지와 어머니의 문화권 영향을 모두 받으며 언어적 · 문화적으로 풍요롭게 성장할

수 있는 가능성이 있으나 한편으로는 또래 · 친구관계가 원만하지 못하거나 자아 정체감의 혼란을 겪을 수도 있다. 또한 동질적인 집단으로 이루어진 지역사회에 통합되지 못하고 소외감을 느낄 수도 있다.

④ **외국인근로자가정 청소년**: 근로 목적으로 한국에 거주하고 있는 외국인 근로자의 가정에서 성장하는 청소년을 의미한다(남성외국인 근로자와 여성외국인 근로자의 결혼으로 이루어진 경우, 외국인근로자 부모가 한국에서 결혼한 경우). 이러한 경우는 자국에서 태어나 부모의 초정으로 한국에 온 청소년과 한국에서 태어난 청소년이 있는데, 한국청소년과 동일하게 교육권을 갖는다. 외국인근로자 가정 청소년은 4가지의 경우가 있는데, 첫째, 외국인 부모와 함께 입국한 청소년, 둘째, 여성 이주근로자가 단독 입국 후에 추가로 입국한 청소년, 셋째, 한부모 이주근로자가 한국의 배우자와 재혼한 가정의 청소년, 넷째, 부모와 함께 입국하였으나 부모가 불법체류자로 검거되어 추방당하거나 개인적 사정으로 귀국하고 혼자 남게 된 청소년 등이다. 이러한 청소년들의 경우 가족들의 분리와 재결합, 해체와 재구성의 과정을 겪게 되면서 가족으로서의 일상적 경험을 공유하기 어려우며 서로 이해할 수 있는 기회도 제한되는 문제가 있다. 불법체류 근로자 청소년의 경우 학업이나 의료보장 등 기본적인 사회복지 혜택이 제한되기 때문에 기본적인 권리를 보장받기 어려울 경우도 있다.

⑤ **재외동포가정 청소년**: 북한이탈가족의 청소년을 제외한 재외동포가정의 청소년이나 유학 등의 이유로 장기간 해외에서 체류하는 청소년을 의미한다. 과거 우리나라 국적을 갖고 있었으나 외국으로 이주했던 가정의 청소년이 다시 국내에 거주하며 두 가지 문화를 경험하는 청소년이다.

⑥ **기지촌 외국여성가정 청소년**: 기지촌 여성이 외국여성으로 대체되면서 이들과 한국인, 외국인근로자, 미군 사이에서 혼혈 자녀로 태어난 청소년을 의미한다. 이러한 청소년들은 정확한 통계를 추정할 수 없으나 의정부, 동두천, 평택 지역

등에 2004~2005년의 경우 약 190개 업소에 약 800~900명이 종사(시 · 군 보건소 취합)한 것으로 추정되며, 대부분 필리핀 여성이고 내국인 여성은 13% 내외로 추정되고 있다.

2) 다문화가정 청소년의 현황

현재 한국사회는 저출산 · 고령화로 인해 노동인구가 감소하면서 외국인 근로자가 계속 증가하고 있으며 다양한 외국인이 유입되고 있다. 이에 따른 다문화가정 청소년도 증가하고 있는 추세이다. 2018년 행정안전부 자료에 따르면, 외국인주민 자녀는 237,506명으로 2017년 222,455명보다 6.8%(15,051명) 증가하였다. 학령별 외국인주민 자녀 수 및 비율은 〈표 12-6〉과 같다(행정안전부, 2018).

〈표 12-6〉 학령별 외국인주민 자녀 수 및 비율

학령별	합계		귀화 및 외국인 자녀		국내출생 자녀	
	수	구성비	수	구성비	수	구성비
미취학아동 (만 6세 이하)	114,125	48.1	2,787	1.2	111,338	46.9
초등학생 (만 7~12세)	92,368	38.9	4,480	1.9	87,888	37.0
중 · 고등학생 (만 13~18세)	31,013	13.0	4,094	1.7	26,919	11.3
합	237,506	100	11,361	4.8	226,145	95.2

자료: 행정안전부(2018).

〈표 12-6〉에서 알 수 있듯이 학령별로 살펴보면, 귀화하였거나 아직 외국국적을 보유하고 있는 귀화 및 외국인 자녀는 전체(237,506명)의 4.8%(11,361명)이고 출생과 동

시에 한국국적을 취득하는 국내출생 자녀가 95.2%(226,145명)이다. 학령별 현황을 살펴보면, 미취학아동이 48.1%(114,125명)로 가장 많으며 다음으로 초등학생이 38.9%(92,368명)이고 중 · 고등학생이 13.0%(31,013명) 순이다. 2018년 현재까지는 미취학아동과 초등학교에 많이 다니고 있다는 것을 알 수 있다.

한국 청소년 인구(9~24세)는 2018년 876만 5천 명으로 1982년 1,420만 9천 명에 정점을 찍은 후 계속 감소하고 있으나 다문화학생은 2016년에 9만 9천 명, 2017년에 10만 9천 명, 2018년에 12만 2천 명으로 전년대비 11.7%가 증가하여 전체학생 비중의 2%대에 진입하였다(오윤선 외, 2020; 청소년통계, 2019). 즉 우리나라 전체 청소년 인구는 지속적으로 감소하는 추세이나 다문화학생은 증가하고 있다는 것을 알 수 있다.

12.3 다문화가정 청소년의 문제점과 육성을 위한 방안

1) 다문화가정 청소년의 문제점

다문화가정 청소년들은 아버지와 어머니의 문화권에 영향을 모두 받으며 성장하게 된다. 이러한 경우 다문화가정 청소년들은 언어와 문화적인 면에서 다방면적으로 성장할 수 있으나 아직은 긍정적인 특성보다는 상대적으로 일반가정의 청소년보다 부정적인 특성이 더 많다. 즉 외모적 특징의 부적응, 학업 부진, 언어발달 지체, 의사소통의 어려움 등으로 인한 또래 · 친구관계의 어려움이나 정서 · 심리적 문제를 초래할 수 있다. 이러한 이유는 다문화가정 어머니 또는 아버지의 미숙한 언어와 낮은 사회 · 경제적 위치로 인해 청소년기 자녀의 지적 · 정서적 · 행동적 측면에 부정적 영향을 미치기 때문이다. 다문화가정 청소년에게 나타날 수 있는 문제에 대해서 살펴보면 다음과 같다(오윤선 외, 2020; 천정웅 외, 2017).

(1) 학업의 부적응

다문화가정 청소년의 학업 중단 이유는 또래 · 친구나 선생님과의 관계가 좋지 못하여 중단하는 경우가 있다. 다문화가정 청소년의 유형에 따라 학업 부적응 현상을 살펴보면 다음과 같다.

① **국제결혼가정 청소년**: 한국에서 출생한 경우 정부의 보조를 받아 보육기관인 어린이집을 다니는 경우가 많다. 이러한 경우 한국어를 배우는 데 크게 어려움을 느끼지 못하지만 외국인 어머니가 한국교육 시스템과 문화를 잘 모르는 경우가 많아 가정에서 적절한 지원을 받지 못하는 경우가 많다. 이렇게 성장한 국제결혼가정 청소년들이 중 · 고등학교에 진학할 경우에는 일반 가정의 중 · 고등학생들과 마찬가지로 가정의 사회 · 경제적 요인이나 부모의 학교교육지원 양상에 따라 학습능력에 차이가 있을 수 있다.

국제결혼가정 청소년들은 부모가 결혼해 국내에서 출생한 청소년과 모국에서 출생하여 중도입국 청소년이 있다. 중도입국 청소년들은 한국에서 출생한 국제결혼가정 청소년과 달라 「다문화가족지원법」에 따라 대상에서 제외된다(오윤선 외, 2020). 따라서 이들은 교육기회를 갖지 못하고 언어적 소통의 문제로 학업에 어려움을 겪는다. 또한 학업에 어려움을 겪으면서 과제에 대한 이해도가 부족하여 숙제를 하지 못하는 경우도 많다.

② **외국근로자가정 청소년**: 빈곤한 경제적 이유나 불법체류자 신분 때문에 적절한 학교교육을 받지 못하는 경우도 있다. 또한 입국 전에는 부모의 방치로 학교교육에 공백이 있을 수 있고, 입국 후에는 부모의 한국어 미숙으로 인해 자녀 입학

관련 정보가 부족하거나 어린 동생을 돌보아야 하는 이유 등으로 지역사회 시민단체의 도움을 받기 전까지는 취학을 하지 못하는 경우가 많다(오윤선 외, 2010). 그렇지만 외국근로자가정 청소년들이 학교에 입학해도 학업성취도는 전반적으로 낮은 편이며, 특히 사회, 국어, 수학 순으로 어려워하는 것으로 나타났다. 이들이 밀집되어 있는 지역 학교의 경우 특별학급을 두어 운영하고 있으나 학습능력 결손이 누적되어 학교생활 적응에 있어 더욱 어려움을 느끼는 것으로 나타났다(천정웅 외, 2015). 그러나 소수이지만 경제적으로 여유가 있는 외국근로자가정 청소년은 학교성적도 높고 적극적인 학교생활을 하는 것으로 나타났다(오윤선 외, 2020).

③ **새터민가정 청소년**: 탈북인 수가 증가하면서 많아지고 있다. 새터민 수는 2015년 33,247명으로 집계되며 여성이 전체의 72%(23,938명)이고, 이중 10~19세 청소년은 12.1%(4,023명)이다(통일부, 2015). 이러한 새터민가정 청소년들이 학교에 적응하기 위해서는 바로 남한사회에 온 경우에는 무엇보다 먼저 북한에서 왔다고 하는 것이 학교적응에 도움이 된다. 북한에서 왔다고 하면 학생들은 먼저 접근하여 이야기도 하고 여러 가지 궁금한 사항을 물어보지만 어느 정도 지나고 나면 관심이 없어진다. 새터민가정 청소년들은 언어(말투)가 다르기 때문에 바로 알게 되므로 먼저 이야기하는 것이 오히려 학교생활에 도움이 된다. 그러나 초등학교부터 남한에서 다니다 중·고등학교로 진학하는 경우에는 특별히 밝힐 필요가 없다는 새터민가정 청소년도 있었다. 오히려 이야기해서 북한 관련 사건이나 언론 보도가 있게 되면 학생들은 북한에 대해서 물어보면 어떻게 대답할지 입장이 난처한 경우가 많다는 것이다(천정웅 외, 2017).

탈북 직후 하나원의 새터민가정 청소년들은 국어 읽기와 쓰기, 사회, 과학 등의 교과목이 한국의 같은 학년 학생에 비해 많이 부족하다. 이러한 이유는 탈북과정에서 교육의 공백이나 학습 결손, 교육과정 차이로 인한 내용의 이해 부족, 생활

문화 경험의 차이, 교과목에서 사용하는 용어의 차이, 시험 경험 유무의 차이 등 때문으로 나타났다. 또한 새터민가정 청소년들은 고등학교로 갈수록 국어, 수학 등의 교과 수행에 어려움을 나타낸다. 새터민가정 청소년의 부모들은 대부분 무직이거나 부모 중 상대적으로 취업이 수월한 어머니만 경제활동을 하고 아버지는 실직이나 무직인 경우가 많다. 즉 경제적으로 궁핍한 새터민가정 청소년은 학업 보충을 위한 교육활동을 하지 못하게 때문이다(오윤선 외, 2020).

(2) 또래 · 친구관계의 부적응

다문화가정 청소년의 학교부적응은 특히 또래 · 친구관계가 좋지 않기 때문에 나타난다. 그러나 다문화가정 청소년들의 또래 · 친구관계에 따른 따돌림이나 괴롭힘의 시기에 대해서는 차이가 있을 수 있다. 오성배 연구(2009)에 따르면, 다문화가정 청소년들의 또래 · 친구관계는 초등학교 단계를 제외하고 유아기나 중학교, 고등학교 단계에서는 원만한 것으로 나타난다고 보았다. 이러한 이유로 유아기의 경우는 사람의 차이를 받아들이는 개념이 형성되지 않아 잘 어울리고 놀이를 같이 하고 있으며, 초등학교 단계에서는 인종과 국가적 편견이 형성되기 시작하여 놀림을 받는 경우가 발생한 것으로 판단된다. 그리고 중학교나 고등학교 단계가 되면 정신적 성숙이 이루어져 외국인 근로자가정 청소년들은 스스로 거리를 두며 상황에 맞게 또래 · 친구관계를 조절하는 능력이 생겨 놀림이나 집단따돌림을 당하지 않는 것으로 판단된다.

조희진 연구(2013)에 따르면, 다문화가정 청소년들은 초등학교 저학년에는 피부색이나 생김새가 다르다는 것에 크게 차별받지 않았지만 사춘기에 접어들면서 외모에 대한 관심이 늘어나고 자아정체성을 확인하는 과정에서 또래 · 친구로부터 따돌림을 당하는 비율이 늘어난다고 보았다. 따라서 외모상의 큰 차이가 없는 중국인이나 일본인 어머니를 둔 청소년들은 베트남, 필리핀, 캄보디아, 몽골 등의 어머니를 둔 청소년들보다 또래 · 친구관계가 더 원만하다고 하였다. 또한 학년이 올라갈수록 영어나 일본어, 중국어 등 자신이 다른 또래 · 친구들과 달리 가질 수 있는 사회 · 문화적 자본이 있는 경우에는 이러한 자본이 없는 경우보다 또래 · 친구관계 형성과 유지에 도움이 된다고 하였다(오윤선 외, 2020).

새터민가정 청소년들의 또래 · 친구관계는 학교적응, 여가활동 등 일상생활에 많은 도움이 된다. 그러나 또래 · 친구관계에 많은 어려움이 많이 나타나고 있다. 이들은 자신들이 북한에서 왔다는 사실을 숨기고 싶어 하는데, 이는 남한사회 또래 · 친구들의 선입견에서 기인하는 경우가 많다. 즉 남한사회 또래 · 친구들은 새터민가정 청소년들의 언행에 호기심을 갖고 접근하여 북한 말을 따라하거나 놀리게 된다. 새터민가정 청소년들은 탈북과정에서 교육 공백기가 있어 자신의 취학 연령보다 1~2살 낮추어 편입하는 경우가 많은데, 이러한 사실을 감안할 때 자신보다 어린 동생들이 말을 따라하거나 놀리는 경우는 그들에게 자존심이 상하는 일이 된다. 이러한 과정에서 또래 · 친구관계에 적응하지 못하고 정체감 혼란을 겪는 등 많은 탈선의 위험과 부작용에 노출되기도 한다. 그러나 또래 · 친구관계에서 기죽지 않고 자신감을 갖기를 권장한다. 원래 북한사회에서 활발한 성격을 가지고 있던 청소년도 남한에 와서 말투도 다르고 알아듣지 못하는 말이 많아 어떻게 반응을 해야 할지 모르기 때문에 점점 위축되어 내성적인 성격으로 바뀌게 된다. 그렇지만 무슨 일이든 자신감을 갖고 부딪쳐보는 것이 또래 · 친구관계나 남한생활을 하는 데 더 잘해나갈 수 있다는 것이다(천정웅 외, 2017).

(3) 정체성 혼란

청소년기는 발달과업이 정체감 혼란을 극복하여 정체감을 형성하는 시기이다. 이러한 과정에서 국제결혼가정 청소년들이나 외국인근로자가정 청소년들은 일반가정 청소년들보다 자신의 정체성에 혼란을 더 크게 경험한다. 특히 청소년기의 정체성 혼란은 외국인근로자가정 청소년들보다 국제결혼가정 청소년들이 더 혼란을 경험한다. 왜냐하면 외국인근로자가정 청소년들은 자신을 외국인으로 인식하고 자신의 본국에 대한 정체성을 갖지만 국제결혼가정 청소년들은 자신들이 한국에서 태어난 한국인임에도 불구하고 피부색이 다르다는 이유로 다르게 바라보는 또래 · 친구들의 시선 때문이다. 그렇기 때문에 국제결혼가정 청소년들은 또래 · 친구들과 원만한 관계를 형성하지 못하여 정세성에 혼란을 초래한다(오윤선 외, 2020).

다문화가정 청소년들은 부모의 가치관, 문화, 관습, 또래 · 친구들의 문화, 생활방식 등의 요인에 대해서 스스로 어떻게 할지 고민하는 경우가 많다. 이들은 두 나라의 문화가 혼재된 가정교육과 한국의 학교교육을 동시에 경험하면서 정체성 형성에 혼란을 겪게 되는데, 정체성 혼란으로 인해 낮은 자아존중감, 불안장애, 우울증 등과 같은 심리적 문제가 나타날 수도 있다. 그렇지만 다문화가정 청소년은 한국 사람과 외모가 비슷한 경우 정체성 혼란을 경험하더라도 가능하면 자신이 다문화가정이라는 것을 밝히지 않고 학교생활에 비교적 잘 적응하는 경우가 많다. 일반적으로 다문화가정 청소년들은 자신의 아버지 또는 어머니가 외국인이라는 사실을 숨기거나 문화, 말투, 국적 등을 잘 드러내지 않으려고 한다.

(4) 심리적 부적응

일반적으로 다문화가정 청소년들은 부모의 양육태도, 외모에 따른 정체성 혼란, 언어 미숙으로 인한 의사소통의 문제, 사회성발달의 문제, 주변 사람들의 편견에 따른 정신적 문제, 또래 · 친구관계의 문제, 학교적응의 문제, 가정 내 부모의 불화, 청소년기의 발달과업 등과 관련하여 많은 심리 · 정서적 어려움을 겪는다. 다문화가정 청소년들은 이러한 내 · 외적 요인으로 인해 열등감, 소외감, 자신감 결여 등으로 나타나 대인관계에서도 소극적이며 우울, 공격성, 충동성, 분노 폭발 등 정서적 문제 및 행동에 문제가 나타날 수 있다. 또한 이러한 문제가 지속될 경우 비행, 약물 남용, 음주, 흡연, 성적 문제 등과 같은 2차적 문제가 나타날 수 있고 더 심하면 자살을 초래하기도 한다(조원탁 외, 2019). 따라서 다문화가정 청소년을 위해 가정, 학교, 사회 등의 세심한 관심과 지원을 하는 것이 필요하다.

2) 다문화가정 청소년 육성을 위한 방안

현대사회는 교통 및 정보통신의 발달로 인해 국가 간 이동이 활발해지면서 급격하게 다문화사회로 진입하는 시대에 접어들었다. 이러한 과정에서 다문화가정을 위한 정책이나 방법에는 여러 가지 방안이 있을 수 있지만 다문화 관련 정책이나 프로그램을 기획 및 운영할 때 우선적으로 그들의 문화적 권리를 인정하는 다문화사회의 이해가 필요하다. 다문화사회는 여러 단일 문화가 모여 공존하며 서로 영향을 주고받으면서 그 나름의 문화를 유지하고 발전하는 과정에서 다문화에 대한 이주민과 내국인 간의 이해의 격차로 사회적 갈등이 증대되고 있는 실정이다. 따라서 이주민을 포함한 모든 외국인과 다문화가정 청소년들에 대한 사회적 계몽을 위한 포용력이 필요하다. 이러한 과정에서 다문화가정 청소년 교육을 위한 방안을 제시하면 다음과 같다(오윤선 외, 2020).

① 다문화 이해교육을 활성화해서 사회적 인식을 전환해야 한다. 다문화가정 청소년들이 한국사회의 구성원으로 애착심을 갖고 주체성을 확립하며 살아갈 수 있도록 편견 없는 사회적 공감대 형성이나 상호존중에 기반한 사회적 다문화를 수용하는 것이 필요하다. 또한 다문화가정 청소년들이 또래 · 친구관계나 사회적으로 편견 없이 하나의 인격체로 존엄성을 인정하는 학교교육이 필요하다. 즉 어린이집 교

원(보육교사, 원장 등)에 대한 다문화 이해교육과 유치원의 누리과정 및 초·중등 교육과정에 다문화 교육내용을 반영하여 다문화 이해교육을 확대해야 한다. 그리고 교원연수, 교사연구회 지원 등을 통해 교원의 다문화교육 역량 강화와 다문화 교육 관련 우수사례 공유 및 확산을 통하여 학교현장의 다문화교육 활성화를 강화해야 한다.

② 다문화가정 청소년의 문화·교육 프로그램을 개발·운영해야 한다. 다문화가정 청소년들에게 문화 및 예술에 대한 향유권을 증진시킬 수 있도록 여건을 제공하고 자신들의 정체성을 표현할 기회를 제공하는 것이 필요하다. 또한 그들의 심리·발달적 욕구, 가정환경, 사회적 환경 등을 고려해서 또래·친구들과 함께 어울리며 소통할 수 있는 문화적 프로그램의 개발 및 운영이 필요하다. 무엇보다도 다문화가정 청소년들의 교육 격차를 해소할 교육지원 프로그램을 활성화해서 초·중·고 학년의 심리발달을 고려한 교육이 필요하다.

특히 다문화가정 청소년의 경우 이중언어 프로그램을 활성화해서 모국어나 모국 문화를 국제화 시대의 큰 자산으로 유지·발전시킬 수 있도록 교육하는 것이 필요하다. 이렇게 교육함으로써 다문화가정 청소년들은 미래에 모국문화와 우리문화를 통합하여 이중문화가 양립하는 국제화 시대에 글로벌 지도자로 성장하게 될 것이다.

③ 다문화가정 청소년에 대한 제도적 지원을 확대해야 한다. 다문화가정의 유형이 배우자의 사별이나 이혼 등으로 인해 한부모 가정형태로 변하고 있으며 학령기 청소년들의 비율이 증가하고 있음을 고려할 때 발달주기별로 포괄적으로 지원할 수 있는 제도적 지원이 필요하다. 즉 한국국적 자녀를 양육하는 외국국적(국적 미취득 결혼이민자) 한부모에 대해서도 근로·자녀 장려금을 지급하고 임대주택 특별분양 자격 등을 부여해서 주거 안정 제도를 개선해야 한다(제3차 다문화가족 정책 기본계획(2018~2022년)부터 시행예정).

④ 다문화가정 청소년을 위한 진로준비 및 사회진출을 지원해야 한다. 다문화가정 청소년들이 건강한 사회인으로 성장하기 위해 진로지도 및 상담 등을 통해 지원해야 한다. 즉 이중언어 인재 진출 가능 분야 · 직종 등의 정보를 제공하고 글로벌 브릿지 사업(다문화학생의 잠재능력을 개발하고 글로벌 인재로 육성하기 위한 특별 교육 프로그램)을 확대하며 국제교류 프로그램(청소년국가 간 교류 및 해외 자원봉사단 등) 등에 참여 기회를 확대해야 한다. 또한 진로체험지원센터(전국 17개 시 · 도에 220개 설치 · 운영)를 통한 무지개 잡아라(중도입국청소년 등을 대상으로 하는 진로교육 프로그램), 내일을 잡아라(중도입국청소년 등을 대상으로 하는 직업교육프로그램) 등의 프로그램을 확대하고, 직업교육훈련기관(다문화청소년 특화 폴리텍 다솜학교) 운영에 지원을 확대하며 우수 사례를 발굴 및 육성해야 한다.

참고문헌

강준만(2002). 대중매체 이론과 사상. 도서출판 개마고원.

강유미 · 신혜종(2010). 결혼 이주 여성의 성공적 적응 과정에 관한 연구. 상담학연구, 11(4).

권이종(2006). 청소년 이해론. 교육과학사.

권이종 · 김천기 · 이상오(2010). 청소년복지론. 공동체.

권이종 · 김천기 · 이상오(2014). 청소년복지론. 공동체.

김갑성(2006). 한국 내 다문화가정의 자녀교육 실태조사 연구. 서울교육대학교 석사학위논문.

김신일(1993). 청소년문화론. 한국청소년개발원.

김우성 · 허은정(2007). 베이비붐세대, X세대, Y세대 소비자들의 소비 관련 가치관과 라이프스타일의 비교. 소비문화연구, 10(4).

김윤나(2013). 북한이탈청소년의 문화적응 담론 분석. 소년보호연구 22.

김정준(2019). 현대사회와 문화. 한올.

김정희 · 강혜자 · 이상빈 · 박세영 · 권혁철 역(2005). 생활과 심리학(Psychology Applied to Modern Life). 시그마프레스(주).

김지원(2009). 패션의 관점에서 본 청소년의 교복에 관한 연구. 고려대학교 대학원 석사학위논문.

김이선 · 김민정 · 한건수(2006). 여성 결혼이민자의 문화적 갈등 경험과 소통 증진을 위한 정책과제. 한국여성개발원.

김향선 · 황희숙 · 김봉순 · 김현호 · 박영국 · 오정옥 · 이금순 · 이연복(2015). 사회복지실천론. 창지사.

김현수 · 최연실(2012). 결혼 이주 여성의 가족상담 필요성 인식 관련 요인의 탐색. 한국심리학회지: 여성, 17(3).

김현호 · 김기철 · 오선영 · 정윤희 · 최용득(2017). 영유아발달. 정민사.

김혜숙 · 박선환 · 박숙희 · 이주희 · 정미경(2011). 인간관계론. 양서원.

노미향(2009). 결혼 이민자 가정의 자녀양육에 관한 연구. 계명대학교 대학원 석사학위논문.

노하나(2007). 중국 국제결혼 이주여성의 문화적응스트레스에 관한 연구: 문화적응유형과 이주여성이 인지한 사회적 지지를 중심으로. 이화여자대학교 석사학위논문.

박정란 · 서홍란 · 장수한(2016). 청소년복지론. 양서원.

박진규(2015). 청소년문화. 학지사.

배상률(2015). 청소년문화 활성화를 위한 소셜미디어 활용연구. 세종: 한국청소년정책연구원.

서미정(2008). 방관자의 집단 특성에 따른 또래 괴롭힘 참여 역할행동. 아동학회지, 29(5).

설동훈 · 김윤태 · 김현미 · 윤홍식 · 이혜경 · 임경택 · 정기선 · 주영수 · 한건수(2005). 국제결혼 이주여성 실태조사 및 보건복지 지원정책방안. 보건복지부 연구보고서.

성열준(2011). 청소년문화론. 양서원.

성열준 · 오진석 · 강병연 · 이채식 · 강세현 · 황수주 · 김종찬 · 김재원(2016). 청소년문화론. 양성원.

송미경 · 지승희 · 조은경 · 임영선(2008). 다문화 가정 외국인 모의 부모경험에 관한 연구. 한국심리학회지: 상담 및 심리치료, 20(2), 497-517.

엄명용 · 김성천 · 오혜경 · 윤혜미(2013). 사회복지실천의 이해. 학지사.

여성가족부(2021). 2021년 청소년 인터넷 · 스마트폰 이용습관 진단조사.

오윤선(2010). 청소년 세대진단과 이상행동 치료. 예영 B&P.

오윤선 · 황인숙(2019). 청소년지도방법론. 양서원.

오윤선 · 황인숙(2020). 청소년문화론. 양서원.

오인수(2008). 청소년 또래집단의 문화적 동질성과 가족배경과의 관계에 관한 연구. 전북대학교대학원 석사학위논문.

유수현 · 오수희 · 길귀숙 · 이재령 · 이재호(2009). 인간관계론. 양서원.

유효순(2007). 아동발달. 창지사.

윤진(1993). 청소년 심리학. 도서출판 서원.

윤수경(2016). 청소년의 성의식과 성교육 실태 연구. 공주대학교 교육대학원 청소년교육 · 상담전공 석사학위논문.

우수경 · 정원주 · 박숙희 · 신혜경 · 이정미 · 김호 · 서윤희 · 김기예(2013). 영아발달. 공동체.

이경은 · 장덕희 · 김휘연 · 문도원 · 이마리아(2016). 지역사회복지론. 학지사.

이미숙(2012). 외모의 사회적 유용성이 여자 청소년의 신체만족도와 외모관리행동에 미치는 영향. 한국의상디자인학회지, 14(4).

이주연(2014). 청소년의 성에 대한 인식 실태와 성 일탈 예방을 위한 연구. 안동대학교 행정경영대학원 석사학위논문.

이은영(2009). 전문계 남자고등학생을 위한 대중매체 활용 성의식 증진 프로그램개발. 한국교원대학교 교육대학원 상담심리 전공 석사학위논문.

이현주(2013). 한부모 이주여성의 자녀양육과 삶에 대한 연구. 여성학연구, 23(1).

이혜경(2005). 혼인이주와 혼인이주 가정의 문제와 대응. 한국인구학, 28(1).

이태연 · 이인수 · 정기수 · 최명구(2006). 인간관계의 이해. 신정.
임주현(2015). 집단따돌림에서 이타행동과 방어자의 관계: 또래지지 조절효과. 아주대학교 대학원 석사학위논문.
임혜경 · 김송이 · 이금진 · 이현(2012). 인간관계론. 양서원.
전인수 · 최우원(1996). X세대의 쇼핑가치와 쇼핑정보 이용 특성에 관한 연구. 상품학연구, 15집.
전자배(2019). 청소년이 인지한 또래집단규범이 집단따돌림 행동에 미치는 영향. 서울대학교 대학원 석사학위논문.
정옥분(2007). 아동발달의 이해. 학지사.
정재민(2010). 청소년 팬덤 현상에 대한 근거 이론적 접근. 한국청소년연구, 21(3).
정하성 · 유진이(2012). 청소년문화. 양서원.
조미영(2010). 다문화가정 어머니들의 영유아기 자녀양육 지원을 위한 멘토링 과정 탐색. 성신여자대학교 대학원 박사학위논문.
조성남 · 이동원 · 박선웅(2001). 청소년의 하위문화와 정체성 -또래집단, 가족, 학교를 중심으로-. 아산재단 연구총서, 제114집. 집문당.
조원탁 · 박순희 · 서신희 · 송기범 · 안효자 · 이형하 · 한신애(2019). 다문화사회의 이해와 실천. 양서원.
천정웅 · 남부현 · 지영임 · 박종수 · 김윤나(2015). 문화와 오디세이. 양서원.
천정웅 · 장근영 · 이채식 · 김윤나(2017). 청소년문화론. 양성원.
최경숙 · 박영아(2005). 아동발달. 창지사.
최아현(2011). 진지한 여가의 여가활동 참여 모형: 암벽활동 참여자를 대상으로. 성균관대학교 대학원 박사학위논문.
최영신(2005). 여자청소년의 비행과 처우에 관한 연구. 한국형사정책연구원.
최혜지 · 김경미 · 정순돌 · 박선영 · 장수미 · 박형원 · 배진형 · 박화옥 · 안준희(2013). 사회복지실천론. 학지사.
한국지능정보사회진흥원(2020). 2020년 인터넷이용실태조사.
한국콘텐트진흥원(2021). 게임이용자 실태조사.
한국청소년개발원(2003). 청소년생활문화와 소비에 관한 연구 II: 청소년 음식문화와 소비.
한국청소년정책연구원(2015). 청소년문화론. 교육과학사.
한상영(2011). 다문화가정 여성의 자녀 양육경험. 중앙대학교 대학원 박사학위논문.
한상철(2003). 청소년 문제행동. 한국청소년개발원.
한상철(2010). 청소년학. 학지사.
한승희(2005). 포스트모던 시대의 평생교육학. 집문당.
홍봉선 · 남미애(2007). 청소년복지론. 양서원.

Bandura, A.(1977). *Social learning theory.* Englewood Cliffs, NJ: Prentice-Hall.

Bertalanffy, L.(1968). *General system theory and human relations.* New York: Braziller.

Brown, B. B.(1999), You're going out with who? Peer group influences on adolescent romantic relationships. In W. Furman(Ed.), *The development of romantic relationships in adolescence.* N.Y.: Cambridge Univ. Press.

Buss, D. M.(1989). Sex differences in human mate preferences: Evolutionary hypotheses tested in 37 cultures. *Behavioral and Brain Sciences,* 12.

Connolly, J. & Goldberg, A.(1999). Romantic relationships in adolescence: the role of friends and peers in their emergence and development, In W. Furman(Ed.), *The Development of romantic relationships in adolescence.* N.Y.: Cambridge Univ. Press.

Fiske, J.(1987). *Television culture.* London and New York: Routledge.

Fromm, E.(1956). *The Art of Loving.* NY: Harper & Row.

Germain, C. B. & Gitterman, A.(1980). *The Life Model of Social Work Practice.* NY: Columbia University Press.

Goldberg, I.(1996). Internet Addiction. Psydoc@psyCom. Net.

Goodenough, W. H.(1970). *Description and comparison in culture anthropology.* Chicago: Aldine Pub. Co.

Gossett, J. L. & Byme, S.(2002). Click Here: A content analysis of internet rape sites. *Gender and Society,* 16(5).

Havighurst, R. J.(1980). More thoughts on developmental tasks. *Personal and Guidence J.*, 58.

Hurlock, E. B.(1981). *Child Development,* New Jersey: McGraw-Hill.

Iso-Ahola, S. E., Jackson, E. & Dunn, E.(1994). Starting ceasing and replacing leisure activities over the life-span. *Journal of Leasure Research,* 26(3).

Kohlberg, L. A.(1969). *Stage and sequence: The cognitive-developmental approach to of socialization theory and research.* Chicago: Rand McNally.

Kraus, R.(1971). *Recreation and leisure in modern society.* New York: Appleton-Century Crofts.

Lee, J. A.(1993). The color of love. *An exploration of the ways of loving.* Don Mills, Ontario: New Press.

Levy, P.(2001). *Cyberculture.* University of Minnesota Press.

Lum, D.(2003). *Social Work Practice and People of Color: A process-stage approach.* Elmont, CA: Brooks/Cole.

Marcia, J. E.(1966). Development and validation of ego-identity status, *Journal of Personality and Social Psychology,* 3.

Maslow, A. H.(1965). A theory of human motivation. In D. E. Hamachek(Ed.). *The self in growth, teaching and learning.* New Jersey: Prentice-Hall.

Muuss, R. E.(1996). *Theorise of adolescence*(6th ed.). Mcgraw-Hill.

Papalia, P. E., Olds, S. W.(1995). *A child's world: Infancy through adolescence*(3rd ed.). NY: McGraw-Hill.

Rice, P.(1996). *The adolescent: Development, relationships, and culture*(8th ed.). Massachusetts: Allyn & Bacon.

Rubin, Z.(1970). Measurement of romantic love. *Journal of Personality and Social Psychology*, 16.

Salmivlli, C., Lagerspetz, K., Bjorkqvist, K., Osterman, K., & Kaukiainen, A.(1996). Bullying as a group process: Participation roles and their relations to social status within the group, *Aggressive Behavior*, 22.

Shulman, S. & Scharf, M.(2000). Adolescent romantic behaviors and perceptions: Age related differences and links with family and peer relationships. *Journal of Research on Adolescence*, 10.

Stebbins, R. A.(1982). Serious leisure: A conceptual statement. *The Pacific Sociological Review*, 25.

Simmons, R. G. & Blyth, D. A.(1987). Moving into adolescence: The impact of pubertal change and school context. *Hawthorne*. New York: Aldine & de Gruyter.

Sue, D. W.(2006). *Multicultural Social Work Practice*. John Wiley and Songs. Inc. 다문화 사회복지실천. 이은주 역(2010). 학지사.

Tanner, J. M.(1978). *Growth at adolescence*. London: Blackwell Science Ltd.

Thompson, J. K. & Heinberg, L. J.(1999). The media's influence on body image disturbance and eating disorders: we've reviled them. now can we rehabilitate them?, *Journal of Social Issues*, 55(2).

Thomas, J. R.(2000). children's Control, Learnig and Performance of Motor Skills. *Research Quarterly for Exercise and Sport*, 71(1), 1-9.

Tylor, E. B.(1958). *Primitive culture*. New York: Harper.

Young, K. S.(1998). *Caught in the Net: How to Recognize the Signs of Internet Addiction and a Winning Strategy for Recovery*. Wiley.

찾아보기

인명

ㄱ

ㅇ

ㅈ

저자 소개

■ **김현호**

충북도립대학교 사회복지과 교수

■ **김현경**

경민대학교 사회복지과 교수

■ **김형미**

세경대학교 사회복지과 겸임교수

■ **윤명길**

극동대학교 사회복지과 겸임교수

■ **이용환**

혜전대학교 사회복지과 교수

■ **정명희**

중원대학교 사회복지학과 교수

■ **한강희**

전남도립대학교 사회복지과 교수

청소년문화론

1판 1쇄 인쇄 — 2022년 3월 2일
1판 1쇄 발행 — 2022년 3월 7일

저　　자 - 김현호 김현경 김형미 윤명길 이용환 정명희 한강희
발 행 인 - 강철원
발 행 처 - 양성원
주　　소 - 경기도 파주시 검산로 173번길 29-20
전　　화 - 031-946-3861(代)
팩　　스 - 031-946-3864
이 메 일 - tnwpub@naver.com
홈페이지 - tnwpub.co.kr
출판등록 - 2015년 8월 31일 제 2015-000211 호

ISBN 979-11-6126-412-7

정가 21,000원